本书受到国家社会科学基金项目一般项目（22BGL086）、教育部人文社会科学研究规划基金项目（18YJA630156）与上海市"科技创新行动计划"软科学研究项目（23692107500）的资助。

Research on the Influencing Factors of

CORPORATE
CREDIT RATING

and Rating Opinion Purchase

企业信用评级与评级意见
购买的影响因素研究

连立帅 ◎著

中国财经出版传媒集团
经济科学出版社
Economic Science Press
·北京·

前言
PREFACE

　　信用评级是债券市场的重要基础性制度安排，关系到资本市场健康发展大局。当前，我国信用评级市场在统一规则、完善监管、对外开放等方面取得了一定的进步，但仍存在信用评级膨胀与信用评级购买等评级质量问题，导致信用评级的风险预警和投资定价功能未能得到有效发挥。由于评级收费的无法获得，研究者和监管机构无法探究评级收费的合理性以及评级机构是否通过低价恶意竞争导致债券违约风险上升，监管机构也无法指导和监管评级机构的收费。随着债券违约的大量爆发与评级购买现象的频发，监管机构的监管力度也进一步加大。强化对评级机构的监管能否带来信用评级质量的提升是现阶段国内监管机构迫切关注的问题。

　　由于实务中评级意见购买行为无法合理判断和认定，导致评级机构声誉对信用评级意见购买的影响尚不明确。基于对评级机构声誉和评级意见购买行为的模拟实验研究，本书发现，评级机构声誉机制对信用评级意见购买行为无显著作用。虽然评级监管有利于降低评级意见购买行为，但是较高的评级收费会降低监管抑制过度评级的作用。进一步研究还发现，信用评级机构针对不同资质的企业存在不同的评级意见购买倾向。基于对取消强制评级政策、评级机构声誉对评级迎合行为的模拟实验研究，本书发现，取消强制评级政策会导致评级机构之间的竞争更加激烈，不论是对高声誉评级机构，还是对低声誉评级机构，取消强制评级政策都会导致更高的评级迎合行为。但是，取消强制评级政策会促使声誉机制更好地发挥作用，减少低声誉评级机构对资质较差企业的评级迎合行为。另外，取消强制评级虽然没有抑制高评级收费造成的评级迎合行为，但也没有导致该情况更加恶化。进一步研究发现，取消强制评级政策有利于缓解低价竞争策略导致的评级迎合行为。但声誉机制并没有发挥抑制利用低价竞争策略的评级迎合行为，反而是声誉高的评级机构更会利用这种策略进行评级迎合。基于信用利差、发债企业资质与评级意见购买行为的模拟实验研究，本书发现，较高的信用利差会刺激发债企业采用较高的评级费用进行评级意见购买，资质越高的发债企业反而会更多地进行评级意见购买；随着监管强度的提高，发债企业的评级意见购买行为减少。但监管措施的效果存在明显差异，只有实质性的金额处罚才能降低评级购买行为。

较高的信用评级收费是否会导致信用评级膨胀问题？因评级收费信息不公开，这一直是个谜。利用我国信用评级机构年度业务开展及合规运行情况报告公布的评级收入信息，本书发现，无论是在评级收费绝对水平维度还是偏差维度，评级机构收费越高，信用评级质量越差（且无论是信用评级绝对水平维度还是偏差维度）。上述倾向在大型信用评级机构中表现更加明显，即占有较大市场份额的评级机构因高评级收费所致的评级膨胀程度更加严重，但若评级机构在以前年度涉及所评债券违约事件，在暴露后因评级收费导致的信用评级膨胀程度有所收敛。从发债企业进行评级意见购买的决策过程出发，本书发现，发债企业的融资约束越强，越可能进行评级意见购买以获得高信用等级，且这种购买更有可能是通过高评级费用实现的；发债企业较好的资质会进一步促进评级意见购买且会倾向于支付高评级费用。本书的研究表明，融资约束和企业资质都对发债企业的评级意见购买决策有着较大的影响，且会进一步影响到发债企业对评级收费的接受程度。

　　本书的研究结果可以为监管机构制定取消强制评级政策提供经验证据和有力支撑，为该政策的进一步完善和执行起到借鉴和指导作用，为信用评级机构的政策法规提供理论基础和实证支持。

目录
CONTENTS

第 1 章

绪 论

1.1 研究问题

《中华人民共和国国民经济和社会发展第十四个五年规划和2035年远景目标纲要》提出要健全社会信用体系，培育具有国际竞争力的企业征信机构和信用评级机构，加强征信监管，推动信用服务市场健康发展。但是，我国的信用评级业起步相对较晚，直到2005年，具有全国性债券市场评级资质的评级机构才在市场中正式确立地位。2019年标准普尔获准进入中国更是标志着信用评级市场的新发展节点已经到来。与此同时，我国资本市场不断对外开放，国内债券市场吸引着越来越多的外国投资者积极参与。中国人民银行数据显示，截至2023年10月末，中国债券市场托管规模达到155.3万亿元，为全球第二大债券市场。2023年10月末，进入中国银行间债券市场的境外机构投资者达到1110家，拥有中国债券规模高达3.3万亿元。2019年4月1日，彭博公司将人民币计价的中国国债和政策性银行债券纳入彭博巴克莱全球综合指数，人民币计价的中国债券也成为继美元、欧元和日元之后第四大计价货币债券。2020年2月，摩根大通将中国国债纳入摩根大通全球新兴市场多元化政府债券指数（GBI - EM）。2020 年 9 月，富时罗素公司宣布将于 2021 年 10 月将中国国债纳入富时世界国债指数（WGBI），这预示着全球三大债券指数即将悉数涵盖中国债券。债券市场在我国金融市场中的作用和地位不断加强。2022 年 5 月 27 日，中国人民银行、中国证券监督管理委员会（以下简称"证监会"）、国家外汇管理局发布联合公告，统筹同步推进银行间和交易所债券市场对外开放，明确各方权责，支持境外机构投资者直接或通过互联互通投资交易所债券市场，自主选择交易场所。

信用评级是债券市场的重要基础性制度安排，关系到资本市场健康发展大局。但是，目前我国信用评级市场依然很不成熟，存在较为严重的信用评级膨胀与信用评级购买等评级质量问题（何平和金梦，2010；寇宗来等，2015），导致信用评级的风险预警和投资定价功能未能得到有效发挥。不过，即便是信用评级市场相对较为成熟且信用评级机构的声誉机制较强的美国市场，信用评级膨胀与信用评级购买等现象也是层出不穷。尤其是2008 年全球金融危机以来，国际评级机构不断将自己推到争议的焦点，面临着严重的信用危机。另外，2014 年 3 月 4 日，*ST 超日公告 2011 年公司债券第二期利息无法按期全额支付，正式违约，成为国内债券市场成立以来的首例债券实质性违约事件。① 中国债券市场的"刚性兑付"就此终结。此后，债券市场不断出现债券违约事件。截至 2022 年 12 月 31 日，国内债务违约情况如下：信用债市场共有 185 家主体、642 只债券发生违约（不含展期），违约总规模合计 5502.80 亿元。而相当于国债一样安全的最高等级 AAA 级债券也出现了违约，② 国内信用评级的合理性以及评级机构的

---

① 实际上，这并不是中国债券市场的第一起违约事件。2006 年，福禧投资控股有限公司（以下简称"福禧"）在社保案调查中暴露出大量隐瞒债务，当年 8 月 21 日，上海远东资信评级公司（以下简称"远东资信"）将福禧短融券评级从 A - 1 降为 C 级，随即引发市场信任危机。后经各方协调，福禧短融券终获全额偿付。但是，评级方远东资信的市场信誉则严重受损。

② 违约主体上海华信国际集团有限公司（以下简称"上海华信"）初始主体评级即为 AAA。2016 年 12 月 29 日，中诚信国际信用评级有限责任公司（以下简称"中诚信"）给予公司主体信用等级为 AAA，中期票据信用等级也为 AAA；2017 年 7 月 12 日，联合资信评估股份有限公司（以下简称"联合资信"）给予公司主体信用等级为 AAA，第二期中票信用等级也为 AAA。上海华信的债券评级从 2018 年开始被连续下调。3 个月时间，联合资信和中诚信均将上海华信主体和相关债券的信用等级从 AAA 连续下调至 C。

客观公正不断受到各方的指责和质疑。

　　而在中国银行间市场交易商协会与中国证券业协会发布的《2022 年第一季度债券市场信用评级机构业务运行及合规情况通报》中披露的评级机构各级别 1 年期违约率显示，一些评级机构所给级别与债券违约率倒挂，AAA 级的债券违约率竟然明显高于 AA + 级，评级质量堪忧。评级质量或者信用评级的合理性与评级机构的专业能力以及客观中立程度紧密相关。拥有评级资质的大型评级机构，其专业能力是得到监管机构和市场认可的，而且专业能力也相差不大。不过，客观中立程度则决定了信用评级机构是否能够凭借其专业能力给出相对合理的信用评级水平。而客观中立程度受到评级机构的职业道德标准及其对成本收益权衡的影响。其中，评级收费是评级机构的主要收益，极大程度上影响着评级机构的独立客观性。但是，信用评级收费在国内外都是不公开的，评级收费如何影响评级质量以及评级合理性一直是个谜。在国内，激烈的市场竞争更是导致评级市场出现各种乱象。例如，东方金诚国际信用评估有限公司（以下简称"东方金诚"）以 5 万元中标"2015 年安徽省政府债券信用评级机构招标项目"，标价远低于项目预算 55 万元以及行业收费均值 25 万元;[1] 大公国际资信评估有限公司（以下简称"大公国际"）则在为发行人提供评级服务的同时，直接向受评企业提供咨询服务和收取高额费用，并存在虚假表述和不实信息，即评级意见购买行为。[2] 评级收费的无法获得，导致研究者们和监管机构无法探究评级收费的合理性以及评级机构是否通过低价恶意竞争导致债券违约风险上升的情况，监管机构也无法指导和监管评级机构的收费。

　　另外，在违约事件发生后，国外投资者通常基于法律诉讼的途径寻求赔偿，监管机构则较少对评级机构进行处罚。例如，2018 年 8 月，穆迪同意支付 1500 万美元来解决涉及美国住宅抵押贷款支持证券（RMBS）评级模型的内部控制失败指控，并将聘请独立顾问来评估和改善其内部控制。另外，穆迪还同意支付 125 万美元了解信贷评级符号的指控，并审查其有

---

[1]　地方债评级市场竞争日趋激烈 "走过场" 心态较普遍 [N]. 经济日报, 2015 – 05 – 20.
[2]　中国银行间市场交易商协会. 加强市场自律管理 规范信用评级市场秩序 [EB/OL]. 中国银行间市场交易商协会网站, 2018 – 08 – 17.

关评级符号的政策、程序和内部控制。这是美国证券交易委员会首次提起涉及评级符号缺陷的执法行动。在我国，从 2006 年颁布的《上市公司证券发行管理办法》到 2019 年中国人民银行等四部门联合发布的《信用评级业管理暂行办法》，信用评级的政策越来越细致。2013 年，深圳证监局对鹏元资信评估有限公司出具警示函，自此开展对证券评级机构的行政监管措施。随着债券违约的大量爆发，监管机构的监管力度也进一步加大。2018 年 8 月 17 日，银行间市场交易商协会与证监会接连发布公告，暂停大公国际债券、证券评级资格各一年。① 2020 年 12 月 14 日，东方金诚因存在未对影响受评主体偿债能力的部分重要因素进行必要分析等违规事实，被北京证监局责令改正，期限 3 个月，整改期间公司不得承接新的证券评级业务。② 而强化对评级机构的监管能否带来信用评级质量的提升，是现阶段国内监管机构迫切关注的问题。那么，监管的加强能否遏制发债企业通过高额的评级收费购买评级意见的行为呢？只是针对评级机构进行严格监管，对于作为责任主体的发债企业是否也应当进行处罚，从根源上降低评级意见购买，提升评级质量呢？而且，我国信用评级监管机构在强化监管和处罚的同时，在评级制度上也做出了重大改变，即逐步取消银行间市场和交易所市场债券发行的强制评级监管要求、鼓励发行人采用多评级、引导扩大投资者付费评级的适用范围等。例如，2021 年 1 月 29 日，银行间市场交易商协会发布《关于有关事项的补充通知》，明确债务融资工具注册环节取消信用评级报告的要件要求，即在超短期融资券、短期融资券、中期票据等产品注册环节，企业可不提供信用评级报告，从而将企业评级选择权交予市场决定。中国证监会在 2021 年 2 月 26 日取消了公司债发行委托具有从事证券服务业务资格的资信评级机构进行信用评级的规定。2021 年 8 月 6 日，中国人民银行、国家发展改革委、财政部、银保监会、证监会五部门又联合发布《关于促进债券市场信用评级行业健康发展

① 中国银行间市场交易商协会. 加强市场自律管理 规范信用评级市场秩序［EB/OL］. 中国银行间市场交易商协会网站，2018－08－17.

② 关于对东方金诚国际信用评估有限公司采取责令改正行政监管措施的决定［EB/OL］. 中国证监会北京监管局网站，2020－12－14.

的通知》，鼓励信用评级机构开展主动评级、投资者付费评级并披露评级结果，发挥双评级、多评级以及不同模式评级的交叉验证作用。实际上，监管取消债券强制评级要求并不等于以后所有债券发行都不再依赖信用评级，而是将是否需要评级的需求交还给市场来决定。随着强制评级取消、投资人付费模式的推行，评级机构之间的竞争将会更加激烈。取消强制评级会如监管部门预期的那样，将评级监管逐步转型到"市场驱动"，由评级机构"声誉机制"发挥作用，提升信用评级质量吗？目前学术界和实务界对此尚无相关研究，而这也是监管机构迫切关注的问题。虽然监管机构取消强制评级并鼓励推行投资人付费模式，而投资人付费会导致信用评级低估，这是否会更进一步造成资源的不合理配置和低效使用？虽然遏制了信用评级意见购买行为，但造成了社会资源的低效配置，这一问题也需要学者们和监管机构加以探讨和分析，从而使信用评级能够从社会整体层面提升资源的优化配置功能。要实现对评级行业健康发展的规范化和制度化监管，只有深挖信用评级行业和评级机构的根本利益，才能实现社会资源的优化配置。

信用评级是债券市场的重要基础性制度安排，关系到资本市场健康发展大局。本书通过采用决策理论模型探讨信用评级收费对评级意见购买行为的影响，并通过实验研究的方法设计情景模拟实验，对信用评级收费对评级合理性的影响进行探讨，弥补无法获得评级收费信息而对收费合理性研究不足的问题；同时，理论模型和实验中都加入信用评级监管机构对评级失败中违规评级的监管处罚，为评级机构制定评级监管政策提供理论指导和借鉴。实验设计中将分别从发债企业视角和评级机构视角进行探讨，从而为监管指出明确的方向和监管重心，促使其发挥好评级机构债券市场"看门人"的作用，促进评级行业高质量健康发展。

▶ 1.2　研究意义

本书的理论意义在于：首先，从理论上探讨和分析了信用评级收费对评级意见购买行为的影响，并通过实验研究的方法和实证研究的方法对其进行了检验，弥补了国内外关于信用评级收费合理性及其经济后果方面研究的不足，丰富了信用评级领域的研究成果；其次，针对和利用国内公开披露的各大评级机构的信用评级业务开展和合规管理情况报告，对评级机构收费水平与信用评级质量的关系进行研究，弥补了国内外关于评级收费研究的不足，丰富了信用评级质量方面的研究；再次，从理论上探讨和分析了信用评级监管对评级意见购买行为的影响，以及监管措施如何进一步影响评级收费对评级意见购买行为的影响，并通过实验研究的方法和实证研究的方法对其进行了检验，弥补了国内关于评级监管方面研究的不足，丰富了评级监管以及行业监管方面的研究成果；最后，采用大样本实证研究的方法，基于信用评级收费数据对发债企业特征及其评级意见购买行为进行研究，丰富了信用评级质量在企业特征方面的研究，并探寻了提升信用评级质量的方法和路径。

本书的现实意义在于：首先，基于理论决策模型和实验研究的方法，探讨和分析了信用评级收费对评级意见购买行为的影响，为国内外信用评级行业评级收费的公开化、透明化、合理化提供了证据支持，也为评级行业打破垄断实现评级收费与评级质量匹配提供了参考；其次，基于理论决策模型和实验研究的方法，探讨和分析了评级监管对评级意见购买行为的影响，为国内外信用评级行业监管政策的制定，尤其是在出现不合理的评级导致投资者出现亏损的情况下，监管处罚措施的制定和落地，提供了政策参考；最后，分别从评级机构视角和发债企业视角，为监管处罚政策的制定提供不同视角的证据，为政策制定的合理性提供决策支持，为提升债券市场资本配置效率、提供良好市场环境提供参考。

第2章

文献综述

信用评级作为市场中重要的信息中介，能够减少投资者与发行人之间的信息不对称，通过不同水平的评级对外揭示发行人不同的风险等级，对债券融资成本产生直接影响（Ahmed et al.，2002；Kisgen and Strahan，2010；Livingston et al.，2018）。针对我国债券市场信用评级经济后果的研究也发现，中国债券市场的信用评级有着显著的融资成本效应（何平和金梦，2010；朱松，2013；王雄元和张春强，2013；顾小龙等，2017；林晚发和刘颖斐，2019；常莹莹和曾泉，2020），当然也有研究质疑结果的可信性（寇宗来等，2015）。然而，正因为信用评级会对债券能否顺利发行及其融资成本产生显著影响，导致发行人有强烈的动机去获得高评级（Graham and Harvey，2001）；新债券更有可能选择更好的评级结果（Kronlund，2020）。而作为评级机构，在"发行人付费"模式下，出于对利益的追求，也会迎合发行方的需求，为其出具虚高的评级（Becker and Milbourn，2011；Jiang et al.，2012；Kraft，2015；翁舟杰和刘思妤，2018；阮永锋等，2019；陈关亭等，2021a），导致"评级购买"（rating shopping）现象的出现（Bolton et al.，2012；Fabozzi et al.，2017）。希尔特（Hirth，

2014）的理论模型也认为合适的评级收费才可能得到真实的评级行为，而较高的评级收费容易导致较高的评级意见。因此，学术界对如何抑制低质量评级、提升评级质量进行了大量研究。

由于信用评级的主观性使得信用评级并非完全客观无偏，受到来自评级机构以及市场环境等各方面其他因素的影响，评级机构的声誉机制、评级付费模式、评级市场的竞争以及评级监管都被认为有可能会抑制评级的虚高，提升信用评级质量。然而，有关研究成果并不尽然。

▶ 2.1 评级机构声誉与评级质量

声誉对于中介机构而言是最为重要的资产（Ottaviani and Sorensen，2006a，2006b；Guembel and Rossetto，2009），如会计师、分析师、律师等。而信用评级机构的声誉要比会计师、分析师、律师更加重要，因为评级机构是基于其声誉产生交易的。如果评级机构的信用评级失去投资者的关注和被评级企业的需求，那么评级机构将被市场所淘汰。因此，市场的力量会使得评级机构更加关心其声誉。科维茨和哈里森（Covitz and Harrison，2003）认为来自收入方面的竞争压力相对较小时，评级机构迎合发行人的动机就较低，从而能够更多地关注声誉方面的投入。马里亚诺（Mariano，2012）从理论上分析了信用评级机构的声誉问题，发现对声誉的关注使得评级机构倾向于更加稳健的评级，更多出具负面报告。博尔顿等（Bolton et al.，2012）则发现当评级机构的声誉成本较低时，他们会倾向于给予被评级企业较高的信用评级。而评级机构会提高其对企业信用分析的及时性和准确性，从而应对声誉成本的提高（Cheng and Neamtiu，2009）。

那么声誉机制能起作用吗？克拉夫特（Kraft，2015）发现评级机构会为了迎合发行方的需求为其出具虚高的评级，但是当评级机构的声誉成本较高时，这种现象会减少。但马西斯等（Mathis et al.，2009）认为只有当评级机构的主要收入来自其他途径而非信用评级业务时，声誉机制才有用。当信用评级业务成为评级机构的主要收入来源时，即使评级机构的声誉相对较好，企业的信用评级水平依旧会被推高，声誉无法约束评级机构。而且，声誉机制的作用受到企业所处经济周期的影响，在经济繁荣周期下，声誉机制无法抑制低质量的评级。例如，博尔顿等（2012）以及巴 - 艾萨克和夏皮罗（Bar-Isaac and Shapiro，2013）都发现在经济繁荣时，声誉损失较小，评级机构更有可能出具低质量评级。

在针对我国债券市场的研究中，张强和张宝（2010）认为不完善的信用评级市场的信号传递机制、现行的收费模式、过度的行业竞争以及评级机构声誉的社会事实机制不完善是导致我国信用评级声誉机制缺失的主要原因。周香芸等（2019）通过理论模型研究，认为声誉效应可能使评级机构发布低估的评级结果。邢天才等（2016）认为声誉机制能够抑制评级机构竞争导致的评级虚高，但是詹明君和邢贺（2016）发现声誉机制与债项评级显著负相关。刘琳和查道林（2018）采用评级机构是否有外资股东作为评级机构声誉的衡量标准，也发现评级机构的声誉机制对评级质量有正面影响。姚红宇（2019）采用评级机构违约债券占比表征声誉机制，发现在债券违约发生前，评级机构声誉的约束作用是失效的，未对评级机构的评级行为发挥约束作用；在债券违约发生后，评级机构声誉约束作用开始生效。孟庆斌等（2018）采用评级残差衡量评级机构声誉，发现在中债资信市场份额较大、影响力较强的行业中的公司，评级虚高的问题得到抑制，而且抑制效果产生的原因是发行人付费评级机构的声誉机制。陈关亭等（2021a）发现在多重信用评级中，高声誉评级机构的信用评级有利于降低债券融资成本，并且"投资者付费"模式的信用评级更有利于降低债券融资成本，这一结果验证了我国债券市场在多重评级中存在评级声誉补偿机制。但安小雪和黄晓薇（2021）认为由于发行人与评级机构的合谋，声誉机制并不能抑制评级虚高现象。由此可见，关于声誉机制对评级质量的影响，相关结论并不一致。

▶ 2.2　付费模式与评级质量

在发行人付费（issuer-pay，ISP）模式下，评级机构为了获取评级收费可能丧失独立性，并迎合发债企业，即信用评级迎合（credit rating cate-ring）。一方面，考虑到反馈效应，评级机构给出的信用等级在对发债企业造成影响后也会反过来影响评级机构自身，较低的信用等级可能会使得企业的再融资遇到阻碍从而影响评级机构的盈利，这也使得评级机构有了评级膨胀的动机（Boot et al.，2006）。另一方面，由于可选的评级机构数量不受限制，发债企业可以同时探寻多家机构，只选取评级最高者作为主评级机构，并对外披露评级结果，即信用评级意见购买（Mathis et al.，2009；Skreta and Veldkamp，2009）。有学者研究发现，发债企业更可能选择出具高估信用评级的机构作为主评级机构（Kronlund，2020）。

相比投资人付费（investor-pay，INP）模式的评级机构，ISP 模式下的评级机构为获取更多的业务与评级收费，更可能出具高估的信用等级（Strobl and Xia，2012）。而在 INP 模式下，由于评级机构与发债企业不存在直接的利益关联，其信用评级会相对稳健甚至低估（陈关亭等，2021b）。大量研究认为 ISP 模式存在信用评级机构与被评级企业通过评级费用进行利益交换的机会（Mathis et al.，2009；Bolton et al.，2012），有可能导致评级机构在信用评级意见形成过程中，倾向于采纳对发行人有利的信用，减少甚至屏蔽不利信息，从而扭曲信用评级。博尔顿等（2012）研究表明 ISP 模式下会出现信用评级膨胀问题；阿尔普（Alp，2013）、邦萨尔四世（Bonsall Ⅳ，2014）和伯沃特等（Berwart et al.，2016）也分别发现 ISP 模式下的信用评级更为宽松、乐观或存在虚高现象。约翰逊（Johnson，2004）和比弗等（Beaver et al.，2006）还发现 INP 模式下的信用评级调整会引发采取 ISP 模式的评级机构调整其信用评级。蓬斯（Ponce，2012）采用理论模型研究认为由于 ISP 模式存在利益交换问题，从 INP 模式转变为 ISP 模式会导致评级质量标准恶化至社会有效水平以下。因为 ISP 评级机构给予的信用评级水平如果高于 INP 评级机构，则可能被认为存在评级虚高问题而导致声誉受损（Ellul et al.，2011），所以随着伊根－琼斯（Egan-Jones）（采用 INP 模式）进入评级市场后，标准普尔（Standard & Poor's）（采用 ISP 模式）的信用评级质量变得更好（Xia，2014）。姜等（Jiang et al.，2012）检验了标准普尔在 1974 年从 INP 模式转变为 ISP 模式后的评级情况，发现当标准普尔向投资人收费而穆迪向发行人收费时，标准普尔的信用评级等级低于穆迪，而当标准普尔改为 ISP 模式后则给出了明显偏高的信用评级水平。施特罗布尔和夏（Strobl and Xia，2012）发现伊根 - 琼斯（采用 INP 模式）和标准普尔（改为 ISP 模式后）对于相同企业的信用评级存在显著性差异，即标准普尔（改为 ISP 模式后）给出的信用评级水平显著偏高。

　　国内一些学者认为向投资者收费可以发挥"声誉机制"的作用，但可能衍生"搭便车"问题；而向证券发行人收费可以避免"搭便车"问题，但又难以保证评级机构的中立性，两种收费模式各有利弊（岳振宇，2009；黄国平，2012）。基于经验数据的研究结果也不尽相同，甚至存在相反的观点。林晚发等（2017）利用公司债券数据发现在 INP 评级压力下 ISP 评级机构相应调低了评级水平。刘琳和查道林（2018）发现样本公司在被中债资信主动评级后 ISP 机构给出的信用评级水平与之前相比有明显降低。孟庆斌等（2018）分析了中债资信进入评级市场对 ISP 评级水平的影响，均认为中债资信入市后助推了信用评级质量。吴育辉等（2020）对两种付费模式评级水平的检验结果进一步支持了上述观点，至于 ISP 模式下评级结果高于 INP 模式的原因则是前者迎合了发债企业（闫妍和李博，2020）。但是，不同于上述研究结果，阮永锋等（2019）认为中债资信是否覆盖同一发债企业对其他评级机构没有显著影响，但在中债资信与其他评级机构存在较大的评级差异的情况下，投资者会利用中债评级信息调整债券定价。寇宗来等（2020）发现面对中债资信的低评级压力，ISP 评级机构不但没有相应调低评级水平，反而调高了拟发债企业的后续主体评级进行"对冲"，以帮助发债企业实现监管套利；陈关亭等（2021）则发现在双重信用评级模式下 INP 模式对 ISP 评级没有明显的影响。当然，不同评级机构评级体系存在差异（陈关亭等，2021a），获得的发债企业私有信息不尽相同（寇宗来和千茜倩，2021），因此可能导致评级结果出现相应的合理差异，而并非虚高（或虚低）评级或者评级意见选购。对于 INP 模式因为不能充分获取发债企业信息以及谨慎原则导致的评级低估问题（陈关亭等，2021b），ISP 模式通过获取发债企业积极的私有信息并给予较高的信用评级，可在一定程度上对冲 INP 模式下的评级低估问题，从而使得两种信用评级模式以及多重信用评级的平均等级信息含量最高（寇宗来等，2020；陈关亭等，2021a）。

关于两种付费模式的评级及时性和预测准确性，存在截然相反的研究观点。一种观点认为，ISP 模式下的潜在利益冲突可能影响信用评级调整的及时性，因此 INP 评级机构更可能及时更新信用评级（White，2010）。J. 科尔纳贾和 K. 科尔纳贾（J. Cornaggia and K. Cornaggia，2013）发现 ISP 模式下信用评级的及时性和预测准确性较差，尽管波动性较小。米利多尼斯（Milidonis，2013）也发现 ISP 模式下的信用评级调整晚于 INP 模式，而且 INP 模式下的信用评级能够预测出 ISP 模式下的信用评级。但是，相反的观点则认为虽然 ISP 模式可能影响评级机构的独立性，不过 ISP 模式通过委托合约确定了评级机构和发行企业之间的信息使用权利和义务，使得信用评级机构能够更好地接触发行企业的非公开信息和可靠信息，因此可能形成具有更高信息含量的信用评级。例如，程和尼姆修（Cheng and Neamtiu，2009）发现 ISP 信用评级机构会在发债企业接近违约时提高债券评级的及时性，并且波动性较小。邦萨尔四世（2014）发现 ISP 评级机构会更加准确和及时地预测企业的未来盈利情况和违约问题。伯沃特等（2016）也发现 ISP 评级机构能够提高信用评级的及时性。

▶ 2.3　市场竞争与评级质量

关于市场竞争对评级质量的影响，已有研究也得出了有利论和不利论两种相反的观点。有利论认为，适度竞争能够改善评级机构的利益冲突（Covitz and Harrison，2003）。多尔蒂等（Doherty et al.，2012）分析了标准普尔进入由贝氏（A. M. Best）垄断的保险评级行业造成的影响，发现标准普尔进入保险评级行业提升了保险行业的评级质量。夏（2014）也发现随着伊根－琼斯评级公司进入评级市场，标准普尔的信用评级质量变得更好。克拉夫特（2015）发现在美国信用评级机构存在迎合债券发行企业的情况，但是当信用评级机构的声誉成本较高时这一现象相对较少，如同时存在惠誉（Fitch）的评级。这一结果意味着竞争会降低评级机构迎合企业的可能，使得评级相对较稳健。贝等（Bae et al.，2015）利用惠誉的市场份额在各行业的异质性作为差异来源，检验了竞争是否真的会带来评级膨胀问题，在控制了内生性后发现惠誉的市场份额与其评级没有关联，表明竞争并没有导致评级膨胀。莫科特等（Morkoetter et al.，2017）也发现多重评级导致的竞争没有促使评级机构配合评级意见购买，更多的竞争并没有损害信用评级质量。

不利论则认为，不同于产品市场的竞争会带来产品质量的提升，评级市场的竞争被发现往往会导致虚高评级的产生或恶化这一现象（Skreta and Veldkamp，2009；Becker and Milbourn，2011；Bolton et al.，2012；Sean and Ghent，2017）。这一结果并不意外，面临激烈的评级市场竞争，为了争取到业务，获得更高的利益，评级机构有动机去迎合发行人对更高评级的需求，从而导致竞争机制的失效。而且，发债企业会同时联系多个评级机构，之后选取其中给出评级最高的机构作为主评级机构（Skreta and Veldkamp，2009），从而推动机构之间的竞争。贝克尔和米尔本（Becker and Milbourn，2011）发现随着惠誉进入信用评级市场，三大信用评级机构的竞争越发激烈。而竞争的加剧反而推高了信用评级水平，信用评级与债券收益之间的关联下降了，信用评级预测企业破产可能的能力也下降了。因此，竞争可能在其他领域是有利的，但是在信用评级行业或者债券市场，更多的竞争可能是需要警惕的。马里亚诺（2012）发现评级机构出具稳健的、更多负面报告的倾向会受到评级机构之间竞争的影响，意味着评级机构之间的竞争会推高企业的信用评级水平。多尔蒂等（2012）发现当信用评级市场出现新的评级机构时，市场竞争会降低高质量企业愿意支付给原有评级机构的费用，原有评级机构会调整其评级体系去吸引更多中等质量的企业，使得中等质量企业的信用评级变得更加不透明，意味着竞争会使降低信用评级的质量。另外，由于依赖于向发行方收费的第三方信用评级收费制度存在利益输送机会，除非竞争不是那么激烈，否则可能诱发被评级企业的评级意见购买行为（Bolton et al.，2012），从而与评级机构合谋推高企业债券的信用评级（Stolper，2009）。在向发行方收费的第三方信用评级收费制度下，被评级企业存在评级意见购买情况，导致寡头垄断下的竞争效率会低于完全垄断下的竞争效率（Bolton et al.，2012）。斯科雷塔和维尔德坎普（Skreta and Veldkamp，2009）研究了评级意见购买的情况，发现当发债企业可以在多个评级机构之间进行选择时，即使评级机构相对合理的评级，产品的复杂性也会导致较高的信用评级情况。这意味着评级机构之间的竞争会导致较高的信用评级。何等（He et al.，2012）也认为债券发行人通过评级意见购买可以去除悲观的评级，提升债券的信用评级。格里芬等（Griffin et al.，2013）利用担保债务凭证（CDO）样本，发现相对于单一评级，双重评级下评级机构的竞争会导致信用评级膨胀。

在我国债券市场，机构之间的竞争通常会选择成本竞争等模式而非质量竞争（宋敏，2019）。出于对收入和市场份额的关注，评级机构在这种竞争模式下可能会忽视评级标准，选择给出夸大的评级来吸引业务，这会导致评级机构更有可能去迎合发债企业对评级的需求而提高评级。周宏等（2013）通过博弈模型分析认为评级机构数量越多，机构与发债企业串谋的风险越大。张少哲和周久俊（2016）利用鹏元资信进入城投企业债评级市场作为自然实验，发现"劣币驱逐良币"的恶性竞争机制在我国评级市场占据主导地位。邢天才等（2016）和徐晓萍等（2018）进一步发现市场竞争导致了评级虚高，并弱化了信用评级的利差降低作用。陈关亭和朱松（2021）发现评级行业竞争推高了发债企业初始的主体信用等级和债项信用等级，不论是在低集中度竞争型评级市场还是分散竞争型评级市场，不论是在原有评级市场格局还是新评级机构进入之后，评级行业竞争加剧都催化了评级膨胀问题，并且新进入者进一步推高了评级水平和高估程度。但是，林晚发等（2017）发现在中债资信进入评级市场后，投资者付费模式的压力导致发行人付费模式下的评级机构会主动调低评级等级。也就是说，竞争有利于提升信用评级的合理性。总之，评级机构之间的竞争能否提高信用评级的合理性也一直处于争议状态。

▶ 2.4　评级监管与评级质量

国内外关于外部监管对评级质量的影响的研究结论也不一致。斯托尔珀（Stolper，2009）认为信用评级机构可能存在与被评级企业"共谋"的情况，但是监管机构可以通过制度上的威慑和某种激励措施从而使评级机构能够提供正确的信用评级。程和尼姆修（2009）发现自《萨班斯－奥克斯利法案》通过后，信用评级机构提高了评级的准确度，强化监管提高了评级质量。阿尔普（2010）也发现《萨班斯－奥克斯利法案》通过后，鉴于大量批评质疑以及监管的严格，评级机构倾向于更加谨慎地进行信用评级。希尔思（2014）的理论模型也认为当投资者能够对评级机构的声誉成本产生重要影响时，对于诚实的评级机构的政策支持可以在长期形成均衡最优结果。不过，佩拉什和克萨达（Peyrache and Quesada，2011）研究了中介机构与有资信需求的卖方之间的合谋动机，发现合谋的可能性取决于评级机构的定价策略；而强制性的资信证明要求会使得中介机构无法排除低质量的客户，只能增加与这些低质量客户的合谋。奥普等（Opp et al.，2013）的理论模型认为评级监管可能会提高或者降低信用评级的信息含量，但不可避免地会提高信用评级。迪米特洛夫等（Dimitrov et al.，2015）针对《多德－弗兰克法案》公布后对信用评级质量影响的实证研究表明，该法案增加了信用评级机构的法律和监管成本，这一成本的增加产生了逆向的效果，评级机构反而给出了较低的、更多错误警告和信息含量较低的评级。但古等（Gu et al.，2023）发现《多德－弗兰克法案》的出台显著降低了评级机构因重要的非公开信息和利益冲突导致的评级偏误的软调整。托斯卡诺（Toscano，2020）发现《多德－弗兰克法案》出台之后，以标准普尔代表的发行人付费的评级机构变得更加谨慎和准确。乔尔和撒克（Geol and Thakor，2015）也认为，增加诉讼和监管成本是一把"双刃剑"，既有可能使评级机构提供更有信息含量的评级，也有可能使其模糊其评级。贝尔等（Behr et al.，2018）发现 1975 年美国证监会赋予穆迪、标准普尔和惠誉三家评级机构更大的市场影响力，增加了监管机构对评级的依赖，但这一行为直接导致了评级质量下滑：相同评级之下，1975年之后评定的公司的违约率比1975年之前评定的要高。

在国内，邓博文和曹廷贵（2016）基于理论模型分析，认为通过加强监管能够提高评级质量，非对称性监管优于对称性监管。周香芸等（2019）基于出台的监管政策考察了评级监管对信用评级的影响，发现加强评级监管能有效解决评级高估问题。而刘士达等（2018）利用短期银行间债券产品研究发现，监管对于评级的依赖使得信用评级质量受到了影响，评级监管实际上降低了现有评级的质量。

2.5 文献述评

由上述文献总结可以看出，在当下发行人付费模式下，由于利益的驱动，评级机构会迎合发行人出具低质量的评级；而竞争机制、声誉机制、监管都无法很好地抑制发行人的低质量评级。无论是低质量评级的出现，还是制约机制的失效，文献的讨论都是基于发行人付费模式下评级机构对利益的追求。评级机构最主要的利益就是发行人支付的评级费用，正是出于对高评级费用的追求，才会导致低质量评级的出现。评级机构在评级收费与未来声誉成本之间作出权衡，如果评级收费足够高，评级机构将会高估评级从而收取评级费用。然而，由于缺乏数据，目前并没有关于评级收费对评级质量产生影响的直接证据。另外，现有评级监管将重点放在评级机构上，而对于利用高额评级收费换取较高信用评级，从而实现降低发债成本获利的发债企业，目前的政策关注不高，也并没有任何的违约处罚。实际上，不论是从评级机构与发债企业的利益冲突还是从评级机构之间的竞争来看，机构的直接目的都是争取到更多的客户，因此在这一过程中发债企业的意愿实际上也非常重要。虽然已有很多涉及发债企业的特征（财务指标、信息披露、内部治理、产权性质等）的研究来探讨它们对信用评级的影响，但这些研究都并未区分究竟是对客观的、真实的评级结果还是对那些基于评级机构吸引、迎合发债企业目的而产生的虚高的评级结果产生影响。如何更好地规范发债企业也是提高评级质量、进行评级监管的关注点，现有研究对此也基本没有涉及。

第**3**章

模型构建与理论分析

本章基于博弈理论和决策模型，建立评级收费、评级监管与评级意见购买之间的模型，进行理论分析，为之后的实验研究和实证研究提供理论模型基础。

▶ 3.1 模型构建

评级意见购买行为是在评级机构与发债企业之间博弈达成的一项决定，因此博弈模型应当是建立在两者之间的博弈决策关系上的。

发债企业的决策：

（1）支付费用 $F_{(R_2)}$ 获得较高的信用评级 R_2，购买评级意见；

（2）支付费用 $F_{(R_1)}$ 获得合理的信用评级 R_1，不购买评级意见。

评级机构的决策：

（1）收取费用 $F_{(R_2)}$ 给予较高的信用评级 R_2，配合企业购买评级意见；

（2）收取费用 $F_{(R_2)}$ 给予较高的信用评级 R_2，诱导企业购买评级意见；

（3）收取费用 $F_{(R_1)}$ 给予合理的信用评级 R_1，不配合企业购买评级意见；

（4）收取费用 $F_{(R_0)}$ 给予合理的信用评级 R_0，实施低价揽客策略。

本书定义 $\lambda_{(R)}$ 表示发债企业的债券违约概率函数。企业违约概率与自身合理的信用评级（R_1）相关，与评级机构给出的虚高的信用评级（R_2）无关。因此，在评级意见购买（信用评级水平为 R_2）情景下的债券违约概率函数为 $\lambda_{(R_1)}$，在没有购买评级意见（信用评级水平为 R_1）情景下的债券违约概率函数也为 $\lambda_{(R_1)}$。

$F_{(R)}$ 表示评级机构的评级收费函数。在购买评级意见且过度评级（信用评级水平为 R_2）情景下的评级收费为 $F_{(R_2)}$，在不购买评级意见且过度评级（信用评级水平为 R_2）情景下的评级收费为 $F_{(R_1)}$，在不过度评级（信用评级水平为 R_1）情景下的评级收费为 $F_{(R_1)}$，在不过度评级（信用评级水平为 R_1）情景下低价揽客策略的评级收费为 $F_{(R_0)}$。

$f_{(R)}$ 表示评级机构的潜在评级收费函数。在过度评级（信用评级水平为 R_2）且企业债券未违约情景下的潜在评级收费为 $f_{(R_2)}$，在过度评级（信用评级水平为 R_2）且企业债券违约情景下的潜在评级收费为 0，在不过度评级（信用评级水平为 R_1）情景下低价揽客策略的潜在评级收费为 $f_{(R_1)}$，在不过度评级（信用评级水平为 R_1）其他情景下的潜在评级收费为 0。

$C_{(R)}$ 表示评级机构的违约损失函数。当企业债券出现违约时，评级机构在过度评级（信用评级水平为 R_2）情景下的损失为 $C_{(R_2)}$，在不过度评级（信用评级水平为 R_1）情景下的损失函数为 $C_{(R_1)}$。当企业债券没有违约时，评级机构的损失函数为 0。评级机构的损失函数不仅与给出的信用评级水平有关，也与自身的市场地位、声誉等有关。

$P_{(R)}$ 表示评级机构的监管处罚损失函数。当企业债券出现违约时，在过度评级（信用评级水平为 R_2）情景下的监管处罚损失函数为 $P_{(R_2)}$。当企业债券没有违约，以及在不过度评级（信用评级水平为 R_1）情景下，评级机构的监管处罚损失函数都为 0。

$FF_{(R)}$ 表示发债企业的评级收益函数。在过度评级（信用评级水平为 R_2）情景下企业的评级收益函数为 $FF_{(R_2)}$，在不过度评级（信用评级水平

为 R_1）情景下的评级收益函数为 $FF_{(R_1)}$。

$CF_{(R)}$ 表示发债企业的违约损失函数。当企业债券出现违约时，在过度评级（信用评级水平为 R_2）情景下的违约损失函数为 $CF_{(R_2)}$，在不过度评级（信用评级水平为 R_1）情景下的违约损失函数为 $CF_{(R_1)}$。在企业债券没有违约的情况下，违约损失函数为 0。

$PF_{(R)}$ 表示发债企业的监管处罚损失函数。当企业债券出现违约时，在过度评级（信用评级水平为 R_2）情景下的监管处罚损失函数为 $PF_{(R_2)}$。在企业债券没有违约情景下，以及在不过度评级（信用评级水平为 R_1）情景下，企业的监管处罚损失函数都为 0。

基于发债企业和评级机构的决策，会形成以下几种情景（见图 3 – 1）。

（1）企业购买评级意见，评级机构过度评级，双方达成一致的过度评级意见；但债券违约，违约概率为 $\lambda_{(R_1)}$。

评级机构获得了较高的评级收费 $F_{(R_2)}$。因所评企业债券违约，企业未来短期内无法发行债券，评级机构未来无法获得潜在的评级业务从而获得评级收费，因此潜在评级收费函数 $f_{(R_2)}$ 为 0。因所评企业债券违约，评级机构受到牵连出现损失（包括声誉和其他损失）$C_{(R_2)}$，同时可能还会被监管机构处罚从而承担监管处罚成本 $P_{(R_2)}$。因此，评级机构的收益为 $F_{(R_2)}$，成本为 $C_{(R_2)} + P_{(R_2)}$。

发债企业因较高的信用评级获得了较高的收益 $FF_{(R_2)}$。因债券违约出现违约损失 $CF_{(R_2)}$，同时可能还会被监管机构处罚从而承担监管处罚成本 $PF_{(R_2)}$，同时支付了较高的评级费用 $F_{(R_2)}$。因此，发债企业的收益为 $FF_{(R_2)}$，成本为 $F_{(R_2)} + CF_{(R_2)} + PF_{(R_2)}$。

（2）企业购买评级意见，评级机构过度评级，双方达成一致的过度评级意见；债券未违约，概率为 $1 - \lambda_{(R_1)}$。

评级机构获得了较高的评级收费 $F_{(R_2)}$，并且因为配合了企业的评级意见购买行为，可以在未来获得企业债券发行时的评级业务和评级费用 $f_{(R_2)}$。因所评企业债券未违约，评级机构不会出现损失，也不会被监管处罚。因此，评级机构的收益为 $F_{(R_2)} + f_{(R_2)}$，成本为 0。

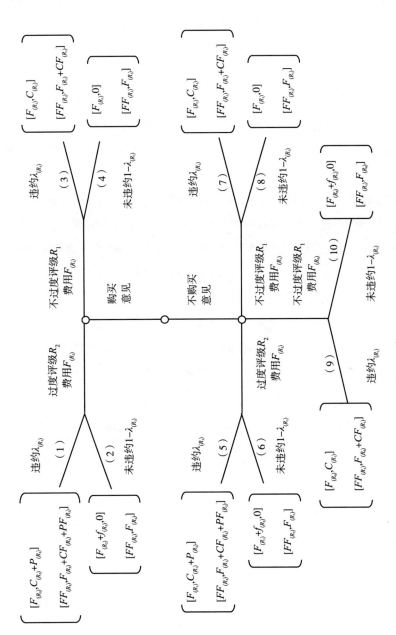

图 3 - 1　评级意见购买决策博弈模型

发债企业因较高的信用评级获得了较高的收益 $FF_{(R_2)}$。且债券未违约，发债企业不会出现损失，也不会被监管处罚，同时支付了较高的评级费用 $F_{(R_2)}$。因此，发债企业的收益为 $FF_{(R_2)}$，成本为 $F_{(R_2)}$。

（3）企业购买评级意见，评级机构未过度评级，双方达成一致的合理评级意见；但债券违约，违约概率为 $\lambda_{(R_1)}$。

评级机构没有配合企业的评级意见购买行为，只获得了合理的评级收费 $F_{(R_1)}$。因所评企业债券违约，评级机构受到牵连出现损失（包括声誉和其他损失）$C_{(R_1)}$。因未配合评级意见购买行为，不会被监管机构处罚从而无须承担监管处罚成本。因此，评级机构的收益为 $F_{(R_1)}$，成本为 $C_{(R_1)}$。

发债企业的评级意见购买行为没有实现，因此只能获得合理的评级收益 $F_{(R_2)}$。因债券违约出现违约损失 $CF_{(R_1)}$，因无评级购买行为，不会被监管机构处罚从而无须承担监管处罚成本，同时支付了合理的评级费用 $F_{(R_1)}$。因此，发债企业的收益为 $FF_{(R_1)}$，成本为 $F_{(R_1)} + CF_{(R_1)}$。

（4）企业购买评级意见，评级机构未过度评级，双方达成一致的合理评级意见；债券未违约，概率为 $1 - \lambda_{(R_1)}$。

评级机构没有配合企业的评级意见购买行为，只获得了合理的评级收费 $F_{(R_1)}$。因所评企业债券未违约，评级机构不会出现损失，也不会被监管处罚。因此，评级机构的收益为 $F_{(R_1)}$，成本为 0。

发债企业的评级意见购买行为没有实现，只能获得合理的评级收益 $FF_{(R_1)}$。且债券未违约，发债企业不会出现损失，也不会被监管处罚，同时支付了合理的评级费用 $F_{(R_1)}$。因此，发债企业的收益为 $FF_{(R_1)}$，成本为 $F_{(R_1)}$。

（5）企业不购买评级意见，评级机构过度评级，双方达成一致的过度评级意见；但债券违约，违约概率为 $\lambda_{(R_1)}$。

评级机构虽过度评级，但获得了合理评级的评级收费 $F_{(R_1)}$。因所评企业债券违约，企业未来短期内无法发行债券，评级机构未来无法获得潜在的评级业务从而获得评级收费，因此潜在评级收费函数 $f_{(R_2)}$ 为 0。因所评企业债券违约，评级机构受到牵连出现损失（包括声誉和其他损失）$C_{(R_2)}$，同时可能还会被监管机构处罚从而承担监管处罚成本 $P_{(R_2)}$。因此，

评级机构的收益为 $F_{(R_1)}$，成本为 $C_{(R_2)} + P_{(R_2)}$。

发债企业因较高的信用评级获得了较高的收益 $F_{(R_2)}$。但因债券违约出现违约损失 $CF_{(R_2)}$，可能还会被监管机构处罚从而承担监管处罚成本 $P_{(R_2)}$，同时支付了合理的评级费用 $F_{(R_1)}$。因此，发债企业的收益为 $FF_{(R_2)}$，成本为 $F_{(R_1)} + CF_{(R_2)} + PF_{(R_2)}$。

（6）企业不购买评级意见，评级机构过度评级，双方达成一致的过度评级意见；债券未违约，概率为 $1 - \lambda_{(R_1)}$。

评级机构虽过度评级，但获得了合理评级的评级收费 $F_{(R_1)}$。但因提供给企业更高的信用评级 R_2，可以在未来获得企业债券发行时的评级业务和评级费用 $f_{(R_2)}$。因所评企业债券未违约，评级机构不会出现损失，也不会被监管处罚。因此，评级机构的收益为 $F_{(R_1)} + f_{(R_2)}$，成本为 0。

发债企业因较高的信用评级获得了较高的收益 $FF_{(R_2)}$。且债券未违约，发债企业不会出现损失，也不会被监管处罚，同时支付了合理的评级费用 $F_{(R_1)}$。因此，发债企业的收益为 $FF_{(R_2)}$，成本为 $F_{(R_1)}$。

（7）企业不购买评级意见，评级机构未过度评级，双方达成一致的合理评级意见；但债券违约，违约概率为 $\lambda_{(R_1)}$。

评级机构合理评级，获得了合理的评级收费 $F_{(R_1)}$。因所评企业债券违约，评级机构受到牵连出现损失（包括声誉和其他损失）$C_{(R_1)}$，因合理评级不会被监管机构处罚从而无须承担监管处罚成本。因此，评级机构的收益为 $F_{(R_1)}$，成本为 $C_{(R_1)}$。

发债企业未购买评级意见，只能获得合理的评级收益 $FF_{(R_1)}$，但因债券违约出现违约损失 $CF_{(R_1)}$，因无评级购买行为，不会被监管机构处罚从而无须承担监管处罚成本，同时支付了合理的评级费用 $F_{(R_1)}$。因此，发债企业的收益为 $FF_{(R_1)}$，成本为 $F_{(R_1)} + CF_{(R_1)}$。

（8）企业未购买评级意见，评级机构未过度评级；债券未违约，概率为 $1 - \lambda_{(R_1)}$。

评级机构合理评级，获得了合理的评级收费 $F_{(R_1)}$。因所评企业债券未违约，评级机构不会出现损失，也不会被监管处罚。因此，评级机构的收益为 $F_{(R_1)}$，成本为 0。

发债企业未购买评级意见，只能获得合理的评级收益 $FF_{(R_1)}$。且债券未违约，发债企业不会出现损失，也不会被监管处罚，同时支付了合理的评级费用 $F_{(R_1)}$。因此，发债企业的收益为 $FF_{(R_1)}$，成本为 $F_{(R_1)}$。

（9）企业未购买评级意见，评级机构未过度评级，双方达成一致的合理评级意见，信用评级收费低于合理收费水平；但债券违约，违约概率为 $\lambda_{(R_1)}$。

评级机构合理评级，但收费水平低于合理收费，获得较低的评级收费 $F_{(R_0)}$。因所评企业债券违约，评级机构受到牵连出现损失（包括声誉和其他损失）$C_{(R_1)}$，因合理评级不会被监管机构处罚从而无须承担监管处罚成本。因此，评级机构的收益为 $F_{(R_0)}$，成本为 $C_{(R_1)}$。

发债企业未购买评级意见，只能获得合理的评级收益 $FF_{(R_1)}$，但因债券违约出现违约损失 $CF_{(R_1)}$。因无评级购买行为，不会被监管机构处罚从而无须承担监管处罚成本，同时支付了较低的评级收费 $F_{(R_0)}$。因此，发债企业的收益为 $FF_{(R_1)}$，成本为 $F_{(R_0)} + CF_{(R_1)}$。

（10）企业未购买评级意见，评级机构未过度评级，信用评级收费低于合理收费水平；债券未违约，概率为 $1 - \lambda_{(R_1)}$。

评级机构合理评级，但收费水平低于合理收费，获得较低的评级收费 $F_{(R_0)}$。因所评企业债券未违约，评级机构不会出现损失，也不会被监管处罚。因此，评级机构的收益为 $F_{(R_0)}$，成本为 0。

发债企业未购买评级意见，只能获得合理的评级收益 $FF_{(R_1)}$。且债券未违约，发债企业不会出现损失，也不会被监管机构处罚，同时支付了较低的评级收费 $F_{(R_0)}$。因此，发债企业的收益为 $FF_{(R_1)}$，成本为 $F_{(R_0)}$。

▶ 3.2 理论分析

虽然评级机构的决策和发债企业的决策共同形成了最终的决策结果，但是评级机构的决策和发债企业的决策在一定程度上是独立的，评级机构基于自身的成本收益权衡进行决策，而成本收益则是基于发债企业作出的选择结果；同样地，发债企业也是基于自身的成本收益进行权衡之后作出决策，其成本收益的评估也是基于评级机构作出的选择结果而定的。因此，为了简化模型分析，本书将评级机构的决策根据发债企业的决策结果分为以下几种情况进行分析。

1. 评级机构决策模型分析：发债企业购买评级意见

发债企业计划进行评级意见购买，评级机构面临过度评级或者不过度评级（合理评级）选择，从而形成图 3-1 中的 (1)(2)(3)(4) 四种情景。

此时，发债企业决定购买评级意见，其已经比较了评级购买决策下的成本收益，因此只需要考虑评级机构的决策。而不论评级市场是寡头垄断市场还是充分竞争市场，评级机构都会对是否过度评级的成本和收益进行衡量，从而作出决定。图 3-2 为发债企业评级意见购买下评级机构的评级决策模型。

在企业明确进行评级意见购买情况下，评级机构过度评级决策下的收益为：

$$\lambda_{(R_1)} F_{(R_2)} + [1 - \lambda_{(R_1)}] [F_{(R_2)} + f_{(R_2)}] = F_{(R_2)} + f_{(R_2)} - \lambda_{(R_1)} f_{(R_2)}$$

在企业明确进行评级意见购买情况下，评级机构过度评级决策下的成本为：

$$\lambda_{(R_1)} [C_{(R_2)} + P_{(R_2)}] + [1 - \lambda_{(R_1)}] \times 0 = \lambda_{R_1} [C_{(R_2)} + P_{(R_2)}]$$

在企业明确进行评级意见购买情况下，评级机构在过度评级决策下的净收益为：

$$\lambda_{(R_1)} F_{(R_2)} + [1 - \lambda_{(R_1)}] [F_{(R_2)} + f_{(R_2)}] - \lambda_{(R_1)} [C_{(R_2)} + P_{(R_2)}]$$
$$- [1 - \lambda_{(R_1)}] \times 0 = F_{(R_2)} + f_{(R_2)} - \lambda_{(R_1)} f_{(R_2)} - \lambda_{(R_1)} C_{(R_2)} - \lambda_{(R_1)} P_{(R_2)}$$

在企业明确进行评级意见购买情况下，评级机构不过度评级决策下的收益为：

$$\lambda_{(R_1)} F_{(R_1)} + [1 - \lambda_{(R_1)}] F_{(R_1)} = F_{(R_1)}$$

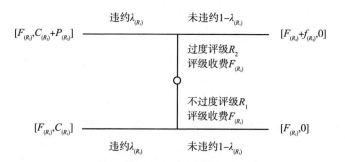

图 3 - 2　发债企业评级意见购买下的评级机构评级决策模型

注：$\lambda_{(R)}$ 表示发债企业的债券违约概率函数。企业违约概率与自身合理的信用评级（R_1）相关，与评级机构给出的虚高的信用评级（R_2）无关。因此，在评级意见购买（信用评级水平为 R_2）情景下的债券违约概率函数为 $\lambda_{(R_1)}$，在没有购买评级意见（信用评级水平为 R_1）情景下的债券违约概率函数也为 $\lambda_{(R_1)}$。

$F_{(R)}$ 表示评级机构的评级收费函数。在过度评级（信用评级水平为 R_2）情景下的评级收费为 $F_{(R_2)}$，在不过度评级（信用评级水平为 R_1）情景下的评级收费为 $F_{(R_1)}$。

$f_{(R)}$ 表示评级机构的潜在评级收费函数。在过度评级（信用评级水平为 R_2）且企业债券未违约情景下的潜在评级收费为 $f_{(R_2)}$，在过度评级（信用评级水平为 R_2）且企业债券违约情景下的潜在评级收费为 0，在不过度评级（信用评级水平为 R_1）情景下的潜在评级收费为 0。

$C_{(R)}$ 表示评级机构的违约损失函数。当企业债券出现违约时，评级机构在过度评级（信用评级水平为 R_2）情景下的损失为 $C_{(R_2)}$，在不过度评级（信用评级水平为 R_1）情景下的损失函数为 $C_{(R_1)}$。当企业债券没有违约时，评级机构的损失函数为 0。评级机构的损失函数不仅与给出的信用评级水平有关，也与自身的市场地位、声誉等有关。

$P_{(R)}$ 表示评级机构的监管处罚损失函数。当企业债券出现违约时，在过度评级（信用评级水平为 R_2）情景下的监管处罚损失函数为 $P_{(R_2)}$；当企业债券没有违约时，以及在不过度评级（信用评级水平为 R_1）情景下，评级机构的监管处罚损失函数都为 0。

在企业明确进行评级意见购买情况下，评级机构不过度评级决策下的成本为：

$$\lambda_{(R_1)} C_{(R_1)} + \left[1 - \lambda_{(R_1)} \right] \times 0 = \lambda_{(R_1)} C_{(R_1)}$$

在企业明确进行评级意见购买情况下，评级机构在不过度评级决策下的净收益为：

$$\lambda_{(R_1)} F_{(R_1)} + \left[1 - \lambda_{(R_1)} \right] F_{(R_1)} - \lambda_{(R_1)} C_{(R_1)} + \left[1 - \lambda_{(R_1)} \right] \times 0 = F_{(R_1)} - \lambda_{(R_1)} C_{(R_1)}$$

因此，评级机构选择哪种决策取决于其对成本和收益的衡量，这就意味着：

(1) $\lambda_{(R_1)} F_{(R_2)} + [1 - \lambda_{(R_1)}][F_{(R_2)} + f_{(R_2)}] - \lambda_{(R_1)}[C_{(R_2)} + P_{(R_2)}] - [1 - \lambda_{(R_1)}] \times 0 \geqq \lambda_{(R_1)} F_{(R_2)} + [1 - \lambda_{(R_1)}] F_{(R_1)} - \lambda_{(R_1)} C_{(R_1)} + [1 - \lambda_{(R_1)}] \times 0$

这种情况下，评级机构会选择过度评级。

(2) $\lambda_{(R_1)} F_{(R_2)} + [1 - \lambda_{(R_1)}][F_{(R_2)} + f_{(R_2)}] - \lambda_{(R_1)}[C_{(R_2)} + P_{(R_2)}] - [1 - \lambda_{(R_1)}] \times 0 \leqq \lambda_{(R_1)} F_{(R_1)} + [1 - \lambda_{(R_1)}] F_{(R_1)} - \lambda_{(R_1)} C_{(R_1)} + [1 - \lambda_{(R_1)}] \times 0$

这种情况下，评级机构会选择不过度评级。

$$
\begin{aligned}
令 \delta = & \{ \lambda_{(R_1)} F_{(R_2)} + [1 - \lambda_{(R_1)}][F_{(R_2)} + f_{(R_2)}] - \lambda_{(R_1)}[C_{(R_2)} + P_{(R_2)}] \\
& - [1 - \lambda_{(R_1)}] \times 0 \} - \{ \lambda_{(R_1)} F_{(R_1)} + [1 - \lambda_{(R_1)}] F_{(R_1)} - \lambda_{(R_1)} C_{(R_1)} \\
& + [1 - \lambda_{(R_1)}] \times 0 \} \\
= & [F_{(R_2)} - F_{(R_1)}] + [1 - \lambda_{(R_1)}] f_{(R_2)} - \lambda_{(R_1)}[C_{(R_2)} - C_{(R_1)}] \\
& - \lambda_{(R_1)} P_{(R_2)}
\end{aligned}
$$

当 $\delta > 0$ 时，评级机构倾向于过度评级；反之，当 $\delta < 0$ 时，评级机构倾向于合理评级。评级意见购买行为与评级收费 $F_{(R)}$、评级机构潜在评级收费水平 $f_{(R)}$、评级机构因债券违约的预期损失程度 $C_{(R)}$、评级机构的监管处罚损失 $P_{(R)}$、发债企业的债券违约概率 $\lambda_{(R)}$ 有关。

若参数条件满足 $\delta > 0$，即评级机构倾向于过度评级时，在其他条件不变的情况下：

(1) 评级收费与评级意见购买之间的关系取决于 $F_{(R_2)} - F_{(R_1)}$ 的大小。

① 当 $F_{(R_2)} - F_{(R_1)}$ 为线性关系时，评级收费越高，评级意见购买行为越严重；

② 当 $F_{(R_2)} - F_{(R_1)}$ 为非线性关系时，评级收费与评级意见购买行为也呈非线性关系。

(2) 评级机构的潜在评级收费水平与评级意见购买之间呈正相关关系，即评级机构过度评级的潜在收益越高，评级意见购买行为越严重。而潜在评级收费水平与目前市场竞争环境有关，市场竞争越激烈，评级机构配合发债企业过度评级从而在未来获得评级业务的可能性越高，潜在评级收费水平越高。

(3) 评级机构因债券违约的预期损失程度与评级意见购买之间呈负

相关关系，即评级机构预期损失越低，评级意见购买行为越有可能发生。而预期损失与评级机构的市场地位、声誉紧密相关。市场地位越高、声誉越高的评级机构，其预期损失越高，越不可能配合企业进行评级意见购买。

（4）评级机构的监管处罚损失与评级意见购买之间呈负相关关系，即评级机构过度评级的监管处罚损失越大，评级意见购买行为越不可能。也就是说，评级监管强度越大，越有利于减少评级购买行为。

（5）发债企业的债券违约概率与评级意见购买之间呈负相关关系，即发债企业违约可能性越低，评级意见购买行为越可能发生。

2. 评级机构决策模型分析：发债企业不购买评级意见

发债企业计划不购买评级意见，评级机构面临过度评级或者不过度评级（合理评级）选择，从而形成图3-1中的（5）（6）（7）（8）（9）（10）六种情景。

在发债企业没有评级意见购买计划的情况下，评级机构也可能会引导企业进行过度评级，最终发债企业可能同意付出较高的评级费用，进行评级意见购买，那么就回到上面的分析（不再赘述）。不过，发债企业可能不同意支付较高的评级费用，但接受评级机构给予较高的信用评级，即默认获得更高的评级意见，从而体现为（5）和（6）两种情景。而（5）和（6）这两种情景实际上最终也体现为发债企业以较低的评级费用实现评级意见购买，评级机构以较低的评级收费给予发债企业较高的信用评级。当然，发债企业也可能不愿承担风险，不同意评级机构的做法，希望付出合理的费用获得合理的信用评级，因此体现为（7）和（8）两种情景。而对于不进行评级意见购买的发债企业，评级机构也可能采用低价揽客的策略获得该客户，从而体现为（9）和（10）两种情景。

针对图3-1中（5）（6）（7）（8）四种情景进行分析。图3-3为发债企业不计划进行评级意见购买情况下，评级机构的评级决策模型。

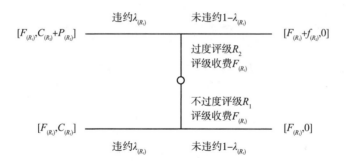

图 3-3　企业不购买评级意见下的评级机构评级决策模型：机构引导意见购买

注：$\lambda_{(R)}$ 表示发债企业的债券违约概率函数。企业违约概率与自身合理的信用评级（R_1）相关，与评级机构给出的虚高的信用评级（R_2）无关。因此，在评级意见购买（信用评级水平为 R_2）情景下的债券违约概率函数为 $\lambda_{(R_1)}$，在没有购买评级意见（信用评级水平为 R_1）情景下的债券违约概率函数也为 $\lambda_{(R_1)}$。

$F_{(R)}$ 表示评级机构的评级收费函数。在过度评级（信用评级水平为 R_2）情景下的评级收费为 $F_{(R_2)}$，在不过度评级（信用评级水平为 R_1）情景下的评级收费为 $F_{(R_1)}$。

$f_{(R)}$ 表示评级机构的潜在评级收费函数。在过度评级（信用评级水平为 R_2）且企业债券未违约情景下的潜在评级收费为 $f_{(R_2)}$，在过度评级（信用评级水平为 R_2）且企业债券违约情景下的潜在评级收费为 0，在不过度评级（信用评级水平为 R_1）情景下的潜在评级收费为 0。

$C_{(R)}$ 表示评级机构的违约损失函数。当企业债券出现违约时，评级机构在过度评级（信用评级水平为 R_2）情景下的损失为 $C_{(R_2)}$，在不过度评级（信用评级水平为 R_1）情景下的损失函数为 $C_{(R_1)}$。当企业债券没有违约时，评级机构的损失函数为 0。评级机构的损失函数不仅与给出的信用评级水平有关，也与自身的市场地位、声誉等有关。

$P_{(R)}$ 表示评级机构的监管处罚损失函数。当企业债券出现违约时，在过度评级（信用评级水平为 R_2）情景下的监管处罚损失函数为 $P_{(R_2)}$；当企业债券没有违约，以及在不过度评级（信用评级水平为 R_1）情景下，评级机构的监管处罚损失函数都为 0。

发债企业被引导、评级机构过度评级决策下的收益为：

$$\lambda_{(R_1)}F_{(R_1)} + [1-\lambda_{(R_1)}][F_{(R_2)}+f_{(R_2)}] = F_{(R_2)}+f_{(R_2)}-\lambda_{(R_1)}f_{(R_2)}$$

发债企业被引导、评级机构过度评级决策下的成本为：

$$\lambda_{(R_1)}[C_{(R_2)}+P_{(R_2)}] + [1-\lambda_{(R_1)}]\times 0 = \lambda_{(R_1)}[C_{(R_2)}+P_{(R_2)}]$$

发债企业被引导、评级机构在过度评级决策下的净收益为：

$$\lambda_{(R_1)}F_{(R_1)} + [1-\lambda_{(R_1)}][F_{(R_1)}+f_{(R_1)}] - \lambda_{(R_1)}[C_{(R_2)}+P_{(R_2)}]$$
$$-[1-\lambda_{(R_1)}]\times 0 = F_{(R_1)}+f_{(R_2)}-\lambda_{(R_1)}f_{(R_2)}-\lambda_{(R_1)}[C_{(R_2)}+P_{(R_2)}]$$

发债企业不进行评级意见购买情况下，评级机构不过度评级决策下的收益为：

$$\lambda_{(R_1)}F_{(R_1)} + \left[1 - \lambda_{(R_1)}\right]F_{(R_1)} = F_{(R_1)}$$

发债企业不进行评级意见购买情况下，评级机构不过度评级决策下的成本为：

$$\lambda_{(R_1)}C_{(R_1)} + \left[1 - \lambda_{(R_1)}\right] \times 0 = \lambda_{(R_1)}C_{(R_1)}$$

发债企业不进行评级意见购买情况下，评级机构在不过度评级决策下的净收益为：

$$\lambda_{(R_1)}F_{(R_1)} + \left[1 - \lambda_{(R_1)}\right]F_{(R_1)} - \lambda_{(R_1)}C_{(R_1)} - \left[1 - \lambda_{(R_1)}\right] \times 0 = F_{(R_1)} - \lambda_{(R_1)}C_{(R_1)}$$

因此，评级机构选择哪种决策取决于其对成本和收益的衡量，这就意味着：

（1）$\lambda_{(R_1)}F_{(R_1)} + \left[1 - \lambda_{(R_1)}\right]\left[F_{(R_1)} + f_{(R_1)}\right] - \lambda_{(R_1)}\left[C_{(R_2)} + P_{(R_2)}\right] - \left[1 - \lambda_{(R_1)}\right] \times 0 > \lambda_{(R_1)}F_{(R_1)} + \left[1 - \lambda_{(R_1)}\right]F_{(R_1)} - \lambda_{(R_1)}C_{(R_1)} - \left[1 - \lambda_{(R_1)}\right] \times 0$

这种情况下，评级机构会选择过度评级。

（2）$\lambda_{(R_1)}F_{(R_1)} + \left[1 - \lambda_{(R_1)}\right]\left[F_{(R_1)} + f_{(R_1)}\right] - \lambda_{(R_1)}\left[C_{(R_2)} + P_{(R_2)}\right] - \left[1 - \lambda_{(R_1)}\right] \times 0 < \lambda_{(R_1)}F_{(R_1)} + \left[1 - \lambda_{(R_1)}\right]F_{(R_1)} - \lambda_{(R_1)}C_{(R_1)} - \left[1 - \lambda_{(R_1)}\right] \times 0$

这种情况下，评级机构会选择不过度评级。

$$\begin{aligned}
\text{令} \delta = &\left\{\lambda_{(R_1)}F_{(R_1)} + \left[1 - \lambda_{(R_1)}\right]\left[F_{(R_1)} + f_{(R_1)}\right] - \lambda_{(R_1)}\left[C_{(R_2)} + P_{(R_2)}\right] - \right. \\
&\left.\left[1 - \lambda_{(R_1)}\right] \times 0\right\} - \left\{\lambda_{(R_1)}F_{(R_1)} + \left[1 - \lambda_{(R_1)}\right]F_{(R_1)} - \lambda_{(R_1)}C_{(R_1)} - \right. \\
&\left.\left[1 - \lambda_{(R_1)}\right] \times 0\right\} = \left[1 - \lambda_{(R_1)}\right]f_{(R_2)} - \lambda_{(R_1)}\left[C_{(R_2)} - C_{(R_1)}\right] - \lambda_{(R_1)}P_{(R_2)}
\end{aligned}$$

当 $\delta > 0$ 时，评级机构倾向于过度评级；反之，当 $\delta < 0$ 时，评级机构倾向于合理评级。评级意见购买行为与评级机构潜在评级收费水平 $f_{(R)}$、评级机构因债券违约的预期损失程度 $C_{(R)}$、评级机构的监管处罚损失 $P_{(R)}$、发债企业的债券违约概率 $\lambda_{(R)}$ 有关。

若参数条件满足 $\delta > 0$，即评级机构倾向于过度评级时，在其他条件不变的情况下：

（1）评级机构的潜在评级收费水平与评级意见购买之间呈正相关关系，即评级机构过度评级的潜在收益越高，评级意见购买行为越严重。而潜在评级收费水平与目前市场竞争环境有关，市场竞争越激烈，评级机构配合发债企业过度评级从而在未来获得评级业务的可能性更高，潜在评级收费水平越高。

（2）评级机构因债券违约的预期损失程度与评级意见购买之间呈负相关关系，即评级机构预期损失越低，评级意见购买行为越有可能发生。而预期损失与评级机构的市场地位、声誉紧密相关。市场地位越高、声誉越高的评级机构，其预期损失越高，越不可能配合企业进行评级意见购买。

（3）评级机构的监管处罚损失与评级意见购买之间呈负相关关系，即评级机构过度评级的监管处罚损失越大，评级意见购买行为越不可能。也就是说，评级监管强度越大，越有利于减少评级购买行为。

（4）发债企业的债券违约概率与评级意见购买之间呈负相关关系，即发债企业违约可能性越低，评级意见购买行为越可能发生。

3. 评级机构决策模型分析：发债企业不购买评级意见，评级机构低价揽客

针对图 3 - 1 中（7）（8）（9）（10）四种情景进行分析。这几种情景的前提是发债企业不愿承担风险，希望付出合理的费用获得合理的信用评级。因此，这种决策模型只涉及评级机构的低价揽客决策。图 3 - 4 为发债企业不进行评级意见购买情况下，评级机构的低价揽客决策模型。

发债企业不进行评级意见购买情况下，评级机构低价揽客的收益为：

$$\lambda_{(R_1)} F_{(R_0)} + \left[1 - \lambda_{(R_1)} \right] \left[F_{(R_0)} + f_{(R_1)} \right] = F_{(R_0)} + f_{(R_1)} - \lambda_{(R_1)} f_{(R_1)}$$

发债企业不进行评级意见购买情况下，评级机构低价揽客的成本为：

$$\lambda_{(R_1)} C_{(R_1)} + \left[1 - \lambda_{(R_1)} \right] \times 0 = \lambda_{(R_1)} C_{(R_1)}$$

发债企业不进行评级意见购买情况下，评级机构低价揽客的净收益为：

$$\lambda_{(R_1)} F_{(R_0)} + \left[1 - \lambda_{(R_1)} \right] \left[F_{(R_0)} + f_{(R_2)} \right] - \lambda_{(R_1)} C_{(R_1)} + \left[1 - \lambda_{(R_1)} \right] \times 0$$

$$= F_{(R_0)} + f_{(R_1)} - \lambda_{(R_1)} f_{(R_1)} - \lambda_{(R_1)} C_{(R_1)}$$

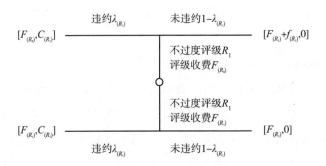

图 3 - 4　企业不购买评级意见下的评级机构低价揽客决策模型

注：$\lambda_{(R)}$ 表示发债企业的债券违约概率函数。企业违约概率与自身合理的信用评级（R_1）相关，与评级机构给出的虚高的信用评级（R_2）无关。因此，在评级意见购买（信用评级水平为 R_2）情景下的债券违约概率函数为 $\lambda_{(R_1)}$，在没有购买评级意见（信用评级水平为 R_1）情景下的债券违约概率函数也为 $\lambda_{(R_1)}$。

$F_{(R)}$ 表示评级机构的评级收费函数。在不过度评级（信用评级水平为 R_1）情景下的评级收费为 $F_{(R_1)}$，在不过度评级（信用评级水平为 R_1）下低价揽客策略的评级收费为 $F_{(R_0)}$。

$f_{(R)}$ 表示评级机构的潜在评级收费函数。在不过度评级（信用评级水平为 R_1）下低价揽客策略的潜在评级收费为 $f_{(R_1)}$，在不过度评级（信用评级水平为 R_1）其他情景下的潜在评级收费为0。

$C_{(R)}$ 表示评级机构的违约损失函数。当企业债券出现违约时，在不过度评级（信用评级水平为 R_1）情景下的损失函数为 $C_{(R_1)}$。当企业债券没有违约时，评级机构的损失函数为0。评级机构的损失函数不仅与给出的信用评级水平有关，也与自身的市场地位、声誉等有关。

发债企业不进行评级意见购买情况下，评级机构不过度评级决策下的收益为：

$$\lambda_{(R_1)} F_{(R_1)} + \left[1 - \lambda_{(R_1)} \right] F_{(R_1)} = F_{(R_1)}$$

发债企业不进行评级意见购买情况下，评级机构不过度评级决策下的成本为：

$$\lambda_{(R_1)} C_{(R_1)} + \left[1 - \lambda_{(R_1)} \right] \times 0 = \lambda_{(R_1)} C_{(R_1)}$$

发债企业不进行评级意见购买情况下，评级机构在不过度评级决策下的净收益为：

$$\lambda_{(R_1)} F_{(R_1)} + \left[1 - \lambda_{(R_1)} \right] F_{(R_1)} - \lambda_{(R_1)} C_{(R_1)} - \left[1 - \lambda_{(R_1)} \right] \times 0$$
$$= F_{(R_1)} - \lambda_{(R_1)} C_{(R_1)}$$

因此，评级机构选择哪种决策取决于其对成本和收益的衡量，这就意味着：

（1）$\lambda_{(R_1)}F_{(R_0)} + [1 - \lambda_{(R_1)}][F_{(R_0)} + f_{(R_2)}] - \lambda_{(R_1)}C_{(R_1)} + [1 - \lambda_{(R_1)}] \times 0 >$
$\lambda_{(R_1)}F_{(R_1)} + [1 - \lambda_{(R_1)}]F_{(R_1)} - \lambda_{(R_1)}C_{(R_1)} - [1 - \lambda_{(R_1)}] \times 0$

这种情况下，评级机构会选择低价揽客策略。

（2）$\lambda_{(R_1)}F_{(R_0)} + [1 - \lambda_{(R_1)}][F_{(R_0)} + f_{(R_2)}] - \lambda_{(R_1)}C_{(R_1)} + [1 - \lambda_{(R_1)}] \times 0 <$
$\lambda_{(R_1)}F_{(R_1)} + [1 - \lambda_{(R_1)}]F_{(R_1)} - \lambda_{(R_1)}C_{(R_1)} - [1 - \lambda_{(R_1)}] \times 0$

这种情况下，评级机构不会低价揽客，而是正常合理地进行评级。

令 $\delta = \{\lambda_{(R_1)}F_{(R_0)} + [1 - \lambda_{(R_1)}][F_{(R_0)} + f_{(R_2)}] - \lambda_{(R_1)}C_{(R_1)} + [1 - \lambda_{(R_1)}] \times 0\}$
$\qquad - \{\lambda_{(R_1)}F_{(R_1)} + [1 - \lambda_{(R_1)}]F_{(R_1)} - \lambda_{(R_1)}C_{(R_1)} - [1 - \lambda_{(R_1)}] \times 0\}$
$\qquad = [1 - \lambda_{(R_1)}]f_{(R_1)} - [F_{(R_1)} - F_{(R_0)}]$

当 $\delta > 0$ 时，评级机构倾向于低价揽客；反之，当 $\delta < 0$ 时，评级机构不会低价揽客，而是正常合理地进行评级。评级机构的低价揽客策略与评级收费 $F_{(R)}$、评级机构潜在评级收费水平 $f_{(R)}$、发债企业的债券违约概率 $\lambda_{(R)}$ 有关。综合发债企业购买评级意见和发债企业不购买评级意见，可得以下推论。

若参数条件满足 $\delta > 0$，即评级机构倾向于过度评级时，在其他条件不变的情况下：

（1）低价揽客与评级收费之间的关系取决于 $F_{(R_1)} - F_{(R_0)}$ 的大小。由于 $F_{(R_0)}$ 为低价揽客收费，因此，$F_{(R_1)} - F_{(R_0)} > 0$。这意味着 $F_{(R_1)} - F_{(R_0)}$ 差距越大，低价揽客动机越弱。

（2）评级机构的潜在评级收费水平与低价揽客之间呈正相关关系，即评级机构的潜在收益越高，低价揽客行为越严重。而潜在评级收费水平与目前市场竞争环境有关，市场竞争越激烈，评级机构配合发债企业过度评级从而在未来获得评级业务的可能性越高，潜在评级收费水平越高。

（3）发债企业的债券违约概率与低价揽客行为之间呈负相关关系，即发债企业违约可能性越低，低价揽客行为越可能发生。

4. 评级机构主动评级决策分析

评级机构主动评级意味着评级机构不向发行人收费，而是自发的一种评级行为，因此该过程中评级机构没有当期的收益，但可以让市场和发债企业了解评级机构的存在或者给予较好的评级吸引具有评级购买需求的发债企业，同时也可以逐步建立企业的声誉机制（较为公正的信用评级水平），未来就可能给评级机构带来一定的市场需求。此时发债企业并不支付费用用于购买评级意见，进行主动评级的评级机构会选择过度评级或者不过度评级（合理评级），同时也不存在低价揽客的情景，因此在主动评级策略下图 3 - 1 的情景简化为（5）（6）（7）（8）四种情景，只不过评级机构没有收取任何费用。图 3 - 5 为评级机构的评级决策模型。

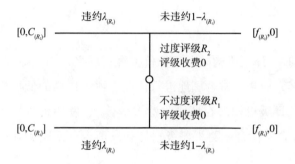

图 3 - 5　评级机构主动评级决策模型

注：$\lambda_{(R)}$ 表示发债企业的债券违约概率函数，$f_{(R)}$ 表示评级机构的潜在评级收费函数，$C_{(R)}$ 表示评级机构的违约损失函数。

评级机构主动过度评级的收益为：

$$\lambda_{(R_1)} \times 0 + [1 - \lambda_{(R_1)}] f_{(R_2)} = [1 - \lambda_{(R_1)}] f_{(R_2)}$$

评级机构主动过度评级的成本为：

$$\lambda_{(R_1)} C_{(R_2)} + [1 - \lambda_{(R_1)}] \times 0 = \lambda_{(R_1)} C_{(R_2)}$$

评级机构主动过度评级的净收益为：

$$\lambda_{(R_1)} \times 0 + [1 - \lambda_{(R_1)}] f_{(R_2)} - \lambda_{(R_1)} C_{(R_2)} - [1 - \lambda_{(R_1)}] \times 0$$

$$= [1 - \lambda_{(R_1)}] f_{(R_2)} - \lambda_{(R_1)} C_{(R_2)}$$

评级机构主动不过度评级决策下的收益为：

$$\lambda_{(R_1)} \times 0 + [1 - \lambda_{(R_1)}] f_{(R_1)} = [1 - \lambda_{(R_1)}] f_{(R_1)}$$

评级机构主动不过度评级决策下的成本为：

$$\lambda_{(R_1)} C_{(R_1)} + [1 - \lambda_{(R_1)}] \times 0 = \lambda_{(R_1)} C_{(R_1)}$$

评级机构在主动不过度评级决策下的净收益为：

$$\lambda_{(R_1)} \times 0 + [1 - \lambda_{(R_1)}] f_{(R_1)} - \lambda_{(R_1)} C_{(R_1)} - [1 - \lambda_{(R_1)}] \times 0$$

$$= [1 - \lambda_{(R_1)}] f_{(R_1)} - \lambda_{(R_1)} C_{(R_1)}$$

因此，评级机构选择哪种决策取决于其对成本和收益的衡量，这就意味着：

（1）$\lambda_{(R_1)} \times 0 + [1 - \lambda_{(R_1)}] f_{(R_2)} - \lambda_{(R_1)} C_{(R_2)} - [1 - \lambda_{(R_1)}] \times 0 > \lambda_{(R_1)} \times 0 + [1 - \lambda_{(R_1)}] f_{(R_1)} - \lambda_{(R_1)} C_{(R_1)} - [1 - \lambda_{(R_1)}] \times 0$

这种情况下，评级机构会选择主动过度评级策略。

（2）$\lambda_{(R_1)} \times 0 + [1 - \lambda_{(R_1)}] f_{(R_2)} - \lambda_{(R_1)} C_{(R_2)} - [1 - \lambda_{(R_1)}] \times 0 \leqq \lambda_{(R_1)} \times 0 + [1 - \lambda_{(R_1)}] f_{(R_1)} - \lambda_{(R_1)} C_{(R_1)} - [1 - \lambda_{(R_1)}] \times 0$

这种情况下，评级机构不会主动过度评级。

令 $\delta = \{\lambda_{(R_1)} \times 0 + [1 - \lambda_{(R_1)}] f_{(R_2)} - \lambda_{(R_1)} C_{(R_2)} - [1 - \lambda_{(R_1)}] \times 0\} -$

$$\{\lambda_{(R_1)} \times 0 + [1 - \lambda_{(R_1)}] f_{(R_1)} - \lambda_{(R_1)} C_{(R_1)} - [1 - \lambda_{(R_1)}] \times 0\}$$

$$= [1 - \lambda_{(R_1)}][f_{(R_2)} - f_{(R_1)}] - \lambda_{(R_1)}[C_{(R_2)} - C_{(R_1)}]$$

由以上权衡条件可见，评级机构的主动过度评级行为与评级机构潜在评级收费水平 $f_{(R)}$、评级机构因债券违约的预期损失程度 $C_{(R)}$、发债企业的债券违约概率 $\lambda_{(R)}$ 有关。

当参数条件满足 $\delta > 0$ 时，评级机构倾向于主动过度评级。当 $[1 - \lambda_{(R_1)}] f_{(R_1)} - \lambda_{(R_1)} C_{(R_1)} > 0$ 时，评级机构会主动评级，但不会过度评级。

若参数条件满足 $\delta > 0$，即评级机构倾向于主动过度评级，在其他条件不变的情况下：

（1）评级机构的潜在评级收费水平与主动过度评级之间呈正相关关系，即评级机构主动过度评级的潜在收益越高，评级意见购买行为越严重。而潜在评级收费水平与目前市场竞争环境有关，市场竞争越激烈，评级机构配合发债企业过度评级从而在未来获得评级业务的可能性越高，潜在评级收费水平越高。

（2）评级机构因债券违约的预期损失程度与主动过度评级之间呈负相关关系，即评级机构预期损失越低，主动过度评级行为越有可能发生。而预期损失与评级机构的市场地位、声誉紧密相关。市场地位越高、声誉越高的评级机构，其预期损失越高，越不可能配合企业进行评级意见购买。

（3）发债企业的债券违约概率与评级意见购买之间呈负相关关系，即发债企业违约可能性越低，评级意见购买行为越可能发生。

5. 发债企业决策模型分析

发债企业进行评级意见购买决策时，考虑的是达成目的状态下的成本收益，因此在这种情况下可以不考虑评级机构的决策，即评级机构达成发债企业的意愿。基于发债企业和评级机构决策博弈模型，从而形成图3-1中（1）（2）（7）（8）四种情景。

图3-6为发债企业进行评级意见购买的决策模型。

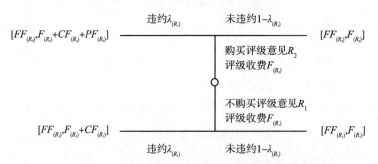

图3-6　发债企业评级意见购买决策模型

注：$\lambda_{(R)}$表示发债企业的债券违约概率函数。企业违约概率与自身合理的信用评级（R_1）相关，与评级机构给出的虚高的信用评级（R_2）无关。因此，在评级意见购买（信用评级水平为R_2）情景下的债券违约概率函数为$\lambda_{(R_2)}$，在没有购买评级意见（信用评级水平为R_1）情景下的债券违约概率函数也为$\lambda_{(R_1)}$。

$F_{(R)}$表示评级机构的评级收费函数。在过度评级（信用评级水平为R_2）情景下的评级收费为$F_{(R_2)}$，在不过度评级（信用评级水平为R_1）情景下的评级收费为$F_{(R_1)}$。

$FF_{(R)}$表示发债企业的评级收益函数。在过度评级（信用评级水平为R_2）情景下企业的评级收益函数为$FF_{(R_2)}$，在不过度评级（信用评级水平为R_1）情景下的评级收益函数为$FF_{(R_1)}$。

$CF_{(R)}$表示发债企业的违约损失函数。当企业债券出现违约，在过度评级（信用评级水平为R_2）情景下的违约损失函数为$CF_{(R_2)}$，在不过度评级（信用评级水平为R_1）情景下的违约损失函数$CF_{(R_1)}$。在企业债券没有违约的情况下，违约损失函数为0。

$PF_{(R)}$表示发债企业的监管处罚损失函数。当企业债券出现违约，在过度评级（信用评级水平为R_2）情景下的监管处罚损失函数为$PF_{(R_2)}$；在企业债券没有违约的情景下，以及在不过度评级（信用评级水平为R_1）情景下，企业的监管处罚损失函数都为0。

在评级机构配合发债企业情况下，发债企业购买评级意见决策下的收益为：

$$\lambda_{(R_1)}FF_{(R_2)} + [1 - \lambda_{(R_1)}][FF_{(R_2)}] = FF_{(R_2)}$$

在评级机构配合发债企业情况下，发债企业购买评级意见决策下的成本为：

$$\lambda_{(R_1)}[F_{(R_2)} + CF_{(R_2)} + PF_{(R_2)}] + [1 - \lambda_{(R_1)}]F_{(R_2)}$$

$$= \lambda_{(R_1)}CF_{(R_2)} + \lambda_{(R_1)}PF_{(R_2)} + F_{(R_2)}$$

在评级机构配合发债企业情况下，发债企业购买评级意见决策下的净收益为：

$$\lambda_{(R_1)}FF_{(R_2)} + [1 - \lambda_{(R_1)}][FF_{(R_2)}] - \{\lambda_{(R_1)}[F_{(R_2)} + CF_{(R_2)} + PF_{(R_2)}]$$

$$+ [1 - \lambda_{(R_1)}]F_{(R_2)}\}$$

$$= FF_{(R_2)} - \lambda_{(R_1)}CF_{(R_2)} - \lambda_{(R_1)}PF_{(R_2)} - F_{(R_2)}$$

发债企业不进行评级意见购买、评级机构不过度评级情况下，发债企业的决策收益为：

$$\lambda_{(R_1)}FF_{(R_2)} + [1 - \lambda_{(R_1)}]FF_{(R_1)} = FF_{(R_1)}$$

发债企业不进行评级意见购买、评级机构不过度评级情况下，发债企业的决策成本为：

$$\lambda_{(R_1)}[F_{(R_1)} + CF_{(R_1)}] + [1 - \lambda_{(R_1)}]F_{(R_1)} = F_{(R_1)} + \lambda_{(R_1)}CF_{(R_1)}$$

发债企业不进行评级意见购买、评级机构不过度评级情况下，发债企业的决策净收益为：

$$\lambda_{(R_1)}FF_{(R_1)} + [1 - \lambda_{(R_1)}]FF_{(R_1)} - \{\lambda_{(R_1)}[F_{(R_1)} + CF_{(R_1)}] + [1 - \lambda_{(R_1)}]F_{(R_1)}\}$$

$$= FF_{(R_1)} - F_{(R_1)} - \lambda_{(R_1)}CF_{(R_1)}$$

因此，发债企业选择哪种决策取决于其对成本和收益的衡量，这就意味着：

（1）$\lambda_{(R_1)}FF_{(R_2)} + [1 - \lambda_{(R_1)}]FF_{(R_1)} - \{\lambda_{(R_1)}[F_{(R_1)} + CF_{(R_1)} + PF_{(R_2)}] + [1 - \lambda_{(R_1)}]F_{(R_2)}\} \geqq \lambda_{(R_1)}FF_{(R_2)} + [1 - \lambda_{(R_1)}]FF_{(R_1)} - \{\lambda_{(R_1)}[F_{(R_1)} + CF_{(R_1)}] + [1 - \lambda_{(R_1)}]F_{(R_1)}\}$

这种情况下，发债企业会选择购买评级意见。

（2）$\lambda_{(R_1)} FF_{(R_2)} + [1 - \lambda_{(R_1)}][FF_{(R_2)}] - \{\lambda_{(R_1)}[F_{(R_2)} + CF_{(R_2)} + PF_{(R_2)}] + [1 - \lambda_{(R_1)}]F_{(R_2)}\} \leqq \lambda_{(R_1)} FF_{(R_2)} + [1 - \lambda_{(R_1)}]FF_{(R_1)} - \{\lambda_{(R_1)}[F_{(R_1)} + CF_{(R_1)}] + [1 - \lambda_{(R_1)}]F_{(R_1)}\}$

这种情况下，发债企业不会选择购买评级意见。

令 $\delta = \{\lambda_{(R_1)} FF_{(R_1)} + [1 - \lambda_{(R_1)}][FF_{(R_2)}] - \{\lambda_{(R_1)}[F_{(R_2)} + CF_{(R_2)}$
$\qquad + PF_{(R_2)}] + [1 - \lambda_{(R_1)}]F_{(R_2)}\}\} - \{\lambda_{(R_1)} FF_{(R_2)}$
$\qquad + [1 - \lambda_{(R_1)}]FF_{(R_1)} - \{\lambda_{(R_1)}[F_{(R_1)} + CF_{(R_1)}]$
$\qquad + [1 - \lambda_{(R_1)}]F_{(R_1)}\}\}$
$\qquad = [FF_{(R_2)} - FF_{(R_1)}] - [F_{(R_2)} - F_{(R_1)}] - \lambda_{(R_1)}[CF_{(R_2)} - CF_{(R_1)}]$
$\qquad - \lambda_{(R_1)} PF_{(R_2)}$

当 $\delta > 0$ 时，发债企业会选择购买评级意见；反之，当 $\delta < 0$ 时，发债企业不会选择购买评级意见。评级意见购买行为与发债企业的收益 $FF_{(R)}$、评级收费 $F_{(R)}$、发债企业因债券违约的预期损失 $CF_{(R)}$、发债企业的监管处罚损失 $PF_{(R)}$、发债企业的债券违约概率 $\lambda_{(R)}$ 有关。

若参数条件满足 $\delta > 0$，即发债企业会选择购买评级意见，在其他条件不变的情况下：

（1）发债企业的收益水平与评级意见购买之间呈正相关关系，即发债企业因过度评级带来的收益越高，发债企业越可能进行评级意见购买行为。而企业因过度评级带来的收益与不同信用等级水平下的债务融资成本相关，也与企业的融资约束程度相关。信用利差越大，发债企业越可能进行评级意见购买；融资约束越严格，发债企业越可能进行评级意见购买。

（2）评级收费与评级意见购买之间的关系取决于 $F_{(R_2)}$ 减少 $F_{(R_1)}$ 的大小。

① 当 $F_{(R_2)}$ 减少 $F_{(R_1)}$ 为线性关系时，评级收费越高，发债企业的评级意见购买行为越低。

② 当 $F_{(R_2)}$ 减少 $F_{(R_1)}$ 为非线性关系时，评级收费与评级意见购买行为也呈非线性关系。

（3）发债企业因债券违约的预期损失程度与评级意见购买之间呈负相

关关系，即发债企业因债券违约的预期损失越低，评级意见购买行为越有
可能发生。而预期损失与发债企业的声誉、规模、市场地位紧密相关。规
模越大、市场地位越高、声誉越高的企业，其预期损失越高，越不可能进
行评级意见购买。

（4）发债企业的监管处罚损失与评级意见购买之间呈负相关关系，即
发债企业购买评级意见的监管处罚损失越大，评级意见购买行为越不可
能。也就是说，评级监管强度越大，越有利于减少评级意见购买行为。

（5）发债企业的债券违约概率与评级意见购买之间呈负相关关系，即
发债企业违约可能性越低，评级意见购买行为越可能发生。

第 **4** 章

评级机构声誉、评级监管与评级意见购买：基于实验研究的证据

4.1 引言

自 2014 年国内债券市场刚性兑付被打破，信用评级机构的客观公正性就遭受各方的指责及质疑，而华晨汽车、永煤控股、紫光集团等获得 AAA 评级的国资背景主体违约爆雷，更是把评级虚高的问题进一步推上风口浪尖。据同花顺数据统计，截至 2022 年 11 月，国内违约债券共 735 只，涉及 223 家公司共计 5904.53 亿元债务，庞大的债券违约金额对于债券市场投资者信心产生了极大的负面影响。获得监管机构认可且具有证券市场评级资质的信用评级机构，其专业程度较高且机构评估师的胜任能力较强，对信用评级合理性的影响相对有限。因此，具备专业能力的信用评级机构能否出具合理的信用评级则取决于其客观中立程度。而在发行人付费模式下，评级收费作为信用评级机构的主要收入来源，信用评级意见购买行为

将在相当程度上影响信用评级机构的客观中立性，继而影响信用评级质量（Mathis et al.，2009；Bolton et al.，2012；吴育辉等，2020；寇宗来等，2020；陈关亭等，2021）。但是，为低等级信用债券出具虚高的信用评级，信用评级机构同样需要承担潜在的声誉损失成本，为此评级机构会权衡信用评级所带来的成本和收益，选择性地作出信用评级决策。然而，关于信用评级机构的声誉机制能否影响信用评级质量目前仍存在争议，声誉机制如何影响评级意见购买行为仍有待研究。

另外，违约事件发生后，国外投资者倾向于通过法律诉讼途径要求涉事信用评级机构予以赔偿，而监管机构直接介入，对信用评级机构进行处罚的情况较少。从国内来看，自 2014 年起，监管部门会对涉事违规的信用评级机构采取警示的监管措施（黄小琳等，2017）。但是，随着信用债券违约事件频次的增加，监管部门的监管力度有所增强，监管措施包括但不限于罚款、暂停信用评级机构的信用评级资格。强化的监管措施是否如监管机构所预期的那样，起到了提升评级质量的作用？如何优化监管措施以及更好地发挥市场机制的作用，减少评级意见购买行为从而提升评级质量，成为监管机构亟待解决的问题。但目前尚无相关实证研究为监管机构决策提供借鉴和参考。

本书意图通过实验研究方法设计不同信用评级收费下的信用评级情景，验证声誉机制对信用评级的影响，同时探究声誉机制对评级意见购买行为的影响，弥补现实中无法获得评级收费信息，而对声誉机制作用研究不足的问题；同时，实验中加入了评级监管机构对评级失败的监管处罚，为监管评级机构从而抑制评级意见购买行为提供理论指导和借鉴。

▶ 4.2　理论分析与研究假设

第 3 章构建了评级机构与发债企业之间的决策理论模型（见图 3 - 1）。评级机构选择哪种决策取决于其对成本和收益的衡量。令

$$\delta = \left\{ \lambda_{(R_1)} F_{(R_2)} + \left[1 - \lambda_{(R_1)} \right] \left[F_{(R_2)} + f_{(R_2)} \right] - \lambda_{(R_1)} \left[C_{(R_2)} + P_{(R_2)} \right] \right.$$
$$\left. - \left[1 - \lambda_{(R_1)} \right] \times 0 \right\} - \left\{ \lambda_{(R_1)} F_{(R_1)} + \left[1 - \lambda_{(R_1)} \right] F_{(R_1)} - \lambda_{(R_1)} C_{(R_1)} \right.$$
$$\left. + \left[1 - \lambda_{(R_1)} \right] \times 0 \right\}$$
$$= \left[F_{(R_2)} - F_{(R_1)} \right] + \left[1 - \lambda_{(R_1)} \right] f_{(R_2)} - \lambda_{(R_1)} \left[C_{(R_2)} - C_{(R_1)} \right] - \lambda_{(R_1)} P_{(R_2)}$$

当 $\delta > 0$ 时，评级机构倾向于过度评级；反之，当 $\delta < 0$ 时，评级机构倾向于合理评级。评级意见购买行为与评级收费 $F_{(R)}$、评级机构潜在评级收费水平 $f_{(R)}$、评级机构因债券违约的预期损失程度 $C_{(R)}$、评级机构的监管处罚损失 $P_{(R)}$ 和发债企业的债券违约概率 $\lambda_{(R)}$ 有关。

若参数条件满足 $\delta > 0$，即评级机构倾向于过度评级时，在其他条件不变的情况下，评级机构因债券违约的预期损失程度与评级意见购买之间呈负相关关系，即评级机构预期损失越低，评级意见购买行为越有可能发生。而预期损失与评级机构的市场地位、声誉紧密相关。市场地位越高、声誉越高的评级机构，其预期损失越高，越不可能配合企业进行评级意见购买。

也就是说，信用评级机构在向发行方出具信用评级时，会综合权衡成本与收益，出于利益追求动机，为被评级企业出具虚高的信用评级，从而实现被评级企业的评级意见购买。为了获得更高的评级收费、更高的市场占有率及建立长期较好的客户关系，以上动机都会促使信用评级机构出具虚高的评级。但是，为低等级信用债券出具虚高的信用评级，信用评级机构需要承担潜在的声誉损失成本和经济损失。虽然配合发债企业的评级意见购买获得了较高的评级收费，可以在一定程度上补偿潜在的损失成本，不过声誉损失的代价也许是不经济的，尤其是对于声誉较好的评级机构。因此，为保护自身的声誉，声誉较好的评级机构会降低配合发债企业进行评级意见购买。

假设 4.1： 评级机构声誉有助于降低评级意见购买行为。

假设 4.2： 声誉机制有助于缓解高收费导致的评级意见购买行为。

监管强度提升后，一方面企业会因为监管处罚遭受直接的经济损失及停业损失，另一方面会导致声誉成本的提高，信用评级机构为此会采取更加及时、准确的信用分析（Cheng and Neamtiu，2009）。监管强度的下降则会降低声誉损失成本，信用评级意见购买的频率及程度会有所增加（Kraft，2015）。事实上，信用评级机构的评级成本包括监管强度、声誉损失成本及客户流失成本等，而声誉损失成本及客户流失成本又受到监管的影响，因此，监管成本属于信用评级的关键成本之一，继而会显著影响评级机构的收益成本权衡过程。

信用评级机构为被评级企业出具虚高的信用评级，迎合被评级企业的评级意见购买行为，可以获得更高的评级收费。但是，一旦被评级企业的债券出现违约，该评级机构的声誉会受到较大的影响，此外，监管会对该信用评级机构施以更强的监管措施，包括但不限于约谈、罚款、暂停信用评级资质，影响信用评级业务的持续性开展。约谈产生的直接损失较少，但会降低企业的声誉，产生声誉损失成本，但是较轻的监管处罚方式并不能有效提高信用评级质量。随着处罚力度的增强，信用评级机构的声誉损失成本、直接及间接经济损失成本亦有所提升。严厉的监管措施加剧了评级机构的投机违规成本，因此提出以下假设：

假设4.3：严格的评级监管有利于降低评级意见购买行为。

假设4.4：严格的评级监管有利于缓解高收费导致的评级意见购买行为。

4.3 研究设计

4.3.1 实验设计

本实验的目的在于探究监管对评级机构风险判断的影响。实验建立在以下前提假设之上：

（1）存在业界可以达成共识的合理的信用评级模型和信用评级水平；

（2）评级机构的专业胜任能力足以识别被评级单位的任何信用风险和漏洞；

（3）所有被评级单位的非财务信息基本相同；

（4）对每个被评级单位耗费的评级成本相同。

本实验在学校行为实验室进行，被试者同时进行实验。实验为情景模拟实验，被试者在实验中扮演评级机构高层的角色，有权决定对被评级单位出具不同水平的信用等级。实验为连续实验，共分为24轮，每轮结束后产生的后果将影响下一轮实验，即本轮获得报酬、被查处后的罚款金额不清零，累计到下一轮，直到24轮实验结束后计算总报酬。被试者在实验中最终获得的报酬与其实际得到的被试费挂钩，以提高实验的真实感。实验形式为上机操作，已根据实验流程设计软件，在每名被试者进行实验前，主试者告知其操作方法，引导被试者进行实验。具体实验流程如表4-1所示。

表4-1　　　　　　　　　　　　　实验流程

顺序	实验程序
第1轮	
（1）	被试者进入评级机构的角色，形成实验之前需要形成的上述4条信念
（2）	向被试者提供一家被评级公司的背景信息和报酬（随机抽取 A~Z 中的一家）
（3）	被试者根据所提供信息作出评级意见的决策
（4）	根据本轮债券违约概率 λ_1，告知被试者被评级企业是否违约，监管机构是否约谈和/或处罚金额
第2~23轮	
（1）	随机抽取剩余公司中的一家，向被试者提供该公司的背景信息和报酬
（2）	被试者根据所提供信息作出评级意见的决策
（3）	根据每轮债券违约概率 $\lambda_i (i=2,3,4,\cdots,24)$，告知被试者被评级企业是否违约、监管机构是否约谈和/或处罚金额
第24轮	
（1）	步骤同以上几轮
（2）	根据被试者得到的报酬和被惩罚的金额计算其最终获得的收益

注：每轮的违约概率 $\lambda = 1 - (0.3 \times 总资产规模 + 0.1 \times 净资产收益率 + 0.2 \times 经营活动现金流入金额占净利润的比例 + 0.1 \times 销售收入增长率 + 0.1 \times 净利润增长率 - 0.2 \times 资产负债率)$；计算机程序会计算违约概率，每轮实验中违约是随机的。

篇幅原因，实验中24家公司的具体信息见本章附录。表4-2对以上A~Z这24家被评级公司的财务情况进行了汇总。前12家公司（A~L）的财务状况相对较好，后12家公司（O~Z）的财务状况相对较差。债券的发行规模和发行期限相同，从而减少发行规模和债务期限对信用评级的影响。

表 4 - 2　　　　　　　　　　被评级公司财务情况

公司	资产 （亿元）	负债率 （%）	净资产 收益率 （%）	现金占 利润比例 （%）	销售 增长率 （%）	净利润 增长率 （%）	发行 规模 （亿元）	发行 期限 （年）
A	20.1	16	17	115	32	29	10	5
B	20.0	15	18	120	30	28	10	5
C	20.1	16	17	110	35	30	10	5
D	20.0	16	17	118	32	28	10	5
E	19.9	15	18	115	33	29	10	5
F	20.1	15	17	116	32	30	10	5
G	20.1	16	17	115	32	29	10	5
H	20.0	15	18	120	30	28	10	5
I	20.1	16	17	110	35	30	10	5
J	20.0	16	17	118	32	28	10	5
K	19.9	15	18	115	33	29	10	5
L	20.1	15	17	116	32	30	10	5
O	20.1	52	6.3	10	3	5	10	5
P	20.2	50	6	11	2	5.5	10	5
Q	20.0	49	6.2	9	2.5	4.8	10	5
R	19.9	50	6.4	10	2.8	4.9	10	5
S	20.1	51	6.5	10	3	5	10	5
T	20.0	50	6.4	9	3	5	10	5
U	20.1	52	6.3	10	3	5	10	5
V	20.2	50	6	11	2	5.5	10	5
W	20.0	49	6.2	9	2.5	4.8	10	5
X	19.9	50	6.4	10	2.8	4.9	10	5
Y	20.1	51	6.5	10	3	5	10	5
Z	20.0	50	6.4	9	3	5	10	5

表 4 - 3 汇总了以上 A ~ Z 24 家被评级公司的合理评级、违约概率、不同评级水平下的评级付费（评级公司的评级收费）以及在出现违约情况下的预期监管方式（预期约谈、预期反馈或者没有监管）。评级收费围绕合

理评级设定了5档，其中4档高于合理评级，1档低于合理评级。高于合理评级的为过度评级或高估评级，低于合理评级的为评级低估。考虑到有些评级机构可能更加重视声誉以及更谨慎稳健，设定了评级低估的选项。以上设定可以根据实际评级与合理评级的差异度量过度评级，从而更加合理地检验信用评级合理性问题。

表4-3　　　　　被评级公司信用评级、评级收费及预期监管方式

公司	合理评级	机构排名	违约概率	评级收费										预期约谈	预期罚款
				AAA+	AAA	AAA-	AA+	AA	BB+	BB	BB-	B+	B		
A	AA+	1	12.1	39	31	19	15	9						0	0
B	AA+	1	11.4	40	30	20	15	9						1	0
C	AA+	1	12.7	41	32	22	15	10						1	1
D	AA+	1	12.7	74	49	29	15	9						0	0
E	AA+	1	12.3	75	50	30	15	8						1	0
F	AA+	1	11.6	76	50	29	15	8						1	1
G	AA+	6	12.1	39	31	19	15	9						0	0
H	AA+	6	11.4	40	30	20	15	9						1	0
I	AA+	6	12.7	41	32	22	15	10						1	1
J	AA+	6	11.9	74	49	29	15	9						0	0
K	AA+	6	12.3	75	50	30	15	8						1	0
L	AA+	6	11.6	76	50	29	15	8						1	1
O	B+	1	46.67						39	31	19	15	9	0	0
P	B+	1	45.85						40	30	20	15	9	1	0
Q	B+	1	46.65						41	32	22	15	10	1	1
R	B+	1	46.89						74	49	29	15	9	0	0
S	B+	1	46.45						75	50	30	15	8	1	0
T	B+	1	46.76						76	50	29	15	8	1	1
U	B+	6	46.67						39	31	19	15	9	0	0
V	B+	6	45.85						40	30	20	15	9	1	0
W	B+	6	46.65						41	32	22	15	10	1	1
X	B+	6	46.89						74	49	29	15	9	0	0
Y	B+	6	46.45						75	50	30	15	8	1	0
Z	B+	6	46.76						76	50	29	15	8	1	1

A、B、C 3 家公司在不同评级水平下的评级收费大致相同，而 D、E、F 3 家公司则与 A、B、C 形成对比，其他信息基本相同，但评级收费有差异。以上设定用于检验不同评级收费对过度评级的影响。

A、D 两家公司债券出现违约时，评级公司不会受到任何监管处罚；B、E 两家公司债券出现违约时，评级公司仅会受到监管机构的约谈，提交评级资料并进行整改；C、F 两家公司债券出现违约时，评级公司不仅会被监管机构约谈，同时还会处以一定的罚金。以上设定用于检验不同的监管方式（没有监管、预期约谈、预期约谈并罚款）对于过度评级的影响。

G~L 6 家企业与 A~F 6 家企业基本是一一对应的（违约概率基本相同、评级收费一致、监管方式一致），区别在于 A~F 6 家企业由行业排名第 1 的评级机构进行评级，而 G~L 6 家企业则由排名第 6（共 10 家）的评级机构进行评级。以上设定用于检验不同声誉的评级机构对于过度评级的态度。

前 12 家公司（A~L）合理评级为 AA +，违约概率在 12% 左右；后 12 家公司（O~Z）合理评级为 B +，违约概率在 46% 左右。以上设定用于比较和检验评级机构对于不同违约概率（不同信用评级水平）企业是否存在不同倾向的过度评级。

4.3.2 模型与变量

为检验评级收费、评级监管对评级意见购买行为（过度评级或信用评级合理性）的影响，本书模型设定如下：

$$ResRating = \beta_0 + \beta_1 Fee + \beta_2 Repute + \beta_3 Repute \times Fee + \beta_4 Regu + \beta_5 Regu \\ \times Fee + \beta_6 Regu \times Repute + \beta_7 Regu \times Repute \times Fee \\ + \beta_8 StandRating + \beta_9 PreWealth + 个人固定效应 + \varepsilon \quad (4.1)$$

其中，$ResRating$ 为被评级企业与评级机构之间的评级意见购买行为，采用实际评级水平与合理信用评级之间的差异表征，该指标为正意味着过度评级（存在评级意见购买），该指标为零意味着合理评级（不存在评级意见购买），该指标为负意味着评级低估。信用评级水平按照阿方索等（Afonso et al.，2017）的量化方法对微调式信用等级（AAA +、AAA、AAA −、AA +、AA、AA −、A +、A、A −、BBB +、BBB、BBB −、BB +、BB、BB −、B +、B、B −、CCC、CC、C）依次赋值，其中最低级 C 赋值为 1，CC 赋值为 2，依次递增，最高级 AAA + 赋值为 21。若合理的信用评级水平（$StandRating$）为 AA +，评级机构给出的信用评级水平（$RealRating$）为 AAA，则 $ResRating$ 等于 20（AAA 对应 20）减去 18（AA + 对应 18），即过度评级为 2。稳健性检验中，本书也采用虚拟变量设定方式表征评级意见购买行为进行检验，另外也采用评级机构实际给出的信用评级作为被解释变量进行检验。

$Repute$ 为评级机构声誉，采用实验中给出的评级机构市场排名表征。声誉是影响评级机构合理评级的重要机制，越是大型的评级机构往往越重视其声誉。排名越高的评级机构，其声誉相对越高。为减少人为排名设定的影响，回归中采用虚拟变量表征，1 表示声誉相对较高（市场排名第 1），否则为 0。

$Regu$ 为评级监管变量。本书以监管强度表征监管部门对信用评级机构在债券出现违约后的监管措施，0 表示公司在债券存续期间出现违约时，信用评级机构不会被监管机构警告或者处罚；1 表示公司在债券存续期间出现违约时，信用评级机构会被监管机构约谈，要求提交评级资料，并进行整改；2 表示公司在债券存续期间出现违约时，信用评级机构会被监管机构约谈，要求提交评级资料，进行整改，没收评级收费并处以 3 倍罚金。该指标越大，意味着监管强度越高，监管越严格。

Fee 为评级机构给出信用评级水平后收到的评级费用，采用实验中实际给出的评级水平对应的评级收费表征。评级收费类似于审计收费，收费在很大程度上取决于工作量以及承担的风险。本书在实验中对工作量以及基本风险做了相应控制和处理，因此评级机构给出的评级收费实际上相当于因承担额外风险而收取的费用。稳健性检验中，本书也采用了过度收费替换评级收费重新检验，过度收费即评级机构实际收取的评级收费减去该企业合理评级应当收取的评级收费。在稳健性检验中，为检验评级收费与过度评级之间的非线性关系，本书加入了 *Fee* 的二次方项 *Feesq*。

StandRating 为合理的信用评级水平，采用实验中设定的合理评级水平。*PreWealth* 表征评级机构的财富水平，以控制评级意见购买时的财富动机。*PreWealth* 为评级机构在上一轮结束时的累计收益，回归中采用累积收益的自然对数。本书也控制了被试者的特征（个人固定效应），包括：（1）被试者的性别（*Gender*）。若被试者为男性，则 *Gender* 为 1；若为女性，则 *Gender* 为 0。（2）被试者的年龄（*Age*），回归中采用年龄的自然对数。考虑到被试者的风险厌恶程度以及对政策的预期会与实验的进度有一定的关系，即被试者存在学习曲线（*Learning*），因此，回归中采用实验的轮次表征学习曲线，若实验为第 1 轮，则 *Learning* 为 1，为第 10 轮，则 *Learning* 为 10，以此类推。

Repute × *Fee* 为评级机构声誉与评级收费的交叉变量，衡量评级机构声誉对评级意见购买行为的影响；*Regu* × *Fee* 为监管处罚与评级费用的交叉变量，衡量监管处罚对评级意见购买行为的影响；*Regu* × *Repute* × *Fee* 为监管处罚、评级机构声誉与评级费用的交叉变量，衡量评级机构声誉与监管处罚两者对评级意见购买行为的综合影响。

4.3.3 样本与数据

本书的样本均来自实验，实验针对国内某重点大学经济与管理学院 39 名硕士研究生和 36 名本科学生。每组实验均为 24 轮，每轮会随机出现一个被评级单位的背景信息并要求被试者选择评级意见，所以每个被试者会做出 24 个选择。实验在国内某重点大学经济与管理学院实验室上机测试。

4.4 实证分析

4.4.1 描述性统计

变量的描述性统计结果如表 4 - 4 所示。

表 4 - 4   描述性统计

变量符号	观测值	均值	标准差	最小值	25 分位数	中位数	75 分位数	最大值
ResRating	1800	2.047	1.354	- 1	0	3	3	3
Fee	1800	43.19	23.47	8	15	40	74	76
Repute	1800	0.5	0.5	0	0	0.5	1	1
Regu	1800	1	0.817	0	0	1	2	2
StandRating	1800	12	6.002	6	6	12	18	18
PreWealth	1800	5.673	1.533	- 5.429	5.409	6.115	6.568	7.2
Learning	1800	12.5	6.924	1	6.5	12.5	18.5	24

评级意见购买变量（*ResRating*）的均值为 2.047，说明评级机构实际出具的信用评级较被评级企业的合理信用评级高出 2 个级差。而评级意见购买的中位数、75 分位数、最大值均为 3，说明半数以上评级机构的评级意见购买行为程度为 3。整体来看，信用评级机构存在评级意见购买行为，且其出具的信用评级几乎普遍虚高。

评级费用变量（*Fee*）的均值为 43.19，而本实验中合理的评级收费水平仅为 15，评级收费高于合理收费水平 28.19 个单位，说明信用评级机构出于利益追求动机，倾向于收取更高的信用评级收费，在收取较高的评级收费的同时为被评级机构出具虚高的信用评级。

由于实验中各类型公司样本数目相等，声誉变量的均值为 0.5，监管变量的均值为 1。由于实验中存在奖惩机制，财富水平存在负值的情形，但其数量仅有 4 例。在回归中，对正值采用累积收益的自然对数；对负值按照正值做对数，然后取负数；0 仍取 0。

表4-5列示了样本中的总体信用评级高估情况。在1800个观察值中，信用评级高估程度为3的高达1157例，占总体的64.28%；其次则为信用评级高估程度为0的观察值，其数目为469例，占总体的比重为26.06%；而信用评级高估程度为-1、1和2的数目则较少，分别只有22例、69例和83例，占总体的比重分别为1.22%、3.83%和4.61%。

表4-5　　　　　　　　　总体信用评级高估情况分布

信用评级高估	例数	占总体比重（%）
-1	22	1.22
0	469	26.06
1	69	3.83
2	83	4.61
3	1157	64.28
合计	1800	100.00

表4-6统计了不同排名（不同声誉）评级机构的信用评级高估情况。从表4-6可以发现，排名第1（高声誉）与排名第6（低声誉）的评级机构的信用评级高估程度差异不大。评级机构的评级高估程度分为-1、0、1、2、3，排名第1（高声誉）的评级机构分别有9例、235例、34例、39例、583例，占总体的比重分别为1.00%、26.11%、3.78%、4.33%、64.78%，而排名第6（低声誉）的评级机构分别有13例、234例、35例、44例、574例，占总体的比重分别为1.44%、26.00%、3.89%、4.89%、63.78%。

表4-6　　　　　不同排名的评级机构的信用评级高估情况分布

信用评级高估	排名第1		排名第6	
	例数	占总体比重（%）	例数	占总体比重（%）
-1	9	1.00	13	1.44
0	235	26.11	234	26.00
1	34	3.78	35	3.89
2	39	4.33	44	4.89
3	583	64.78	574	63.78
合计	900	100.00	900	100.00

表4-7根据信用评级机构在债券出现违约后监管措施的不同，将样本进行区分。可以发现，随着处罚措施的增强，信用评级高估情况有所改善，信用评级高估为3的例数占总体的比重逐渐下降，信用评级高估为-1及0的例数占总体的比重逐渐上升。当处罚措施为无处罚时，评级高估为3的例数占总体的比重为89.00%，评级高估为0及-1的例数占总体比重为6.00%；而当处罚措施上升为约谈时，评级高估为3的例数占总体的比重为69.17%；当处罚措施继续上升为约谈加罚款时，评级高估为3的例数占总体的比重下降至34.67%，评级高估为0及-1的例数占总体的比重上升至52.66%。

表4-7 不同处罚措施下的信用评级高估情况分布

信用评级高估	无处罚措施		仅约谈措施		约谈+罚款措施	
	例数	占总体比重（%）	例数	占总体比重（%）	例数	占总体比重（%）
-1	6	1.00	5	0.83	11	1.83
0	30	5.00	134	22.33	305	50.83
1	9	1.50	18	3.00	42	7.00
2	21	3.50	28	4.67	34	5.67
3	534	89.00	415	69.17	208	34.67
合计	600	100.00	600	100.00	600	100.00

4.4.2 回归分析

表4-8的第（1）列和第（2）列分析了声誉机制与评级意见购买行为的回归结果。两列回归中评级收费（Fee）的系数都在1%水平上显著为正，说明随着评级费用的增大，评级机构的评级意见购买程度会增大，即较高的评级费用会刺激评级机构出具更加虚高的信用评级，原因在于较高的评级收费实际上是高评级对评级机构潜在风险的补偿，能够吸引评级机构对发债企业进行评级迎合。而评级机构声誉变量的系数都不显著，意味着声誉机制没有发挥作用，不能有效降低评级机构和发债企业之间的评级意见购买行为。假设4.1未得到验证。声誉与评级收费的交叉变量

（*Repute* × *Fee*）的系数虽然为负，但也不显著，意味着声誉机制也无法影响评级收费对评级意见购买行为的影响，即评级机构声誉无法缓解较高评级费用对评级意见购买行为的影响。假设4.2也没有得到验证。

表4-8　　　　　　　　　声誉机制、监管措施与评级意见购买行为

变量	ResRating					
	(1)	(2)	(3)	(4)	(5)	(6)
Fee	1.862 *** (96.97)	1.868 *** (75.72)	1.698 *** (79.37)	0.931 *** (11.61)	0.944 *** (11.57)	0.969 *** (8.89)
Repute	0.006 (0.22)	0.048 (0.44)			0.110 (0.91)	0.353 (0.55)
Repute × *Fee*		-0.012 (-0.38)			-0.028 (-0.84)	-0.081 (-0.50)
Regu			-0.238 *** (-14.34)	-1.509 *** (-12.79)	-1.511 *** (-12.81)	-1.468 *** (-9.20)
Regu × *Fee*				0.350 *** (11.36)	0.351 *** (11.37)	0.342 *** (8.18)
Regu × *Repute*						-0.089 (-0.38)
Regu × *Repute* × *Fee*						0.018 (0.29)
StandRating	0.011 *** (4.58)	0.011 *** (4.58)	0.018 *** (7.60)	0.016 *** (7.42)	0.016 *** (7.40)	0.016 *** (7.40)
PreWealth	0.007 (0.42)	0.007 (0.42)	-0.001 (-0.04)	0.004 (0.25)	0.004 (0.26)	0.004 (0.25)
Learning	0.001 (0.29)	0.001 (0.30)	0.001 (0.39)	0.002 (0.74)	0.002 (0.74)	0.002 (0.75)
_cons	-1.510 (-0.64)	-1.535 (-0.65)	0.940 (0.42)	2.210 (1.09)	2.149 (1.06)	2.030 (0.99)
个人固定效应	控制	控制	控制	控制	控制	控制
N	1800	1800	1800	1800	1800	1800
R^2	0.835	0.835	0.851	0.865	0.865	0.865

注：*** 表示在1%的水平上显著，括号中为 z 统计量。

表4 – 8第（3）列和第（4）列就评级监管对评级意见购买行为的作用进行了回归检验。评级收费（Fee）的系数都在1%水平上显著为正，说明随着评级费用的增大，评级机构的评级意见购买程度会增大。监管变量（$Regu$）的回归系数都显著为负，意味着评级监管有利于降低评级意见购买行为，即评级监管强度越大，监管方式越严格，评级意见购买程度越低。假设4.3得到验证，即评级监管有利于降低评级意见购买行为。监管强度和评级收费的交叉变量（$Regu \times Fee$）系数显著为正，即较强的监管增加了评级机构的潜在成本，需要更高的评级收费予以补偿。也就是说，在同样的收费水平下，严格的监管可以降低评级意见购买行为。假设4.4进一步得到验证。

表4 – 8第（5）列综合了评级机构声誉和监管措施的影响。评级机构声誉变量（$Repu$）的系数依旧不显著，声誉与评级收费的交叉变量（$Repute \times Fee$）的系数也不显著，与之前一致，即声誉机制没有发挥作用，不能有效降低评级意见购买行为；而且，声誉机制无法缓解较高评级费用对评级意见购买行为的影响。监管变量（$Regu$）的回归系数显著为负，意味着监管方式越严格，评级意见购买程度越低。监管强度和评级收费的交叉变量（$Regu \times Fee$）系数也显著为正，说明严格的监管可以降低评级意见购买行为。

为了探究监管措施和声誉机制对评级意见购买行为的交互效应，本书在回归中加入监管变量与声誉变量的交叉项，表4 – 8见第（6）列。$Regu \times Repu$的系数不显著，意味着评级监管无法促使评级声誉发挥更大的作用，$Regu \times Repute \times Fee$的系数也不显著，说明即使有较强的监管，声誉机制对降低评级购买行为依旧没有发挥明显作用，原因在于声誉机制本身没有起到很好的作用。如果将声誉机制作为内因，监管则为外因，内因无法发挥自身的作用，仅靠外部因素的刺激依旧是无法让内因起作用的。可见，虽然不断加强的外部监管可以减少评级购买行为，但声誉机制还是最重要的内因。声誉机制本身不起作用，无法依靠外部监管让其发挥作用。

表4 – 9进一步对高声誉评级机构和低声誉评级机构的情况做了分组检验。不论是高声誉机构还是低声誉机构，评级收费（Fee）的系数都是高

度显著为正，且两者之间差异不显著，意味着声誉机制无法抑制高收费导致的评级购买行为。评级监管（*Regu*）的系数也都显著为负，即加强监管有利于降低评级意见购买行为，但差异在高声誉和低声誉之间并不显著，即声誉机制也无法加强外部监管的积极作用。但监管的加强依旧可以降低高收费导致的高评级，因为监管加强会提高评级机构的预期违约成本，从而导致较低的评级收费无法获得之前的高评级，监管在一定程度上抑制了评级意见购买行为。但差异在高声誉和低声誉之间依旧不显著，即将声誉机制作为内因，监管则为外因，内因无法发挥自身的作用，仅靠外部因素的刺激依旧是无法让内因起作用的。

表 4-9　　　　　声誉机制、监管措施与评级意见购买行为：
不同声誉的评级机构

变量	ResRating	
	高声誉	低声誉
	(1)	(2)
Fee	0.897 ***	0.927 ***
	(7.41)	(8.59)
Regu	-1.543 ***	-1.509 ***
	(-8.72)	(-9.38)
Regu × Fee	0.357 ***	0.352 ***
	(7.76)	(8.27)
StandRating	0.015 ***	0.018 ***
	(4.77)	(5.77)
PreWealth	0.011	-0.006
	(0.47)	(-0.26)
Learning	0.002	0.003
	(0.41)	(0.80)
_cons	1.520	3.152
	(0.52)	(1.09)
个人固定效应	控制	控制
N	900	900
R^2	0.866	0.867

续表

变量	ResRating	
	高声誉	低声誉
	（1）	（2）
回归系数差异检验	diff	t
Fee 差异	$\beta_{Fee(1)}=\beta_{Fee(2)}$	0.295
Regu 差异	$\beta_{Regu(1)}=\beta_{Regu(2)}$	0.274
Regu×Fee 差异	$\beta_{Regu \times Fee(1)}=\beta_{Regu \times Fee(2)}$	0.355

注：*** 表示在 1% 的水平上显著，括号中为 z 统计量。经验 p 值用于检验组间系数差异的显著性，通过费舍尔组合检验得到；$\beta_{Fee(1)}=\beta_{Fee(2)}$ 表示第（1）列与第（2）列 Fee 的回归系数差异检验，其余同。

　　对于评级机构而言，不同资质的发债企业的违约风险和潜在损失都是不同的，因此信用评级机构对不同资质的发债企业可能存在不同倾向的评级迎合行为，其声誉机制和外部监管的影响可能也是不同的。因此，本书对不同资质的发债企业进行了进一步研究，结果见表 4－10。表 4－10 第（1）列至第（5）列为优质企业的情况，第（6）列至第（10）列为普通企业的情况，对全样本和高声誉评级机构和低声誉评级机构样本都进行了回归。

　　评级收费变量（Fee）的系数在表 4－10 第（1）列至第（3）列和第（6）列至第（8）列都显著为正，即高收费意味着高评级，评级购买行为受到利益诱惑的影响非常大。而且不论声誉高低（高声誉对比低声誉）、发债对象资质是否优质（优质企业对比普通企业），高收费都会导致虚高的信用评级，收费越高，评级虚高程度就越高。这进一步表明评级收费对评级质量的影响，意味着公开和透明化的评级收费有利于评级质量的提升。对比第（2）列和第（7）列以及第（3）列和第（8）列，评级收费的系数都存在明显差异。在普通企业的回归下［第（7）列和第（8）列］系数都显著更低，意味着对于普通发债企业而言，评级意见购买行为对评级收费的敏感程度更大，对于普通企业而言，要获得同样程度的评级意见需要花费更多的成本；相反，对于优质企业而言，更加容易利用较低的评级收费获取更好的评级意见，原因在于，对于高信用资质的企业，由于其

表4－10　声誉机制、监管措施与评级意见购买行为：不同资质的发债企业比较

变量	优质企业 ResRating					普通企业 ResRating				
	全样本 (1)	高声誉 (2)	低声誉 (3)	高声誉 (4)	低声誉 (5)	全样本 (6)	高声誉 (7)	低声誉 (8)	高声誉 (9)	低声誉 (10)
Fee	1.291*** (33.81)	1.263*** (24.34)	1.278*** (22.34)	-0.578** (-2.48)	-0.714*** (-3.22)	1.920*** (54.16)	1.899*** (33.97)	1.893*** (36.69)	1.329*** (10.63)	1.340*** (12.22)
$Repute$	-0.013 (-0.38)					0.022 (0.65)				
$Regu$	-0.260*** (-12.86)	-0.269*** (-9.12)	-0.259*** (-8.73)	-3.233*** (-9.33)	-3.482*** (-10.72)	-0.196*** (-7.84)	-0.212*** (-5.56)	-0.199*** (-5.60)	-1.222*** (-6.06)	-1.209*** (-6.44)
$Regu \times Fee$				0.773*** (8.95)	0.838*** (10.37)				0.304*** (4.91)	0.307*** (5.14)
$PreWealth$	-0.013 (-0.56)	-0.028 (-0.76)	-0.008 (-0.24)	-0.026 (-0.81)	-0.003 (-0.12)	0.012 (0.51)	0.050 (1.42)	-0.027 (-0.73)	0.058* (1.67)	-0.003 (-0.08)
$Learning$	0.001 (0.31)	0.003 (0.39)	0.002 (0.31)	0.005 (0.85)	-0.000 (-0.05)	-0.001 (-0.18)	-0.005 (-0.78)	0.004 (0.66)	-0.006 (-0.94)	0.004 (0.65)
$\_cons$	4.224 (1.40)	4.602 (1.02)	4.405 (0.97)	8.837*** (2.83)	8.902*** (2.88)	-1.218 (-0.37)	-2.403 (-0.48)	0.673 (0.15)	-2.746 (-0.57)	-0.108 (-0.02)
个人固定效应	控制	控制	控制	控制	控制	控制	控制	控制	控制	控制
N	900	450	450	450	450	900	450	450	450	450
R^2	0.737	0.755	0.731	0.835	0.827	0.891	0.891	0.895	0.900	0.904

续表

变量	公式	ResRating									
		优质企业					全样本	普通企业			
		全样本	高声誉	低声誉	高声誉	低声誉		高声誉	低声誉	高声誉	低声誉
		(1)	(2)	(3)	(4)	(5)	(6)	(7)	(8)	(9)	(10)
回归系数差异检验											
Fee 差异	$\beta_{Fee(1)} = \beta_{Fee(6)}$								0.000***		
	$\beta_{Fee(2)} = \beta_{Fee(3)}$								0.348		
	$\beta_{Fee(7)} = \beta_{Fee(8)}$								0.183		
	$\beta_{Fee(2)} = \beta_{Fee(7)}$								0.000***		
	$\beta_{Fee(3)} = \beta_{Fee(8)}$								0.000***		
Repu 差异	$\beta_{Repu(1)} = \beta_{Repu(6)}$								0.278		
Regu 差异	$\beta_{Regu(1)} = \beta_{Regu(6)}$								0.491		
	$\beta_{Regu(2)} = \beta_{Regu(3)}$								0.434		
	$\beta_{Regu(7)} = \beta_{Regu(8)}$								0.176		
	$\beta_{Regu(2)} = \beta_{Regu(7)}$								0.289		
	$\beta_{Regu(3)} = \beta_{Regu(8)}$								0.345		
Regu × Fee 差异	$\beta_{Regu \times Fee(1)} = \beta_{Regu \times Fee(5)}$								0.403		
	$\beta_{Regu \times Fee(9)} = \beta_{Regu \times Fee(10)}$								0.484		
	$\beta_{Regu \times Fee(4)} = \beta_{Regu \times Fee(9)}$								0.011**		
	$\beta_{Regu \times Fee(5)} = \beta_{Regu \times Fee(10)}$								0.015**		

注：***、**和*分别表示在1%、5%和10%的水平上显著，括号中为z统计量。经验p值用于检验组间系数差异性，通过费舍尔组合检验得到；$\beta_{Fee(1)} = \beta_{Fee(6)}$表示第（1）列与第（6）列Fee的回归系数差异，其余同。

合理信用评级较高，其违约风险往往较低，评级机构的信用评级意见购买程度更大。但是，由于债券市场的投资者及同业信用评级机构对高信用评级企业的关注度较高，如果出具过于高估的信用评级，更容易遭受市场质疑。所以，对于信用评级已经较高的被评级企业，信用评级机构通过增加评级收费进一步提高信用评级的可能性较小；相反，由于债券市场的投资者及同业信用评级机构对低信用评级企业的关注度较低且其数量众多，对于信用评级已经较低的企业，通过增加评级收费进一步提高信用评级的可能性就更大。

评级机构声誉（*Repute*）在表 4 – 10 第（1）列和第（6）列下都不显著，假设 4.1 未得到验证。而且，两列回归中 *Repute* 系数的差异在统计上也不显著，即不论对于优质企业还是普通企业，声誉机制都没有发挥作用，不能有效降低评级机构和发债企业之间的评级意见购买行为。假设 4.2 也未得到验证。评级收费在第（2）列和第（3）列以及第（7）列和第（8）列虽然存在差异，但差异也不显著，意味着高声誉和低声誉评级机构下评级收费和评级质量的关系并无差异，说明声誉机制没有发挥作用。

监管变量（*Regu*）的系数全部显著为负，意味着不论是对于优质企业还是普通企业，不论是对于高声誉机构还是低声誉机构，监管都能够有效降低评级机构和发债企业之间的评级购买行为。假设 4.3 得到验证。

对比组间 *Regu* 的系数，表 4 – 10 第（1）列和第（6）列系数差异在统计上显著，即监管能够更好地降低对于优质企业的评级迎合行为，因为优质企业对于客户更加重要，一旦出问题影响较大，评级机构在优质企业的评级上更加谨慎，尤其是在监管不断加强的情况下。对比第（2）列和第（3）列以及第（7）列和第（8）列，虽然存在差异，但差异也不显著，意味着即使发债企业资质有差异，但对于同样的发债企业，监管对不同声誉评级机构的影响没有显著差别。而对比第（2）列和第（7）列以及第（3）列和第（8）列，评级监管的系数都存在明显差异，在普通企业的回归下［第（7）列和第（8）列］系数都显著更低，意味着对于优质发债企业而言，监管的影响程度更大。总之，监管对于资质较好的发债企业影响更大，随着监管的加强，评级机构对优质企业更加谨慎。

4.4.3 稳健性检验

1. 增加控制变量

考虑到上一轮是否违约及上一轮是否处罚可能影响评级机构的评级意见购买行为，增加上一轮是否违约（*PreDefault*）及上一轮是否处罚（*PrePunished*）两项控制变量后进行重新回归，结果见表 4 - 11 第（1）列。审计收费（*Fee*）的系数依旧显著为正，评级机构声誉（*Repute*）的系数依旧不显著，而收费和声誉的交叉变量（*Repute* × *Fee*）的系数也不显著。监管强度（*Regu*）的系数显著为负，*Regu* × *Fee* 的系数显著为正，与之前一致，即强化监管有利于降低评级意见购买行为，而且强化监管也在一定程度上缓解了高评级收费导致的评级意见购买行为。*Regu* × *Repute* × *Fee* 的系数不显著，说明即使有较强的监管，声誉机制对降低评级购买行为依旧没有发挥明显作用，原因在于声誉机制本身没有起到作用。

2. 变更评级收费的衡量方式

本书也采用了过度收费（*ResFee*）替换评级收费（*Fee*）重新进行检验。其中，过度收费即评级机构实际收取的评级收费减去该企业合理评级应当收取的评级收费，回归结果见表 4 - 11 第（2）列。过度收费（*ResFee*）、声誉（*Repute*）、监管强度（*Regu*）以及交叉变量的回归结果都与之前一致。评级收费的衡量方法不影响上述结果和结论。

3. 变更评级意见购买的衡量方式

本书也采用哑变量方式衡量评级意见购买行为，*Overrate* 表示是否存在评级意见购买行为，1 表示存在，即过度评级 *ResRating* > 0 的情况；0 表示不存在，即过度评级 *ResRating* ≤ 0 的情况。结果如表 4 - 11 第（3）列所示。评级收费（*Fee*）、监管强度（*Regu*）以及评级收费和监管的交互项（*Regu* × *Fee*）的系数依旧都显著，与之前一致；声誉（*Repute*）、声誉与评

表 4 - 11　　稳健性检验

变量	增加变量	ReFee	Overrate	Feesq	ResRating Defaultrate	上期违约	上期未违约	去掉首轮	去掉破产[a]
	(1)	(2)	(4)	(5)	(6)	(7)	(8)	(9)	(10)
Fee	0.970*** (8.92)	0.006* (1.88)	0.260*** (6.51)	12.987*** (8.87)	0.969*** (8.92)	1.157*** (5.46)	0.924*** (7.11)	0.968*** (8.67)	0.966*** (8.66)
Feesq				-1.643*** (-8.39)					
Repute	0.355 (0.55)	0.167 (0.72)	0.097 (0.41)	-4.370 (-1.11)	0.355 (0.55)	0.788 (0.58)	0.353 (0.47)	0.592 (0.88)	0.585 (0.87)
Repute × Fee	-0.081 (-0.50)	-0.003 (-0.52)	-0.020 (-0.33)	2.371 (1.11)	-0.081 (-0.50)	-0.181 (-0.53)	-0.082 (-0.44)	-0.135 (-0.80)	-0.133 (-0.79)
Repute × Feesq				-0.317 (-1.11)					
Regu	-1.465*** (-9.19)	-0.799*** (-13.63)	-0.554*** (-9.19)	1.440 (1.24)	-1.465*** (-9.19)	-1.294*** (-4.02)	-1.505*** (-7.89)	-1.467*** (-8.97)	-1.474*** (-9.02)
Regu × Fee	0.342*** (8.17)	0.014*** (10.51)	0.138*** (8.80)	-1.078* (-1.66)	0.341*** (8.16)	0.306*** (3.49)	0.349*** (7.06)	0.344*** (8.00)	0.346*** (8.05)

续表

变量	增加变量 (1)	ReFee (2)	Overrate (4)	Feesq (5)	ResRating Defaultrate (6)	上期违约 (7)	上期未违约 (8)	去掉首轮 (9)	去掉破产 (10)
Regu × Feesq				0.172* (1.94)					
Regu × Repute	-0.090 (-0.39)	-0.056 (-0.67)	-0.013 (-0.15)	1.591 (0.94)	-0.090 (-0.39)	-0.149 (-0.30)	-0.127 (-0.47)	-0.170 (-0.70)	-0.162 (-0.67)
Regu × Repute × Fee	0.018 (0.30)	0.000 (0.26)	-0.000 (-0.00)	-0.866 (-0.91)	0.018 (0.30)	0.021 (0.17)	0.031 (0.45)	0.035 (0.55)	0.032 (0.51)
Regu × Repute × Feesq				0.117 (0.90)					
PreDefault	0.019 (0.65)	0.033 (0.83)	-0.006 (-0.56)	0.003 (0.19)	0.019 (0.66)			0.018 (0.63)	0.021 (0.71)
PrePenalty	0.120 (1.09)	0.120 (0.82)	0.010 (0.19)	0.038 (0.58)	0.121 (1.09)	0.100 (0.79)	-0.024 (-0.07)	0.109 (0.95)	0.152 (1.36)
其他控制变量	控制	控制	控制	控制	控制	控制	控制	控制	控制
N	1800	1800	1800	1800	1800	452	1348	1725	1721
R^2	0.865	0.753	0.816	0.957	0.865	0.883	0.867	0.867	0.867

注：*** 和 * 分别表示在 1% 和 10% 的水平上显著，括号中为 z 统计量。

级费用的交互项（$Repute \times Fee$）、声誉同监管及评级收费的交互项（$Regu \times Repute \times Fee$）均不显著，与之前也一致。

4. 加入评级收费的二次方项

为了检验评级收费与过度评级之间的非线性关系 [见表 4 - 11 第（4）列]，加入评级收费的二次方项 $Feesq$，结果显示评级收费与过度评级之间呈倒 U 型关系。但声誉机制依旧不起作用，监管强度依旧能够有效抑制评级意见购买行为。

5. 变更合理信用评级的衡量方式

本书也采用违约率（$Defaultrate$）替换合理信用评级（$StandRating$）进行回归 [见表 4 - 11 第（5）列]，结果仍然稳健。

6. 对上一轮违约样本进行回归

本书也将上一轮违约的样本以及未违约的样本单独进行回归 [见表 4 - 11 第（6）列和第（7）列]，结果仍然稳健。

7. 剔除第一轮样本

考虑到首轮实验并不存在上一轮是否违约和上一轮是否被处罚，将上一轮是否违约和是否被处罚设定为 0 可能会影响回归结果。因此，本书也将第一轮实验样本全部剔除重新进行回归 [见表 4 - 11 第（9）列]，结果依旧与之前一致。

8. 剔除破产样本

实验中出现了因评级迎合导致监管处罚的情况，更为严重的是出现了累积财富为负的情况（即评级机构出现破产），这些情境下可能造成被试者（评级机构）更多的机会主义行为，影响研究结论。因此，本书也剔除了这部分样本重新进行回归 [见表 4 - 11 第（10）列]，结果依旧与之前一致。

4.5　结论

本书以 24 轮情景模拟实验产生的数据作为研究样本，实证研究了评级机构声誉、评级监管与评级意见购买之间的关系。采用实际评级水平与合理信用评级之间的差异表征评级意见购买行为，基于实验研究发现：评级机构声誉机制对信用评级购买行为无显著作用。声誉机制不能降低评级意见购买行为，且不能缓解较高的评级收费对评级意见购买行为的刺激作用，即使在强监管的作用下，声誉机制仍然没有发挥作用。监管有利于降低评级意见购买行为，而且严格的评级监管有利于缓解高收费导致的评级意见购买行为。

本书还发现，信用评级机构针对不同资质的企业存在不同的评级迎合行为，对于合理信用评级较高的企业，评级机构的评级迎合行为程度较高。进一步研究发现，较高的评级收费对评级意见购买行为的影响主要来自低信用资质的企业。对于信用评级已经较高的被评级企业，信用评级机构通过增加评级收费进一步提高信用评级的可能性较小；而对于信用评级已经较低的企业，通过增加评级收费进一步提高信用评级的可能性更大。

本书存在一些局限之处。首先，采用情景模拟实验，被试者为工商管理专业本科生及会计专业硕士研究生，其所作出的信用评级决策可能与现实中评级机构从业人员所作的决策存在差异。但是，由于被试者具备相应的财务基础及信用风险识别能力，可在一定程度上弥补以上不足。其次，业界各评级机构的信用评级模型以及评级标准的差异度较高，评级机构的专业程度和评估师的胜任能力参差不齐，被评级企业的公开信息及非公开信息存在不好识别的问题，信用评级环境更加复杂多变，增大了对被评级企业的评级难度，可能导致实验的结果存在偏差。

附录　实验中涉及的公司信息、信用评级报酬以及监管情况

1. A 控股集团有限公司成立于 2003 年，于 2011 年在上海证券交易所注册上市。公司主要经营范围为煤炭的洗选、加工，矿产品的开发与经营，开展煤炭、铁路、电力经营的配套服务，能源与环保技术开发与利用、技术转让、技术咨询、技术服务，进出口业务，化工产品、化工材料、建筑材料、机械设备的销售。该公司 2018 年末总资产为 20.1 亿元，负债率为 16%，净资产收益率为 17%，经营活动现金流入净额为净利润的115%。过去 3 年销售收入复合增长率为 32%，净利润复合增长率为 29%。公司计划于 2019 年发行 10 亿元 5 年期的公司债。该公司聘请你所在的信用评级机构对其主体进行信用评级，该公司合理的主体信用评级水平为AA + 级。公司愿意为 AAA + 级付出 39 万元评级费用，为 AAA 级付出 31万元评级费用，为 AAA – 级付出 19 万元评级费用，为 AA + 级付出 15 万元评级费用，为 AA 级付出 9 万元评级费。即使公司在债券存续期间出现违约（违约概率在 12% 左右），你所在的信用评级机构不会被监管机构警告或者处罚。你所在的评级机构目前在评级行业排名第 1，你的决策是＿＿＿＿＿。

（1）AAA + 评级　　（2）AAA 评级　　（3）AAA – 评级

（4）AA + 评级　　　（5）AA 评级

2. B 股份有限公司成立于 2003 年，于 2014 年在上海证券交易所注册上市，是国家重点支持的高新技术企业，控股股东为地级市国资委，主要经营范围为复合材料、电子绝缘材料、覆铜板材料的生产、销售、技术开发及技术咨询服务，经营进出口业务，自有房屋租赁。该公司 2018 年末总资产为 20.0 亿元，负债率为 15%，净资产收益率为 18%，经营活动现金流入净额为净利润的 120%。过去 3 年销售收入复合增长率为 30%，净利润复合增长率为 28%。公司计划于 2019 年发行 10 亿元 5 年期的公司债。

该公司聘请你所在的信用评级机构对其主体进行信用评级，该公司合理的主体信用评级水平为 AA + 级。公司愿意为 AAA + 级付出 40 万元评级费用，为 AAA 级付出 30 万元评级费用，为 AAA - 级付出 20 万元评级费用，为 AA + 级付出 15 万元评级费用，为 AA 级付出 9 万元评级费用。如果公司在债券存续期间出现违约（违约概率在 12% 左右），则你所在的信用评级机构会被监管机构约谈，要求提交评级资料，并进行整改。你所在的评级机构目前在评级行业排名第 1，你的决策是_____。

（1）AAA + 评级　　（2）AAA 评级　　（3）AAA - 评级

（4）AA + 评级　　　（5）AA 评级

3. C 股份有限公司成立于 2002 年，由某国资控股公司等股东共同投资，于 2010 年在深圳证券交易所注册上市，公司主要经营范围为无尘无菌净化系统、设备及其周边机电、仪控产品的生产、组装，并提供设计、咨询、调试、维修服务。该公司 2018 年末总资产为 20.1 亿元，负债率为 16%，净资产收益率为 17%，经营活动现金流入净额为净利润的 110%。过去 3 年销售收入复合增长率为 35%，净利润复合增长率为 30%。公司计划于 2019 年发行 10 亿元 5 年期的公司债。该公司聘请你所在的信用评级机构对其主体进行信用评级，该公司合理的主体信用评级水平为 AA + 级。公司愿意为 AAA + 级付出 41 万元评级费用，为 AAA 级付出 32 万元评级费用，为 AAA - 级付出 22 万元评级费用，为 AA + 级付出 15 万元评级费用，为 AA 级付出 10 万元评级费用。如果公司在债券存续期间出现违约（违约概率在 12% 左右），则你所在的信用评级机构会被监管约谈，要求提交评级资料，进行整改；如果发现评级虚高，则评级机构会被没收违约所得且处以 3 倍罚金。你所在的评级机构目前在评级行业排名第 1，你的决策是_____。

（1）AAA + 评级　　（2）AAA 评级　　（3）AAA - 评级

（4）AA + 评级　　　（5）AA 评级

4. D 控股集团有限公司成立于 2005 年，于 2010 年在上海证券交易所注册上市。公司主要经营范围为商品染料的生产，燃料及助剂、化工产品的技术开发、技术转让、技术服务及销售，以及上述产品的原辅材料、机械设备以及零配件、包装产品的销售。该公司 2018 年末总资产为 20.0 亿元，负债率为 16%，净资产收益率为 17%，经营活动现金流入净额为净利润的 118%。过去 3 年销售收入复合增长率为 32%，净利润复合增长率为 28%。公司计划于 2019 年发行 10 亿元 5 年期的公司债。该公司聘请你所在的信用评级机构对其主体进行信用评级，该公司合理的主体信用评级水平为 AA + 级。公司愿意为 AAA + 级付出 74 万元评级费用，为 AAA 级付出 49 万元评级费用，为 AAA - 级付出 29 万元评级费用，为 AA + 级付出 15 万元评级费用，为 AA 级付出 9 万元评级费用。即使公司在债券存续期间出现违约（违约概率在 12% 左右），你所在的信用评级机构不会被监管机构警告或者处罚。你所在的评级机构目前在评级行业排名第 1，你的决策是_____。

（1）AAA + 评级 （2）AAA 评级 （3）AAA - 评级

（4）AA + 评级 （5）AA 评级

5. E 股份有限公司成立于 2002 年，于 2010 年在深圳证券交易所注册上市，公司主要经营范围为机械零部件的生产销售，汽车、内燃机、压缩机及摩托车零部件的生产销售，机床设备及配件的生产销售。该公司 2018 年末总资产为 19.9 亿元，负债率为 15%，净资产收益率为 18%，经营活动现金流入净额为净利润的 115%。过去 3 年销售收入复合增长率为 33%，净利润复合增长率为 29%。公司计划于 2019 年发行 10 亿元 5 年期的公司债。该公司聘请你所在的信用评级机构对其主体进行信用评级，该公司合理的主体信用评级水平为 AA + 级。公司愿意为 AAA + 级付出 75 万元评级费用，为 AAA 级付出 50 万元评级费用，为 AAA - 级付出 30 万元评级费用，为 AA + 级付出 15 万元评级费用，为 AA 级付出 8 万元评级费用。如果公司在债券存续期间出现违约（违约概率在 12% 左右），则你所在的信用评级机构会被监管约谈，要求提交评级资料，进行整改。你所在的评级机构目前在评级行业排名第 1，你的决策是_____。

（1）AAA + 评级　（2）AΛΛ 评级　（3）AAA – 评级

（4）AA + 评级　　（5）AA 评级

6. F 股份有限公司成立于 2000 年，于 2011 年在上海证券交易所注册上市，公司主要经营范围为计算机软硬件技术开发、生产、销售。该公司 2018 年末总资产为 20.1 亿元，负债率为 15%，净资产收益率为 17%，经营活动现金流入净额为净利润的 116%。过去 3 年销售收入复合增长率为 32%，净利润复合增长率为 30%。公司计划于 2019 年发行 10 亿元 5 年期的公司债。该公司聘请你所在的信用评级机构对其主体进行信用评级，该公司合理的主体信用评级水平为 AA + 级。公司愿意为 AAA + 级付出 76 万元评级费用，为 AAA 级付出 50 万元评级费用，为 AAA – 级付出 29 万元评级费用，为 AA + 级付出 15 万元评级费用，为 AA 级付出 8 万元评级费用。如果公司在债券存续期间出现违约（违约概率在 12% 左右），则你所在的信用评级机构会被监管约谈，要求提交评级资料，进行整改；如果发现评级虚高，则评级机构会被没收违约所得且处以 3 倍罚金。你所在的评级机构目前在评级行业排名第 1，你的决策是_____。

（1）AAA + 评级　（2）AAA 评级　（3）AAA – 评级

（4）AA + 评级　　（5）AA 评级

7. G 控股集团有限公司成立于 2003 年，于 2011 年在上海证券交易所注册上市。公司主要经营范围为煤炭的洗选、加工，矿产品的开发与经营，开展煤炭、铁路、电力经营的配套服务，能源与环保技术开发与利用、技术转让、技术咨询、技术服务，进出口业务，化工产品、化工材料、建筑材料、机械设备的销售。该公司 2018 年末总资产为 20.1 亿元，负债率为 16%，净资产收益率为 17%，经营活动现金流入净额为净利润的 115%。过去 3 年销售收入复合增长率为 32%，净利润复合增长率为 29%。公司计划于 2019 年发行 10 亿元 5 年期的公司债。该公司聘请你所在的信用评级机构对其主体进行信用评级，该公司合理的主体信用评级水平为 AA + 级。公司愿意为 AAA + 级付出 39 万元评级费用，为 AAA 级付出 31

万元评级费用，为 AAA – 级付出 19 万元评级费用，为 AA + 级付出 15 万元评级费用，为 AA 级付出 9 万元评级费用。即使公司在债券存续期间出现违约（违约概率在 12% 左右），你所在的信用评级机构不会被监管机构警告或者处罚。你所在的评级机构目前在评级行业排名第 6（共 10 家），你的决策是_____。

(1) AAA + 评级　　(2) AAA 评级　　(3) AAA – 评级

(4) AA + 评级　　(5) AA 评级

8. H 股份有限公司成立于 2003 年，于 2014 年在上海证券交易所注册上市，是国家重点支持的高新技术企业，控股股东为地级市国资委，主要经营范围为复合材料、电子绝缘材料、覆铜板材料的生产、销售、技术开发及技术咨询服务，经营进出口业务，自有房屋租赁。该公司 2018 年末总资产为 20.0 亿元，负债率为 15%，净资产收益率为 18%，经营活动现金流入净额为净利润的 120%。过去 3 年销售收入复合增长率为 30%，净利润复合增长率为 28%。公司计划于 2019 年发行 10 亿元 5 年期的公司债。该公司聘请你所在的信用评级机构对其主体进行信用评级，该公司合理的主体信用评级水平为 AA + 级。公司愿意为 AAA + 级付出 40 万元评级费用，为 AAA 级付出 30 万元评级费用，为 AAA – 级付出 20 万元评级费用，为 AA + 级付出 15 万元评级费用，为 AA 级付出 9 万元评级费用。如果公司在债券存续期间出现违约（违约概率在 12% 左右），则你所在的信用评级机构会被监管机构约谈，要求提交评级资料，并进行整改。你所在的评级机构目前在评级行业排名第 6（共 10 家），你的决策是_____。

(1) AAA + 评级　　(2) AAA 评级　　(3) AAA – 评级

(4) AA + 评级　　(5) AA 评级

9. I 股份有限公司成立于 2002 年，由某国资控股公司等股东共同投资，于 2010 年在深圳证券交易所注册上市，公司主要经营范围为无尘无菌净化系统、设备及其周边机电、仪控产品的生产、组装，并提供设计、咨询、调试、维修服务。该公司 2018 年末总资产为 20.1 亿元，负债率为

16%，净资产收益率为17%，经营活动现金流入净额为净利润的110%。过去3年销售收入复合增长率为35%，净利润复合增长率为30%。公司计划于2019年发行10亿元5年期的公司债。该公司聘请你所在的信用评级机构对其主体进行信用评级，该公司合理的主体信用评级水平为AA+级。公司愿意为AAA+级付出41万元评级费用，为AAA级付出32万元评级费用，为AAA-级付出22万元评级费用，为AA+级付出15万元评级费用，为AA级付出10万元评级费用。如果公司在债券存续期间出现违约（违约概率在12%左右），则你所在的信用评级机构会被监管约谈，要求提交评级资料，进行整改；如果发现评级虚高，则评级机构会被没收违约所得且处以3倍罚金。你所在的评级机构目前在评级行业排名第6（共10家），你的决策是_____。

    （1）AAA+评级　　（2）AAA评级　　（3）AAA-评级

    （4）AA+评级　　（5）AA评级

10. J控股集团有限公司成立于2005年，于2010年在上海证券交易所注册上市。公司主要经营范围为商品染料的生产，燃料及助剂、化工产品的技术开发、技术转让、技术服务及销售，以及上述产品的原辅材料、机械设备以及零配件、包装产品的销售。该公司2018年末总资产为20.0亿元，负债率为16%，净资产收益率为17%，经营活动现金流入净额为净利润的118%。过去3年销售收入复合增长率为32%，净利润复合增长率为28%。公司计划于2019年发行10亿元5年期的公司债。该公司聘请你所在的信用评级机构对其主体进行信用评级，该公司合理的主体信用评级水平为AA+级。公司愿意为AAA+级付出74万元评级费用，为AAA级付出49万元评级费用，为AAA-级付出29万元评级费用，为AA+级付出15万元评级费用，为AA级付出9万元评级费用。即使公司在债券存续期间出现违约（违约概率在12%左右），你所在的信用评级机构不会被监管机构警告或者处罚。你所在的评级机构目前在评级行业排名第6（共10家），你的决策是_____。

    （1）AAA+评级　　（2）AAA评级　　（3）AAA-评级

    （4）AA+评级　　（5）AA评级

11. K 股份有限公司成立于 2002 年，于 2010 年在深圳证券交易所注册上市。公司主要经营范围为机械零部件的生产销售，汽车、内燃机、压缩机及摩托车零部件的生产销售，机床设备及配件的生产销售。该公司 2018 年末总资产为 19.9 亿元，负债率为 15%，净资产收益率为 18%，经营活动现金流入净额为净利润的 115%。过去 3 年销售收入复合增长率为 33%，净利润复合增长率为 29%。公司计划于 2019 年发行 10 亿元 5 年期的公司债。该公司聘请你所在的信用评级机构对其主体进行信用评级，该公司合理的主体信用评级水平为 AA + 级。公司愿意为 AAA + 级付出 75 万元评级费用，为 AAA 级付出 50 万元评级费用，为 AAA – 级付出 30 万元评级费用，为 AA + 级付出 15 万元评级费用，为 AA 级付出 8 万元评级费用。如果公司在债券存续期间出现违约（违约概率在 12% 左右），则你所在的信用评级机构会被监管约谈，要求提交评级资料，进行整改。你所在的评级机构目前在评级行业排名第 6（共 10 家），你的决策是_____。

（1）AAA + 评级　　（2）AAA 评级　　（3）AAA – 评级

（4）AA + 评级　　（5）AA 评级

12. L 股份有限公司成立于 2000 年，于 2011 年在上海证券交易所注册上市。公司主要经营范围为计算机软硬件技术开发、生产、销售。该公司 2018 年末总资产为 20.1 亿元，负债率为 15%，净资产收益率为 17%，经营活动现金流入净额为净利润的 116%。过去 3 年销售收入复合增长率为 32%，净利润复合增长率为 30%。公司计划于 2019 年发行 10 亿元 5 年期的公司债。该公司聘请你所在的信用评级机构对其主体进行信用评级，该公司合理的主体信用评级水平为 AA + 级。公司愿意为 AAA + 级付出 76 万元评级费用，为 AAA 级付出 50 万元评级费用，为 AAA – 级付出 29 万元评级费用，为 AA + 级付出 15 万元评级费用，为 AA 级付出 8 万元评级费用。如果公司在债券存续期间出现违约（违约概率在 12% 左右），则你所在的信用评级机构会被监管约谈，要求提交评级资料，进行整改；如果发现评级虚高，则评级机构会被没收违约所得且处以 3 倍罚金。你所在的评级机构目前在评级行业排名第 6（共 10 家），你的决策是_____。

（1）AAA＋评级　　（2）AAA 评级　　（3）AAA－评级

（4）AA＋评级　　（5）AA 评级

13. O 股份有限公司成立于 2002 年，于 2012 年在深圳证券交易所注册上市，是一家专注于新材料研发、生产和销售的高新技术产业。公司经营范围为 EVA 太阳能电池胶膜、太阳能电池背板、热熔胶膜的生产、销售，新材料、新设备、新能源的技术开发、进出口业务。该公司 2018 年末总资产为 20.1 亿元，负债率为 52%，净资产收益率为 6.3%，经营活动现金流入净额为净利润的 10%。过去 3 年销售收入复合增长率为 3%，净利润复合增长率为 5%。公司计划于 2019 年发行 10 亿元 5 年期的公司债。该公司聘请你所在的信用评级机构对其主体进行信用评级，该公司合理的主体信用评级水平为 B＋级。公司愿意为 BB＋级付出 39 万元评级费用，为 BB 级付出 31 万元评级费用，为 BB－级付出 19 万元评级费用，为 B＋级付出 15 万元评级费用，为 B 级付出 8 万元评级费用。即使公司在债券存续期间出现违约（违约概率在 46% 左右），你所在的信用评级机构不会被监管机构警告或者处罚。你所在的评级机构目前在评级行业排名第 1，你的决策是_____。

（1）BB＋评级　　（2）BB 评级　　（3）BB－评级

（4）B＋评级　　（5）B 评级

14. P 股份有限公司成立于 2001 年，于 2011 年在上海证券交易所注册上市。公司主要经营范围是计算机软件开发、软件技术咨询服务，网络游戏创意策划、研发制作及商业化运营。该公司 2018 年末总资产为 20.2 亿元，负债率为 50%，净资产收益率为 6%，经营活动现金流入净额为净利润的 11%。过去 3 年销售收入复合增长率为 2%，净利润复合增长率为 5.5%。公司计划于 2019 年发行 10 亿元 5 年期的公司债。该公司聘请你所在的信用评级机构对其主体进行信用评级，该公司合理的主体信用评级水平为 B＋级。公司愿意为 BB＋级付出 40 万元评级费用，为 BB 级付出 30 万元评级费用，为 BB－级付出 20 万元评级费用，为 B＋级付出 15 万元评级费用，为 B 级付出 9 万元评级费用。如果公司在债券存续期间出现违约（违约概率在 46% 左右），则你所在的信用评级机构会被监管约谈，要求提交评级资料，并进行整改。你所在的评级机构目前在评级行业排名第 1，你的决策是_____。

（1）BB + 评级　　（2）BB 评级　　（3）BB - 评级

（4）B + 评级　　（5）B 评级

15. Q 股份有限公司成立于 2003 年，于 2012 年在深圳证券交易所注册上市。公司主要经营范围是通信及计算机软硬件技术开发、生产、销售，通信及计算机网络工程技术咨询、技术培训。该公司 2018 年末总资产为 20.0 亿元，负债率为 49%，净资产收益率为 6.2%，经营活动现金流入净额为净利润的 9%。过去 3 年销售收入复合增长率为 2.5%，净利润复合增长率为 4.8%。公司计划于 2019 年发行 10 亿元 5 年期的公司债。该公司聘请你所在的信用评级机构对其主体进行信用评级，该公司合理的主体信用评级水平为 B + 级。公司愿意为 BB + 级付出 41 万元评级费用，为 BB 级付出 32 万元评级费用，为 BB - 级付出 22 万元评级费用，为 B + 级付出 15 万元评级费用，为 B 付出 10 万元评级费用。如果公司在债券存续期间出现违约（违约概率在 46% 左右），则你所在的信用评级机构会被监管约谈，要求提交评级资料，进行整改；如果发现评级虚高，则评级机构会被没收违约所得且处以 3 倍罚金。你所在的评级机构目前在评级行业排名第 1，你的决策是_____。

（1）BB 评级　　（2）BB 评级　　（3）BB - 评级

（4）B + 评级　　（5）B 评级

16. R 股份有限公司成立于 2001 年，于 2010 年在上海证券交易所注册上市。公司主营舰船、舰船配套产品、海洋工程及装备、能源装备、交通装备和环保装备等机械电子设备的设计、研制。该公司 2018 年末总资产为 19.9 亿元，负债率为 50%，净资产收益率为 6.4%，经营活动现金流入净额为净利润的 10%。过去 3 年销售收入复合增长率为 2.8%，净利润复合增长率为 4.9%。公司计划于 2019 年发行 10 亿元 5 年期的公司债。该公司聘请你所在的信用评级机构对其主体进行信用评级。该公司合理的主体信用评级水平为 B + 级。公司愿意为 BB + 级付出 74 万元评级费用，为 BB 级付出 49 万元评级费用，为 BB − 级付出 29 万元评级费用，为 B + 级付出 15 万元评级费用，为 B 级付出 9 万元评级费用。即使公司在债券存续期间出现违约（违约概率在 46% 左右），你所在的信用评级机构不会被监管机构警告或者处罚。你所在的评级机构目前在评级行业排名第 1，你的决策是_____。

（1）BB + 评级　　（2）BB 评级　　（3）BB − 评级

（4）B + 评级　　　（5）B 评级

17. S 股份有限公司成立于 2001 年，于 2010 年在深圳证券交易所注册上市。公司主要经营范围是氢电池、锂电池等电池业务，新能源的技术开发、进出口。该公司 2018 年末总资产为 20.1 亿元，负债率为 51%，净资产收益率为 6.5%，经营活动现金流入净额为净利润的 10%。过去 3 年销售收入复合增长率为 3%，净利润复合增长率为 5%。公司计划于 2019 年发行 10 亿元 5 年期的公司债。该公司聘请你所在的信用评级机构对其主体进行信用评级，该公司合理的主体信用评级水平为 B + 级。公司愿意为 BB + 级付出 75 万元评级费用，为 BB 级付出 50 万元评级费用，为 BB − 级付出 30 万元评级费用，为 B + 级付出 15 万元评级费用，为 B 级付出 8 万元评级费用。如果公司在债券存续期间出现违约（违约概率在 46% 左右），则你所在的信用评级机构会被监管约谈，要求提交评级资料，进行整改；如果发现评级虚高，则评级机构会被没收违约所得且处以 3 倍罚金。你所在的评级机构目前在评级行业排名第 1，你的决策是_____。

（1）BB + 评级　　（2）BB 评级　　（3）BB − 评级

（4）B + 评级　　　（5）B 评级

18. T 股份有限公司成立于 1998 年，于 2009 年在上海证券交易所注册上市。公司主要经营范围是卫生用品的制造和销售。该公司 2018 年末总资产为 20.0 亿元，负债率为 50%，净资产收益率为 6.4%，经营活动现金流入净额为净利润的 9%。过去 3 年销售收入复合增长率为 3%，净利润复合增长率为 5%。公司计划于 2019 年发行 10 亿元 5 年期的公司债。该公司聘请你所在的信用评级机构对其主体进行信用评级，该公司合理的主体信用评级水平为 B + 级。公司愿意为 BB + 级付出 76 万元评级费用，为 BB 级付出 50 万元评级费用，为 BB - 级付出 29 万元评级费用，为 B + 级付出 15 万元评级费用，为 B 级付出 8 万元评级费用。如果公司在债券存续期间出现违约（违约概率在 46% 左右），则你所在的信用评级机构会被监管约谈，要求提交评级资料，进行整改；如果发现评级虚高，则评级机构会被没收违约所得且处以 3 倍罚金。你所在的评级机构目前在评级行业排名第 1，你的决策是_____。

（1）BB + 评级　　（2）BB 评级　　（3）BB - 评级

（4）B + 评级　　（5）B 评级

19. U 股份有限公司成立于 2002 年，于 2012 年在深圳证券交易所注册上市，是一家专注于新材料研发、生产和销售的高新技术产业。公司经营范围为 EVA 太阳能电池胶膜、太阳能电池背板、热熔胶膜的生产、销售，新材料、新设备、新能源的技术开发、进出口业务。该公司 2018 年末总资产为 20.1 亿元，负债率为 52%，净资产收益率为 6.3%，经营活动现金流入净额为净利润的 10%。过去 3 年销售收入复合增长率为 3%，净利润复合增长率为 5%。公司计划于 2019 年发行 10 亿元 5 年期的公司债。该公司聘请你所在的信用评级机构对其主体进行信用评级，该公司合理的主体信用评级水平为 B + 级。公司愿意为 BB + 级付出 39 万元评级费用，为 BB 级付出 31 万元评级费用，为 BB - 级付出 19 万元评级费用，为 B + 级付出 15 万元评级费用，为 B 级付出 8 万元评级费用。即使公司在债券存续期间出现违约（违约概率在 46% 左右），你所在的信用评级机构不会被监管机构警告或者处罚。你所在的评级机构目前在评级行业排名第 6（共 10 家），你的决策是_____。

（1）BB + 评级　　（2）BB 评级　　（3）BB - 评级

（4）B + 评级　　（5）B 评级

20. V 股份有限公司成立于 2001 年，于 2011 年在上海证券交易所注册上市。公司主要经营范围是计算机软件开发、软件技术咨询服务，网络游戏创意策划、研发制作及商业化运营。该公司 2018 年末总资产为 20.2 亿元，负债率为 50%，净资产收益率为 6%，经营活动现金流入净额为净利润的 11%。过去 3 年销售收入复合增长率为 2%，净利润复合增长率为 5.5%。公司计划于 2019 年发行 10 亿元 5 年期的公司债。该公司聘请你所在的信用评级机构对其主体进行信用评级，该公司合理的主体信用评级水平为 B + 级。公司愿意为 BB + 级付出 40 万元评级费用，为 BB 级付出 30 万元评级费用，为 BB - 级付出 20 万元评级费用，为 B + 级付出 15 万元评级费用，为 B 级付出 9 万元评级费用。如果公司在债券存续期间出现违约（违约概率在 46% 左右），则你所在的信用评级机构会被监管约谈，要求提交评级资料，并进行整改。你所在的评级机构目前在评级行业排名第 6（共 10 家），你的决策是_____。

（1）BB + 评级　　（2）BB 评级　　（3）BB - 评级

（4）B + 评级　　　（5）B 评级

21. W 股份有限公司成立于 2003 年，于 2012 年在深圳证券交易所注册上市。公司主要经营范围是通信及计算机软硬件技术开发、生产、销售，通信及计算机网络工程技术咨询、技术培训。该公司 2018 年末总资产为 20.0 亿元，负债率为 49%，净资产收益率为 6.2%，经营活动现金流入净额为净利润的 9%。过去 3 年销售收入复合增长率为 2.5%，净利润复合增长率为 4.8%。公司计划于 2019 年发行 10 亿元 5 年期的公司债。该公司聘请你所在的信用评级机构对其主体进行信用评级，该公司合理的主体信用评级水平为 B + 级。公司愿意为 BB + 级付出 41 万元评级费用，为 BB 级付出 32 万元评级费用，为 BB - 级付出 22 万元评级费用，为 B + 级付出 15 万元评级费用，为 B 级付出 10 万元评级费用。如果公司在债券存续期间出现违约（违约概率在 46% 左右），则你所在的信用评级机构会被监管约谈，要求提交评级资料，进行整改；如果发现评级虚高，则评级机构会被没收违约所得且处以 3 倍罚金。你所在的评级机构目前在评级行业排名第 6（共 10 家），你的决策是＿＿＿＿＿＿。

　　（1）BB＋评级　　（2）BB 评级　　（3）BB－评级

　　（4）B＋评级　　（5）B 评级

　　22．X 股份有限公司成立于 2001 年，于 2010 年在上海证券交易所注册上市。公司主营舰船、舰船配套产品、海洋工程及装备、能源装备、交通装备和环保装备等机械电子设备的设计、研制。该公司 2018 年末总资产为 19.9 亿元，负债率为 50%，净资产收益率为 6.4%，经营活动现金流入净额为净利润的 10%。过去 3 年销售收入复合增长率为 2.8%，净利润复合增长率为 4.9%。公司计划于 2019 年发行 10 亿元 5 年期的公司债。该公司聘请你所在的信用评级机构对其主体进行信用评级。该公司合理的主体信用评级水平为 B＋级。公司愿意为 BB＋级付出 74 万元评级费用，为 BB 级付出 49 万元评级费用，为 BB－级付出 29 万元评级费用，为 B＋级付出 15 万元评级费用，为 B 级付出 9 万元评级费用。即使公司在债券存续期间出现违约（违约概率在 46% 左右），你所在的信用评级机构不会被监管机构警告或者处罚。你所在的评级机构目前在评级行业排名第 6（共 10 家），你的决策是＿＿＿＿＿＿。

　　（1）BB＋评级　　（2）BB 评级　　（3）BB－评级

　　（4）B＋评级　　（5）B 评级

　　23．Y 股份有限公司成立于 2001 年，于 2010 年在深圳证券交易所注册上市。公司主要经营范围是氢电池、锂电池等电池业务，新能源的技术开发、进出口业务。该公司 2018 年末总资产为 20.1 亿元，负债率为 51%，净资产收益率为 6.5%，经营活动现金流入净额为净利润的 10%。过去 3 年销售收入复合增长率为 3%，净利润复合增长率为 5%。公司计划于 2019 年发行 10 亿元 5 年期的公司债。该公司聘请你所在的信用评级机构对其主体进行信用评级，该公司合理的主体信用评级水平为 B＋级。公司愿意为 BB＋级付出 75 万元评级费用，为 BB 级付出 50 万元评级费用，为 BB－级付出 30 万元评级费用，为 B＋级付出 15 万元评级费用，为 B 级付出 8 万元评级费用。如果公司在债券存续期间出现违约（违约概率在 46% 左右），则你所在的信用评级机构会被监管约谈，要求提交评级资料，进行整改；如果发现评级虚高，则评级机构会被没收违约所得且处以 3 倍罚金。你所在的评级机构目前在评级行业排名第 6（共 10 家），你的决策是＿＿＿＿＿。

（1）BB＋评级　（2）BB 评级　（3）BB－评级

（4）B＋评级　　（5）B 评级

24. Z 股份有限公司成立于 2001 年，于 2010 年在深圳证券交易所注册上市，主要经营范围是生产销售铝合金精密加工件、铝型材深加工部件、石油化工、电子电器、航空、航天、航海、汽车、轿车用铝合金部件。该公司 2018 年末总资产为 20.0 亿元，负债率 50%，净资产收益率为 6.4%，经营活动现金流入净额为净利润的 9%。过去 3 年销售收入复合增长率为 3%，净利润复合增长率为 5%。公司计划于 2019 年发行 10 亿元 5 年期的公司债。该公司聘请你所在的信用评级机构对其主体进行信用评级，该公司合理的主体信用评级水平为 B＋级。公司愿意为 BB＋级付出 76 万元评级费用，为 BB 级付出 50 万元评级费用，为 BB－级付出 29 万元评级费用，为 B＋级付出 15 万元评级费用，为 B 级付出 8 万元评级费用。如果公司在债券存续期间出现违约（违约概率在 46% 左右），则你所在的信用评级机构会被监管约谈，要求提交评级资料，进行整改；如果发现评级虚高，则评级机构会被没收违约所得且处以 3 倍罚金。你所在的评级机构目前在评级行业排名第 6（共 10 家），你的决策是＿＿＿＿＿。

（1）BB＋评级　（2）BB 评级　（3）BB－评级

（4）B＋评级　　（5）B 评级

第 **5** 章

取消强制评级政策、机构声誉与评级迎合行为：基于实验研究的证据

5.1 引言

自 2014 年"11 超日债"打破债券市场刚性兑付后，债券违约事件层出不穷，暴露出我国信用评级行业存在评级虚高等突出问题。甚至在早期出现债券违约后，涉事评级机构不仅没有因为涉及债券违约事件而收紧信用评级标准，反而更加高估企业的信用评级水平（黄小琳等，2017）。与我国的债券信用评级相似，美国信用评级机构也被认为高估了次贷危机中债券违约企业的信用评级水平，美国债券市场也因评级机构之间的竞争以及投资者付费模式等原因出现评级高估的现象（Skreta and Veldkamp，2009；Becker and Milbourn，2011；Bolton et al.，2012）。此外，在我国，监管部门制定的发债要求也是造成评级高估的重要原因之一。因此，为达到发行条件，发债企业有动机寻求高信用评级，从而造成评级高估。

　　不同于国外通过法律诉讼途径要求涉事信用评级机构予以赔偿，我国则是监管机构直接介入。自 2014 年起，监管部门对涉事违规的信用评级机构的监管措施包括但不限于警示、罚款、暂停信用评级机构的信用评级资格等。而且，监管部门针对评级行业还进行了大量整顿和改革，如 2018 年将评级机构纳入现场检查工作，旨在推动评级行业由"监管驱动"向"市场驱动"转型。监管部门不断加大和强化监管力度及手段大力震慑中介机构，以促进债券市场和信用评级行业长远健康发展。同时，国内信用评级监管机构在评级制度上也作出了重大改变，即逐步取消银行间市场和交易所市场债券发行的强制评级要求，鼓励发行人采用多评级，引导扩大投资者付费评级适用范围等。例如，2021 年 3 月，中国银行间市场交易商协会发布《关于实施债务融资工具取消强制评级有关安排的通知》，提出发行环节取消债项评级报告强制披露要求，保留企业主体评级报告披露要求。2021 年 2 月，中国证券监督管理委员会（以下简称"证监会"）取消了公司债发行委托具有从事证券服务业务资格的资信评级机构进行信用评级的规定。2021 年 8 月，中国人民银行发布公告称，为进一步提升市场主体使用外部评级的自主性，推动信用评级行业市场化改革，决定试点取消非金融企业债务融资工具发行环节信用评级的要求，并自发布之日起实施。实际上，监管取消债券强制评级要求并不等于以后所有债券发行都不再依赖信用评级，而是将是否需要评级的需求交由市场决定。

　　取消强制评级之后，评级公司和发债企业面临的环境都会发生变化。尤其是，注册和发行环节取消强制评级，资质较好的企业可能在发行债券时就不会找评级机构进行评级，这将导致评级市场规模出现萎缩。随着强制评级政策的取消，评级机构之间的竞争将会更加激烈。而竞争的加剧会带来恶化的评级质量，还是如监管部门预期的那样，能够将评级监管逐步转型到"市场驱动"，由评级机构"声誉机制"发挥作用，提升信用评级质量，减少评级机构的评级迎合行为以及评级意见购买行为呢？对于评级机构而言，竞争加剧带来的短期阵痛是否会影响其对声誉机制的坚守呢？目前学术界和实务界对取消强制评级政策都尚无相关研究。

本书意图通过实验研究方法，设计取消强制监管政策对评级迎合行为的影响，对取消该政策产生的经济后果进行实证分析，为监管部门决策制定提供参考和借鉴。同时，实验中融入评级机构声誉机制的影响，进一步为监管部门取消强制评级政策的目的提供证据支持，为国内评级机构的监管和健康发展提供参考。另外，本书也研究了评级机构收费策略对评级迎合行为的影响，弥补了国内外对评级收费策略研究的不足，而且本书的研究发现也能够为评级收费的公开化需求提供佐证。

▶ 5.2 制度背景与研究假设

本节首先对强制评级政策的要求以及监管部门取消强制评级政策的相关规定进行了梳理。

1. 强制评级政策的要求

1997 年中国人民银行发布《关于中国诚信证券评估有限公司等机构从事企业债券信用评级业务资格的通知》，规定企业债券发行前，必须经人民银行总行认可的企业债券信用评级机构进行信用评级。为促进债券市场发展，规范金融债券发行行为，维护投资者合法权益，2005 年 4 月中国人民银行发布《全国银行间债券市场金融债券发行管理办法》，自 2005 年 6 月 1 日起施行。其中，第十五条明确规定，金融债券的发行应由具有债券评级能力的信用评级机构进行信用评级。金融债券发行后信用评级机构应每年对该金融债券进行跟踪信用评级。如发生影响该金融债券信用评级的重大事项，信用评级机构应及时调整该金融债券的信用评级，并向投资者公布。2008 年，为进一步完善银行间债券市场管理，促进非金融企业直接债务融资发展，中国人民银行制定了《银行间债券市场非金融企业债务融资工具管理办法》，自 2008 年 4 月 15 日起施行。其中，第九条明确要求企业发行债务融资工具应由在中国境内注册且具备债券评级资质的评级机构进行信用评级。

《深圳证券交易所公司债券上市规则》（2012 年修订），明确规定申请发行公司债并在深交所上市，债券须经信用评级机构评级且债券信用评级达到 AA 级及以上。2014 年 11 月，中国证监会发布的《公司债券发行与交易管理办法》第十九条要求，公开发行公司债券，应当委托具有从事证券服务业务资格的资信评级机构进行信用评级。而且，债券信用评级达到 AAA 级标准的公司债券才可以向公众投资者公开发行。

2. 强制评级政策的变化

2020 年 12 月，中国人民银行、国家发展改革委、中国证监会联合发布《公司信用类债券信息披露管理办法》，将信用评级报告从发行时必须披露的文件列示中删去。2021 年 8 月，中国人民银行发布 2021 年第 11 号公告，为进一步提升市场主体使用外部评级的自主性，推动信用评级行业市场化改革，中国人民银行决定试点取消非金融企业债务融资工具发行环节信用评级的要求。2020 年 8 月，中国证监会公告，为贯彻落实修订后的《中华人民共和国证券法》和《国务院办公厅关于贯彻实施修订后的证券法有关工作的通知》的相关规定，建立健全公开发行公司债券注册制相关制度，加强事中事后监管，中国证监会拟对《公司债券发行与交易管理办法》进行修订，现向社会公开征求意见。2021 年 2 月，中国证监会发布修订后的《公司债券发行与交易管理办法》与《证券市场资信评级业务管理办法》，前者取消了公开发行公司债券信用评级的强制性规定，后者则明确取消注册环节的强制评级要求。

2021 年 1 月，中国银行间市场交易商协会发布《关于发布〈非金融企业债务融资工具公开发行注册文件表格体系（2020 版）〉有关事项的补充通知》，明确债务融资工具注册环节取消信用评级报告的要件要求，即在超短期融资券、短期融资券、中期票据等产品注册（申报）环节，企业可不提供信用评级报告。2021 年 3 月，中国银行间市场交易商协会发布《关于实施债务融资工具取消强制评级有关安排的通知》，在前期债务融资工具注册申报环节取消信用评级报告要件要求的基础上，进一步在发行环节取消债项评级强制披露，仅保留企业主体评级披露要求，将企业评级选择权交予市场决定。不过，对于企业发行债项本金和利息的清偿顺序劣后于一般债务和普通债券等，可能引起债项评级低于主体评级情形的，企业仍需披露债项评级报告。[①] 2021 年 8 月，银行间市场交易商协会发布《关于取消非金融企业债务融资工具信用评级要求有关事项的通知》，在试点期间，取消强制评级要求，进一步降低评级依赖，将企业评级选择权完全交予市场决定。

综上所述，我国债券监管部门自 2021 年开始落实的取消强制评级政策并非完全取消了评级要求，而是取消债项评级的强制披露，对主体评级的披露要求依旧是保留的。取消强制的债项评级要求将对债项评级的选择权交予市场决定，给予企业一定的自由度。

3. 理论分析与研究假设

市场化发展能够起到促进评级机构加强内部管理、合规经营，增强评级结果的科学性和有效性的作用。监管部门取消强制评级政策是希望债券发行过程降低对评级的依赖，将企业评级选择权完全交予市场决定，对评级机构的压力更多地从"监管驱动"转向"市场驱动"。虽然在评级监管市场化转型过程中，部分监管措施依旧是存在的，以提高评级机构的违约成本，但同时，市场化的评价机制也逐步建立和完善。[②] 而市场化竞争环境下，评级机构更多需要考虑的是长期和稳定的发展，在市场中建立品牌和声誉才是中介机构赖以生存的长期有效保障（Guembel and Rossetto，2009）。因此，取消强制评级政策会促使评级机构更加关注长期声誉的建立，有利于减少评级迎合行为。

[①]　中国银行间市场交易商协会 2021 年 3 月发布的《关于实施债务融资工具取消强制评级有关安排的通知》已被同年 8 月新发布的《关于取消非金融企业债务融资工具信用评级要求有关事项的通知》取代。

[②]　例如，自 2015 年开始，中国保险资产管理业协会、中国银行间市场交易商协会及国家发展改革委陆续启动市场化评价工作。在评价结果使用及公布方式上，中国银行间市场交易商协会规定将根据评价结果实行有针对性的自律管理；中国保险资产管理业协会规定市场化评价结果作为保险机构选择外部评级机构的参考；国家发展改革委规定信用评价结果纳入企业债券中介机构信用档案，对评级机构企业债券评级业务分类管理，实施守信激励、失信惩戒措施。

但是，评级机构作为自主经营、自负盈亏的市场经济实体，并未脱离有限理性与自利性的特征（黄小琳等，2017），需要在短期生存和长期发展中作出权衡。而在取消强制评级的大背景下，评级机构之间的竞争变得越来越激烈。例如，为加强对信用评级行业的统一监管，推进债券互联互通，中国人民银行、中国证监会联合发布 2018 年第 14 号公告，明确已经在银行间债券市场或交易所债券市场开展评级业务的信用评级机构，可根据自身情况，申请在交易所债券市场或银行间债券市场同时开展评级业务。中国人民银行、中国证券监督管理委员会、中国银行间市场交易商协会将设立绿色通道实现信用评级机构信用评级业务的资质互认。2019 年 12 月，中国人民银行、国家发展改革委、财政部、中国证监会四部门正式发布了《信用评级业管理暂行办法》，明确中国人民银行为信用评级行业主管部门，国家发展改革委、财政部、中国证监会为业务管理部门，依法实施具体监管；中国人民银行分支机构依此对该办法实施前已经开展信用评级业务的机构和新设立的信用评级机构办理备案。截至 2019 年，银行间债市评级机构共有 9 家，分别为中诚信国际、上海新世纪、东方金诚、联合资信、大公资信、标普、中证鹏元、远东资信以及中债资信（投资人付费模式）。交易所评级机构共有 6 家，分别为大公国际、联合信用、东方金诚、鹏元、中诚信和上海新世纪。也就是说，在取消强制评级之前，只有东方金城、上海新世纪、大公国际 3 家评级机构是在银行间、交易所同时开展评级业务获得评级资质的，其他的机构都是只在其中一个市场有评级资质，中诚信、联合资信则是通过两个法人分别在银行间、交易所开展评级业务。取消强制评级之后，中债资信之前只做银行间市场，现在可以申请交易所评级资格；鹏元只有交易所市场评级资格，现在可以申请银行间评级资格。另外，根据中国人民银行征信管理局网站"征信市场"栏目更新动态显示，截至 2022 年 4 月 22 日，全国共有 19 个省（直辖市）的 55 家信用评级机构在中国人民银行分支行完成备案，包括 2020 年备案的外商独资评级机构"惠誉博华信用评级有限公司"和"标普信用评级（中国）有限公司"。而根据中国证券业协会网站发布的"证券资信评级机构信息公示"，按 2020 年 3 月 1 日起施行的《中华人民共和国证券法》，资信评级机构从事证券评级业务实施备案管理，包括"标普信用评级（中国）有限公司""大公国际资信评估有限公司""中诚信国际信用评级有限责任公司"在内的 12 家评级机构已在证监会完成备案。也就是说，备案的评级机构数量大幅增加，评级机构之间的竞争越来越激烈。而激烈的竞争势必给评级机构短期的生存和发展带来压力。

同时，部分资质优秀且在资本市场存在较长时间的发债企业已经树立了较好的声誉，在取消强制评级之后，这些拥有高认可度的优质发债企业可能会选择放弃评级（债项评级）；[①] 同时还有一部分发债企业出于节约成本的考虑也可能会选择无评级发行。这就意味着，相对于强制评级市场环境下，取消强制评级政策后，评级机构的评级业务会受到一定冲击，评级机构之间的竞争会更加激烈。在压力和机会面前，评级机构的策略选择更可能是为了抢占市场份额和评级收入而迎合发债企业从高评级的需求（Bolton et al.，2012）。因此，本书提出以下假设。

假设 5.1：取消强制评级政策导致评级迎合行为更加严重。

为低等级信用债券出具虚高的信用评级，信用评级机构需要承担潜在的声誉损失成本和经济损失，为此评级机构会权衡虚高的信用评级所带来成本和收益，选择性地作出信用评级决策。声誉被认为是约束评级机构机会主义行为的有效机制，但是声誉机制能否影响信用评级质量目前仍存在争议。克拉夫特（2015）发现评级机构会为了迎合发行方的需求为其出具虚高的评级，但是当评级机构的声誉成本较高时，这种现象会减少。邢天才等（2016）、刘琳和查道林（2018）发现在我国声誉机制能够抑制评级机构竞争导致的评级虚高，提高债券信用评级质量。姚红宇（2019）发现在债券违约发生前，评级机构声誉的约束作用是失效的，未对评级机构的评级行为发挥约束作用；在债券违约发生后，评级机构声誉约束作用开始生效。孟庆斌等（2018）发现在中债资信市场份额较大、影响力较强的行业中的公司，评级虚高的问题得到抑制；而且，抑制效果产生的

---

① 国内评级市场取消了债项评级的强制披露，对主体评级的披露要求依旧是保留的。但是，如上所述，部分发债企业在债券发行时会选择对债项不进行评级。

原因是发行人付费评级机构的声誉机制。但是，马西斯等（2009）认为声誉无法约束评级公司，赫斯基和夏皮罗（Heski and Shapiro，2012）、博尔顿等（2012）认为在经济繁荣时，声誉损失较小，评级机构更有可能出具低质量评级。也就是说，关于声誉机制对评级质量影响的相关结论并不一致。

不过，中介机构声誉的作用在理论上被广泛认可（Chemmanur and Fulghieri，1994），因为声誉是中介机构最为重要的资产（Guembel and Rossetto，2009），也是信用评级行业有效运行的重要保障。如果投资者对信用评级的可靠性失去信任，那么其将不再关注评级机构给予企业的评级，信用评级也不再显著影响债券融资成本，企业也就降低了支付评级机构费用的意愿，这种市场力量促使评级机构更加关心其声誉（Booth and Smith，1986）。只是声誉机制能否有效发挥作用受到若干因素的影响。马西斯等（2009）提出只有当评级机构的主要收入来自其他途径而非信用评级业务时，声誉机制才能发挥效果。换言之，当信用评级业务成为评级机构的主要收入来源时，即使评级机构的声誉较好，信用评级水平依旧会被推高。此外，监管弱化会降低声誉成本，并进而导致信用评级机构迎合发债企业现象增多（Kraft，2015）。

声誉机制需要在良好的制度环境中才能实现"良币驱逐劣币"的约束作用。与取消强制评级制度同时进行的评级监管改革从以前的多头管理走向了统一监管，有利于以市场选择为依据的原则，从而体现评级机构通过市场积累的声誉。从长远来看，在"市场驱动"模式下，是否评级将由发行人自行决定，而发行人的评级需求又将取决于其债务工具的投资者。投资者是否认可受评对象的评级结果反过来会影响发行人对评级机构的选择，由此逐步建立起行业"声誉机制"，形成基于评级质量竞争的市场秩序，不断改善评级质量，更好地发挥风险揭示及定价功能。因此，基于以上分析，本书提出以下假设。

假设5.2：在强监管背景下，取消强制评级政策能够促使声誉机制更好地抑制评级迎合行为。

5.3　研究设计

5.3.1　实验设计与实验流程

本实验的目的在于探究取消强制评级政策对评级机构评级迎合行为的影响，以及声誉机制所发挥的作用。实验建立在以下前提假设之上。

（1）存在业界可以达成共识的合理的信用评级模型和信用评级水平。该前提假设是为了设定评级迎合行为以及迎合程度，因为如果没有行业共识的合理评级水平，那么就无法对评级机构的评级水平合理性进行判定，更无法估计评级迎合行为程度。而实际上合理的评级模型和信用评级水平是存在的，如二级市场债券的实际收益率就是市场对某种信用评级水平下的债券风险的估计。

（2）评级机构的专业胜任能力足以识别被评级单位的信用风险和漏洞。该前提假设是建立在发行人付费模式下，评级机构能够从发行人那里获得信用评级所需要的充分信息，能够给出发债企业合理的信用评级。若评级机构专业能力不足，那么就无法对评级机构给出的评级水平的合理性进行判定，更无法估计评级迎合行为程度。现实中，被监管机构认可的评级机构，其专业胜任能力足以识别被评级单位的信用风险和漏洞。本实验中均为发行人付费模式的信用评级机构，以简化不同付费模式影响不同带来的复杂性。

（3）所有被评级单位的非财务信息基本相同。实际信用评级模型包含了财务信息和非财务信息以及其他相关的信息，若相关因素太多、太复杂，会严重影响被试者的判断，为简化起见，研究中对非财务信息方面做了如上假定，使得被试者只需要对财务方面的差异进行判断。

（4）对每个被评级单位耗费的评级成本相同。评级收费中很重要的一点是需要考虑自身的劳动投入等成本因素，为了简化评级收费对评级迎合行为的影响，实验中对评级成本进行了如上假定，使得被试者只需要从净收益角度考察评级收费的合理性和定价逻辑的问题。

本实验在学校实验室进行，被试者同时进行实验。实验为情景模拟实验，被试者在实验中扮演评级机构高层的角色，有权决定对被评级单位出具不同等级的信用评级水平（为简化起见，实验中仅设定一个信用评级，不区分主体评级和债项评级）。

实验为两个情景下的实验：强制评级情景实验与非强制评级情景实验。第一个强制评级情景实验开始前，被试者会被告知目前的市场环境，即信用评级是强制性要求（实验中每个决策案例也有目前市场中对于评级要求的介绍）。第一个实验结束休息半个小时后，开始第二个非强制评级情景实验。同样地，实验开始前被试者同样会被告知目前市场环境的变化，即评级不再是强制性要求（实验中每个决策案例也有新的市场中对于评级要求的介绍）。两个情景实验都分为 12 轮，每轮结束后产生的后果将影响下一轮实验，即本轮获得报酬、被查处后的罚款金额不清零，累计到下一轮，直到 12 轮实验结束后计算总报酬。被试者在每一轮实验后都会被告知本轮实验的收益和累计收益，以帮助被试者了解自己的财务以及可能的破产情况。[①] 被试者在实验中最终获得的报酬与被试者实际得到的被试费挂钩，以提高实验的真实感。实验形式为上机操作，已根据实验流程设计程序软件，在每名被试者进行实验前，主试者告知其操作方法，引导被试者进行实验。具体实验流程如表 5 - 1 所示（两个情景实验的实验流程相同）。

表 5 - 1　　　　　　　　　　　　实验流程

顺序	实验程序
第 1 轮	
(1)	被试者进入评级机构的角色，形成实验之前需要形成的上述 4 条信念
(2)	向被试者提供一家被评级公司的背景信息和评级相关决策信息（计算机程序随机抽取 12 家中的一家）

---

① 若累计收益为负，则意味着被试者出现破产情况；为减少第 1 轮就出现被罚破产的情况，实验初始设置被试者有 300 万元的初始财富。

续表

顺序	实验程序
(3)	被试者根据所提供信息作出评级意见决策
(4)	根据本轮债券违约概率 λ_1，告知被试者被评级企业是否违约、是否被监管机构警告/整改以及被处罚的金额；同时显示被试者本轮的收益和累计收益
第 2~11 轮	
(1)	计算机程序随机抽取剩余公司中的一家，向被试者提供该公司的背景信息和评级相关决策信息
(2)	被试者根据所提供信息作出评级意见决策
(3)	根据每轮债券违约概率 λ_i（$i=2,3,4,\cdots,12$），告知被试者被评级企业是否违约、是否被监管机构警告/整改以及被处罚的金额；同时显示被试者本轮的收益和累计收益
第 12 轮	
(1)	步骤同以上几轮
(2)	根据被试者得到的报酬和被惩罚的金额计算其最终获得的收益

注：每轮的违约概率 $\lambda = 1 - (0.3 \times$ 总资产规模 $+ 0.1 \times$ 净资产收益率 $+ 0.2 \times$ 经营活动现金流入金额占净利润的比例 $+ 0.1 \times$ 销售收入增长率 $+ 0.1 \times$ 净利润增长率 $- 0.2 \times$ 资产负债率）；计算机程序会计算违约概率，每轮实验中违约是随机的。

因篇幅原因，实验中 24 家公司的具体信息未在正文中汇报，可参见本章附录 1 和附录 2。表 5-2 对 24 家被评级公司的财务情况进行了汇总。第 1~12 家公司为强制评级市场下的被评级企业，其中第 1~6 家公司的财务状况相对较好，第 7~12 家公司的财务状况相对较差。第 13~24 家公司为非强制评级市场下的被评级企业，其中第 13~18 家公司的财务状况相对较好，第 19~24 家公司的财务状况相对较差些。第 1~6 家公司和第 13~24 家公司除了所处的评级市场环境不同（强制评级 vs. 取消强制评级），财务情况基本相同；而第 7~12 家公司和第 19~24 家公司同样除了所处的评级市场环境不同（强制评级对比取消强制评级），财务情况基本相同，这样可以形成对照进行分析。另外，全部样本的债券发行规模和发行期限相同，从而减少发行规模和债务期限对信用评级的影响。

表5-2　　　　　　　　　　被评级公司财务情况

评级市场	序号	公司名称	资产（亿元）	负债率（%）	净资产收益率（%）	现金占利润比例（%）	销售增长率（%）	净利润增长率（%）	发行规模（亿元）	发行期限（年）
强制评级市场	1	QK	20.1	16	17	115	32	29	10	5
	2	HL	20.0	15	18	120	30	28	10	5
	3	QM	20.1	16	17	110	35	30	10	5
	4	ZJ	20.0	16	17	118	32	28	10	5
	5	BL	19.9	15	18	115	33	29	10	5
	6	JX	20.1	15	17	116	32	30	10	5
	7	JD	20.1	52	6.3	10	3.0	5.0	10	5
	8	HX	20.2	50	6.0	11	2.0	5.5	10	5
	9	AM	20.0	49	6.2	9	2.5	4.8	10	5
	10	JY	19.9	50	6.4	10	2.8	4.9	10	5
	11	KL	20.1	51	6.5	10	3.0	5.0	10	5
	12	LL	20.0	50	6.4	9	3.0	5.0	10	5
非强制评级市场	13	MG	20.1	16	17	115	32	29	10	5
	14	NM	20.1	15	18	120	30	28	10	5
	15	OL	20.1	16	17	110	35	30	10	5
	16	PS	20.0	16	17	118	32	28	10	5
	17	QL	19.9	15	18	115	33	29	10	5
	18	RW	20.1	16	17	116	32	30	10	5
	19	SF	20.1	52	6.3	10	3	5	10	5
	20	TW	20.2	50	6.0	11	2	6	10	5
	21	YD	20.0	49	6.2	9	3	5	10	5
	22	WL	19.9	50	6.4	10	3	5	10	5
	23	WT	20.1	51	6.5	10	3	5	10	5
	24	XM	20.0	50	6.4	9	3	5	10	5

表5-3汇总了以上24家被评级公司的合理评级、违约概率、不同评级水平下的评级付费（评级机构的评级报价）、评级机构的排名情况以及在出现违约情况下的预期监管情况。评级收费围绕合理评级设定了4档，其中3档高于合理评级，1档为合理评级。虽然有些评级机构可能非常重视声誉以及更加谨慎稳健，可能会出现低估发债企业的情况，但考虑到发

债企业不会接受比合理评级低的评级，低估情况不作考虑。以上设定可以根据实际评级与合理评级的差异度量评级迎合程度。高于合理评级的为过度评级或高估评级，即评级机构的评级迎合程度。

表5-3 被评级公司信用评级、评级收费及评级机构声誉情况

评级市场	序号	公司名称	合理评级	机构排名	合理报价（万元）	违约概率（%）	评级收费（万元）								预期约谈	预期罚款
							AAA	AAA-	AA+	AA	BB+	BB	BB-	B+		
强制评级市场	1	QK	AA	1	15	11.4	45	30	20	15					1	1
	2	HL	AA	1	15	12.7	44	29	19	8					1	1
	3	QM	AA	1	15	12.3	39	25	15	8					1	1
	4	ZJ	AA	6	13	11.4	42	28	18	13					1	1
	5	BL	AA	6	13	12.7	41	27	17	7					1	1
	6	JX	AA	6	13	12.3	36	23	13	7					1	1
	7	JD	B+	1	15	45.85					65	40	25	15	1	1
	8	HX	B+	1	15	46.65					64	39	24	10	1	1
	9	AM	B+	1	15	46.45					54	33	18	10	1	1
	10	JY	B+	6	13	45.85					61	37	23	13	1	1
	11	KL	B+	6	13	46.65					60	36	22	9	1	1
	12	LL	B+	6	13	46.45					51	30	15	9	1	1
非强制评级市场	13	MG	AA	1	15	11.4	45	30	20	15					1	1
	14	NM	AA	1	15	12.7	44	29	19	8					1	1
	15	OL	AA	1	15	12.3	39	25	15	8					1	1
	16	PS	AA	6	13	11.4	42	28	18	13					1	1
	17	QL	AA	6	13	12.7	41	27	17	7					1	1
	18	RW	AA	6	13	12.3	36	23	13	7					1	1
	19	SF	B+	1	15	45.85					65	40	25	15	1	1
	20	TW	B+	1	15	46.65					64	39	24	10	1	1
	21	YD	B+	1	15	46.45					54	33	18	10	1	1
	22	WL	B+	6	13	45.85					61	37	23	13	1	1
	23	WT	B+	6	13	46.65					60	36	22	9	1	1
	24	XM	B+	6	13	46.45					51	30	15	9	1	1

前12家公司（强制评级市场情景）整体与后12家公司（非强制评级市场情景）形成对比，以研究不同评级要求下评级机构的评级迎合行为。

而且，两种情景下都设定了优质公司（合理评级为 AA 的公司）与普通公司（合理评级为 B + 的公司），以研究评级机构对不同风险企业的风险决策差异。同时，两种情景下也都设定了声誉较好的评级机构（机构排名第 1）和声誉相对较差的评级机构（机构排名第 6），以研究评级机构声誉在评级迎合方面的影响。在评级机构排名相同、发债企业基本面相同（合理评级一致）的情况下也都设定了 3 种评级收费策略，以研究不同评级政策要求和评级机构声誉在不同收费策略下的评级迎合差异。① 以第 1 ~ 3 家发债企业为例，评级机构对第 1 家发债企业的评级报价是正常的报价水平和报价逻辑，即合理的评级对应合理的评级报价（15 万元），而提高信用评级意味着高风险，因此评级报价就越高；对第 2 家发债企业的评级报价则采取低价揽客策略，合理报价给予较低的报价（从 15 万元降低到 8 万元），但承担较高风险、收取合理的风险报酬；对第 3 家发债企业的评级报价采取低价竞争策略，对于全部评级报价都给出较低的报价，从而抢占市场。竞争越激烈，评级机构越有可能采用低价竞争策略争取客户，意味着低价竞争策略更容易导致评级机构的评级迎合行为，造成发债企业信用评级被高估。

5.3.2 实证模型

为检验取消强制评级政策、评级机构声誉对评级迎合行为的影响（评级机构高估发债企业信用评级），模型设定如下：

$$ResRating = \beta_0 + \beta_1 Compulsory + \beta_2 Reputation + \beta_3 Compulsory$$
$$\times Reputation + \beta_4 Fee + \beta_5 StandRating + \beta_6 PreDefault$$
$$+ \beta_7 PrePunish + \beta_8 PreWealth + \beta_9 Learning$$
$$+ \sum \beta_i Firm_i + \sum \beta_j Individual_j + \varepsilon \qquad (5.1)$$

① 鉴于实验已经对评级机构声誉、不同发债企业资质、评级收费等因素进行探讨，再加入更多监管方面的分析会使得实验轮次进一步增加影响实验效果，本次实验对外部市场环境做了统一设定，即严格的监管环境，只要债券出现违约，评级机构就会被约谈；若发现评级虚高，则评级机构会被处罚（没一罚三）。现实情况是目前的国内监管相对较为严格，这一假定也是符合现实情况的。

其中，*ResRating* 为评级机构对发债企业的评级迎合行为，采用评级机构给出的实际评级水平与合理信用评级之间的差异表征，该指标为正意味着过度评级（存在评级迎合行为），该指标为 0 意味着合理评级（不存在评级迎合），正值越大意味着评级迎合程度越高。信用评级水平按照阿方索等（2017）的量化方法对微调式信用等级（AAA +、AAA、AAA –、AA +、AA、AA –、A +、A、A –、BBB +、BBB、BBB –、BB +、BB、BB –、B +、B、B –、CCC、CC、C）依次赋值，其中最低级 C 赋值为 1，CC 赋值为 2，依次递增，最高级 AAA + 赋值为 21。若合理的信用评级水平（*StandRating*）为 AA +，评级机构给出的信用评级水平（*Rating*）为 AAA，则 *ResRating* 等于 20（AAA 对应 20）减去 18（AA + 对应 18），即过度评级为 2。稳健性检验中，本书也以虚拟变量的方式设定评级迎合行为，1 表示存在迎合（*ResRating* 大于 0），否则为 0。

Compulsory 为强制评级政策变量，采用实验中设定的是否存在强制评级政策要求表征。回归中采用虚拟变量表征，1 表示存在强制评级政策要求，0 表示取消强制评级政策。

Reputation 为评级机构声誉变量，采用实验中给出的评级机构市场排名表征。声誉是影响评级机构合理评级的重要机制，越是大型的评级机构往往越重视其声誉。排名越高的评级机构，其声誉相对越高；反之，排名越低的评级机构，其声誉相对越低。稳健性检验中，本书也采用虚拟变量表征 *Lrepu*，1 表示声誉相对较低（市场排名第 6），否则为 0。

Fee 为评级机构给出信用评级水平时的评级费用，采用实验中实际给出的评级水平对应的评级收费表征。评级收费类似于审计收费，在很大程度上取决于工作量以及承担的风险。本书在实验中对工作量以及基本风险做了相应控制和处理，因此评级机构给出的评级收费实际上相当于因承担额外风险而收取的费用。较高的评级收费会诱发评级机构更多的评级迎合行为，因此实验中需要对此动机进行控制。稳健性检验中，本书也采用了过度收费 *Resfee* 替换评级收费重新检验，过度收费即评级机构实际收取的评级收费减去该企业合理评级应当收取的评级收费。

考虑到发债企业的资质会严重影响评级机构对潜在违约风险的判断，

本书对评级机构的资质情况也进行了控制。*StandRating* 为发债企业合理的信用评级水平，采用实验中设定的合理评级水平并按照阿方索等（2017）的量化方法进行赋值。另外，评级机构对潜在风险的判断还包括之前是否违约以及之前是否被处罚等因素，因此也控制了相关的影响。*PreDefault* 表示上一轮是否出现违约（被评级企业出现违约会影响评级机构后续的决策），为哑变量，1 表示上轮出现违约，否则为 0；对于首轮实验，该变量为 0。*PrePunish* 表示上一轮是否被监管处罚（被监管机构处罚之后会显著影响评级机构后续的决策），为哑变量，1 表示上轮出现违约，否则为 0；对于首轮实验，该变量为 0。*PreWealth* 表征评级机构的财富水平以控制评级意见购买时的财富动机，为评级机构在上一轮结束时的累计收益（评级机构的初始财富为 300 万元）。考虑到被试者的风险厌恶程度以及对政策的预期会与实验的进度有一定的关系，即被试者存在学习曲线（*Learning*），因此，回归中采用实验的轮次表征学习曲线，若实验为第一轮，则 *Learning* 为 1，若为第 10 轮，则 *Learning* 为 10，以此类推。本书也对发债企业特征进行控制，*Firm* 为 24 家发债企业哑变量，以控制企业层面的其他未被控制的特征差异。同时，也对被试者的特征进行了控制，*Individual* 为 68 名被试者哑变量，以控制个人层面的其他未被控制的特征差异。

Compulsory 衡量强制评级政策对评级机构评级迎合行为的影响；若 $\beta_1 < 0$，则假设 5.1 得到验证。*Compulsory* × *Reputation* 为强制性评级政策与评级机构声誉的交叉变量，衡量声誉机制在缓解取消强制性评级政策对评级迎合行为的影响；若 $\beta_3 > 0$，则假设 5.2 得到验证。

5.3.3 样本与数据

本书的样本均来自实验，实验针对国内某重点大学经济与管理学院 44 名会计专业硕士研究生和 24 名工商管理本科生。实验分为两组，每组均有 12 轮，每轮会随机出现一个被评级单位的背景信息并要求被试者作为评级机构负责人选择评级意见，所以每个被试者会做出 24 个选择。因此，最终样本有 1632 个。实验在国内某重点大学经济与管理学院实验室上机测试。

5.4　实证分析

5.4.1　描述性统计

本书各变量的描述性统计结果如表 5 - 4 所示。信用评级迎合变量 *ResRating* 的均值为 1.336，最大值为 3，意味着信用评级迎合情况是明显存在的。而对评级迎合情况分组之后发现，1632 个样本中有 950 个样本存在评级高估的情况，即 58.2% 的发债企业存在评级机构对其评级迎合的行为；而且，533 例出现最高程度的高估，占总样本的 32.7%，占总迎合情况的 56.2%，意味着评级迎合倾向于更高程度的迎合。篇幅原因，其他变量不再赘述。

表 5 - 4　　　　　　　　　　　　**描述性统计**

变量	观测值	均值	标准差	最小值	中位数	最大值
ResRating	1632	1.336	1.309	0	1	3
Compulsory	1632	0.500	0.500	0	0.5	1
Reputation	1632	3.500	2.501	1	3.5	6
Fee	1632	24.860	15.579	7	18.5	65
StandRating	1632	11.500	5.501	6	11.5	17
PreDefault	1632	0.239	0.426	0	0	1
PrePunish	1632	0.089	0.285	0	0	1
PreWealth	1632	360.547	137.060	- 530	364	842

5.4.2　回归结果

表 5 - 5 列示了在是否存在强制评级政策下，声誉机制对评级机构评级迎合行为影响的回归结果。

表 5-5　　取消强制评级政策、评级机构声誉对评级迎合行为的影响

变量	预期符号	ResRating		
		(1)	(2)	(3)
Compulsory	-	-0.728 *** (-15.97)	-0.602 *** (-10.77)	-0.728 *** (-10.46)
Reputation	+		0.025 *** (3.90)	0.025 *** (3.90)
Compulsory × Reputation	+			0.126 *** (8.32)
Fee	+	0.072 *** (87.67)	0.072 *** (87.67)	0.072 *** (87.67)
StandRating	+	0.078 *** (22.85)	0.078 *** (22.85)	0.078 *** (22.85)
PreDefault	-	0.008 (0.51)	0.008 (0.51)	0.008 (0.51)
PrePunish	-	-0.086 *** (-2.87)	-0.086 *** (-2.87)	-0.086 *** (-2.87)
PreWealth	?	0.000 (0.40)	0.000 (0.40)	0.000 (0.40)
Learning	?	0.000 (0.23)	0.000 (0.23)	0.000 (0.23)
cons		-1.116 (-1.16)	-1.268 (-1.32)	-1.268 (-1.32)
Firm		控制	控制	控制
Individual		控制	控制	控制
N		1632	1632	1632
R^2		0.971	0.971	0.971

注: *** 表示在 1% 的水平上显著，括号中为经异方差调整后的 t 值。

表 5-5 中，第（1）列单独对取消强制评级政策对评级迎合行为的影响进行检验。强制评级变量 Compulsory 的回归系数在 1% 的水平上显著为负，即强制评级政策下，评级机构的评级迎合行为相对较低。也就是说，取消强制评级政策后，评级机构的评级迎合行为更为严重，符合预期，支持了假设 5.1。

第（2）列加入了对声誉机制的检验。强制评级变量 *Compulsory* 的回归系数在 1% 的水平上显著为负，支持假设 5.1。声誉变量 *Reputation* 的系数显著为正，意味着评级机构排名越低，评级迎合现象越明显，即声誉较低的评级机构会进行更多的评级迎合行为，而声誉较高的评级机构在迎合企业对高评级的要求方面更谨慎，体现了声誉机制的影响。当然，声誉机制发挥作用的前提是建立在较强的监管制度下，没有较高的声誉损失成本会造成"劣币驱逐良币"，声誉机制是无法建立的。这也是本实验在所有情景下都设定较强的监管措施的原因："如果发债公司在债券存续期间出现违约（违约概率在 12.7% 左右），你所在的信用评级机构则会被监管机构警告并进行整改；如发现评级虚高，则会被没收违约所得且处以 3 倍罚金。同时，信用评级机构的声誉也会受到一定的负面影响。"

第（3）列综合考察了取消强制评级政策和评级机构声誉对评级迎合行为的影响，依旧是设定较强监管措施下的情景。强制评级要求变量 *Compulsory* 的回归系数在 1% 的水平上显著为负，符合预期，假设 5.1 进一步得到验证。强制性评级政策与评级机构声誉的交叉变量 *Compulsory* × *Reputation* 的回归系数在 1% 的水平上显著为正，即取消强制评级政策增强了评级机构声誉对评级迎合行为的影响。也就是说，在取消强制评级政策之后，越是具有较高声誉的评级机构越不容易进行评级迎合行为。假设 5.2 得到验证。

总之，表 5-5 的回归结果表明，取消强制评级政策会导致更高的评级迎合行为。但是，取消强制评级政策会促使声誉机制更好地发挥作用，缓解评级机构的评级迎合行为。也就是说，虽然取消强制评级这一政策短期可能造成评级迎合情况增多，但声誉较好的评级机构会更好地约束自己的行为，审慎地进行评级。在较强的监管措施下，不审慎评级反而高估评级的评级机构更有可能被重罚，以致逐步被市场"出清"，从而实现"良币驱逐劣币"的情况，提升信用评级质量。当然，在任何市场环境下都不可能将"劣币"全部清除，但强化监管减少行业内的"怪相"是市场监管和市场健康发展的目标。

考虑到发债企业的资质影响评级机构对违约风险和预期声誉损失等问题的判断（陈关亭等，2021），表 5-6 将两类企业区分开进行回归检验。

表5-6　取消强制评级政策、评级机构声誉对评级迎合行为的影响（不同资质发债企业）

变量	ResRating				
	优质企业	普通企业	全部机构	高声誉机构	低声誉机构
	(1)	(2)	(3)	(4)	(5)
Compulsory	-0.664***	-0.467***	0.381***	0.327***	0.289***
	(-21.39)	(-14.56)	(5.75)	(5.66)	(4.88)
Reputation	0.053***	0.025***	0.012		
	(14.17)	(3.55)	(1.13)		
Compulsory × Reputation	0.108***	0.083***	-0.052***		
	(16.51)	(8.62)	(-3.16)		
StandRating			0.065***	0.068***	0.077***
			(15.89)	(17.60)	(22.14)
Compulsory × StandRating			-0.056***	-0.047***	-0.043***
			(-9.03)	(-8.87)	(-9.28)
Reputation × StandRating			0.002**		
			(2.41)		
Reputation × Compulsory × StandRating			0.008***		
			(5.83)		
Fee	0.091***	0.063***	0.072***	0.071***	0.073***
	(120.90)	(99.82)	(87.67)	(61.63)	(63.73)
PreDefault	-0.010	0.013	0.008	0.002	0.008
	(-0.71)	(0.85)	(0.51)	(0.06)	(0.39)
PrePunish	-0.047*	-0.024	-0.086***	-0.085**	-0.117***
	(-1.95)	(-0.95)	(-2.87)	(-2.13)	(-2.59)

续表

变量	ResRating 优质企业 (1)	普通企业 (2)	全部机构 (3)	高声誉机构 (4)	低声誉机构 (5)
PreWealth	0.000 (1.48)	0.000 (0.48)	0.000 (0.40)	-0.000 (-0.36)	0.000 (0.68)
Learning	-0.002 (-1.13)	-0.001 (-0.60)	0.000 (0.23)	0.002 (0.81)	-0.001 (-0.19)
cons	-0.403 (-0.55)	0.533 (0.30)	-1.189 (-1.24)	-0.594 (-0.43)	-1.598 (-1.08)
Firm	控制	控制	控制	控制	控制
Individual	控制	控制	控制	控制	控制
N	816	816	816	816	1632
R^2	0.987	0.978	0.971	0.970	0.975
回归系数差异检验					
$\beta_{(Reputation+Compulsory\times Reputation)(1)} = \beta_{(Reputation+Compulsory\times Reputation)(2)}$（Reputation+Compulsory×Reputation）的差异		0.000			
$\beta_{(StandRating+Compulsory\times StandRating)(4)} = \beta_{(StandRating+Compulsory\times StandRating)(5)}$（StandRating+Compulsory×StandRating）的差异					0.035
$\beta_{StandRating(4)} = \beta_{StandRating(5)}$ StandRating 的差异					0.064

注：***，** 和 * 分别表示在 1%、5% 和 10% 的水平上显著，括号中为经异方差调整后的 t 值。$\beta_{StandRating(4)} = \beta_{StandRating(5)}$ 表示第（4）列与第（5）列第 Fee 的回归系数差异检验，其余同。

表 5 - 6 中，第（1）列为优质企业（合理评级为 AA 的发债企业），第（2）列为普通企业（合理评级为 B + 的发债企业）。不论是对优质企业，还是对普通企业，评级机构的评级迎合行为都是存在的，因为 *Compulsory* 的系数在优质企业和在普通企业的回归中都显著为负。但是，在取消强制评级政策下，不同声誉水平的评级机构对两类企业的评级迎合行为存在明显差异。因为 *Compulsory × Reputation* 的回归系数在优质企业与普通企业组都在 1% 的水平上显著为正，而且统计上存在显著性差异。具体而言，在强制评级政策下，优质企业中声誉对评级迎合行为的影响程度为 0.161（0.053 + 0.108），在普通企业中该影响程度为 0.108（0.025 + 0.083），进一步系数差异检验显示前者的绝对值在统计上显著大于后者，即在强制评级政策下，声誉机制对普通企业的影响程度不如对优质企业的影响程度。在取消强制评级政策下，低声誉对普通企业的影响程度不如对优质企业的影响（0.083 在统计上小于 0.108）程度。也就是说，取消强制评级政策后，虽然对优质企业和普通企业都出现了更高的评级迎合行为，但是在对普通企业的评级迎合中声誉机制发挥了更重要的作用，对普通企业的评级迎合行为的变化相对较低。

第（3）列采用交叉变量方式检验了取消强制评级政策下，发债企业资质、机构声誉对评级迎合行为的影响。*StandRating* 的回归系数显著为正，与表 5 - 5 结果一致，即评级机构对优质企业的评级迎合行为更加严重。*Compulsory × StandRating* 的回归系数显著为负，意味着取消强制评级反而增加了对优质企业的评级迎合行为，进一步支持了表 5 - 5 的结论，即取消强制评级增加了评级迎合行为。*Reputation × Compulsory × StandRating* 的系数显著为正，表明取消强制评级增加了对优质企业的评级迎合行为，但在对普通企业的评级迎合中声誉机制发挥了更重要的作用，对普通企业的评级迎合行为的变化相对较低，进一步支持了假设 5.2。

第（4）列和第（5）列也将样本细分为高声誉评级机构与低声誉评级机构进行分组检验。*StandRating* 的回归系数依旧都显著为正，与表 5 - 5 和表 5 - 6 第（3）列全样本的回归结果一致，即不论对于高声誉评级机构还是低声誉评级机构，评级机构对优质企业的评级迎合行为都更加严重。

Compulsory × *StandRating* 的回归系数在两列中也都显著为负，意味着取消强制评级反而增加了对优质企业的评级迎合行为。不过，高声誉机构和低声誉机构在对不同资质企业的评级迎合上存在差异。具体而言，在强制评级政策下，对于高声誉评级机构，企业资质对评级迎合的影响程度为 0.021（0.068 − 0.047）；而对于低声誉评级机构，企业资质的影响程度为 0.034（0.077 − 0.043），差异为 0.013，进一步系数差异检验显示前者在统计上显著小于后者，即在强制评级政策下，低声誉评级机构的评级迎合行为对企业资质的敏感程度更高。而在取消强制评级政策下，对于高声誉评级机构，企业资质的影响程度为 0.068；对于低声誉评级机构，企业资质的影响程度为 0.077，两者之间的差异为 0.009，进一步系数差异检验显示两者差异显著，即在取消强制评级政策下，低声誉评级机构的评级迎合行为对企业资质的敏感程度更高。但是，从强制评级政策和非强制评级政策的对比来看，在取消强制评级政策下，低声誉评级机构对企业资质的敏感程度不如高声誉评级机构。也就是说，取消强制评级政策后，虽然高声誉评级机构和低声誉评级机构对优质企业和普通企业都出现了更高的评级迎合行为，但是在对普通企业的评级迎合中声誉机制发挥了更重要的作用，低声誉评级机构对普通企业的评级迎合行为的变化相对较低。也就是说，取消强制评级政策下，声誉机制作用的发挥主要体现在对普通企业（资质较差企业或者高风险企业）的评级迎合程度上，低声誉评级机构的迎合程度变得更高，而高声誉评级机构则相对谨慎一些。

　　总之，表 5 − 6 的结果表明，取消强制评级政策下，不论是高声誉评级机构还是低声誉评级机构，对优质企业和普通企业的评级迎合行为都变得更严重。但是，取消强制评级政策在评级机构对两类企业的评级迎合上存在明显差异。不论是高声誉评级机构还是低声誉评级机构，取消强制评级政策都导致了其对优质企业更严重的评级迎合行为，而低声誉评级机构对普通企业的评级迎合程度则相对较低，体现出声誉机制的作用。

　　由于债券违约会对评级机构的声誉造成一定的负面影响，尤其是在高估评级的情况下还会引致监管机构的高额罚金，评级机构在之前已经出现发债企业违约以及自身之前被处罚的情况下做出的评级迎合行为可能有所不同。

因此，表 5-7 分别对上轮是否违约以及上轮是否被处罚进行了分类回归。

表 5-7 强制评级政策、评级机构声誉机制对评级迎合行为的影响
（有无违约和处罚的对比）

变量	ResRating			
	上轮未违约	上轮违约	上轮未被罚	上轮被罚
	(1)	(2)	(3)	(4)
Compulsory	-0.726 ***	-0.631 ***	-0.731 ***	-0.576
	(-8.54)	(-4.23)	(-10.18)	(-1.35)
Reputation	0.022 ***	0.048 ***	0.024 ***	0.064 *
	(2.74)	(3.43)	(3.59)	(1.91)
Reputation × Compulsory	0.129 ***	0.095 ***	0.128 ***	0.037
	(6.83)	(2.99)	(8.10)	(0.42)
Fee	0.072 ***	0.071 ***	0.073 ***	0.064 ***
	(76.06)	(41.07)	(78.62)	(24.79)
StandRating	0.076 ***	0.081 ***	0.076 ***	0.072 ***
	(17.54)	(12.35)	(21.10)	(5.01)
PreDefault			0.005	
			(0.31)	
PrePunish		-0.062		
		(-1.64)		
PreWealth	-0.000	0.000 *	0.000	0.000 *
	(-0.38)	(1.67)	(0.27)	(1.77)
Learning	0.001	-0.006	0.000	0.001
	(0.47)	(-1.09)	(0.03)	(0.08)
cons	-1.499	-0.311	-1.526	9.987 *
	(-1.50)	(-0.11)	(-1.55)	(1.74)
Firm	控制	控制	控制	控制
Individual	控制	控制	控制	控制
N	1241	391	1486	146
R^2	0.973	0.974	0.973	0.984

回归系数差异检验

(*Reputation + Compulsory × Reputation*) 的差异	$\beta_{(Reputation + Compulsory \times Reputation)(1)}$ $=\beta_{(Reputation + Compulsory \times Reputation)(2)}$	0.987	
	$\beta_{(Reputation + Compulsory \times Reputation)(3)}$ $=\beta_{(Reputation + Compulsory \times Reputation)(4)}$	0.893	

注：*** 和 * 分别表示在 1% 和 10% 的水平上显著，括号中为经异方差调整后的 t 值。$\beta_{(Reputation + Compulsory \times Reputation)(1)} = \beta_{(Reputation + Compulsory \times Reputation)(2)}$ 表示第（1）列与第（2）列 *Fee* 的回归系数差异检验，其余同。

表 5-7 中，第（1）列为上轮未违约的样本，*Compulsory* 和 *Compulsory* × *Reputation* 的系数与之前基本一致，即假设 5.1 和假设 5.2 得到验证；而第（2）列为上轮违约的样本，*Compulsory* 和 *Compulsory* × *Reputation* 的系数和显著性都符合预期。强制评级政策下，对于高声誉评级机构，企业资质对评级迎合的影响程度为 0.151（0.022 + 0.129）；而对于低声誉评级机构，企业资质对评级迎合的影响程度为 0.143（0.048 + 0.095），差异为 0.008，进一步系数差异检验显示前者在统计上显著小于后者，即在强制评级政策下，低声誉评级机构的评级迎合行为对企业资质的敏感程度更高。

第（3）列为上轮未被罚的样本，*Compulsory* 和 *Compulsory* × *Reputation* 的系数与之前基本一致，即假设 5.1 和假设 5.2 得到验证；第（4）列为上轮被罚的样本，显示 *Compulsory* × *Reputation* 的系数不显著。对于高声誉评级机构，企业资质对评级迎合的影响程度为 0.152（0.024 + 0.128）；而对于低声誉评级机构，取消强制评级则无显著影响，即如果评级机构因高估评级导致上一轮被监管机构处罚了，取消强制评级并不会改变评级机构在之前被罚后的评级行为，声誉机制的影响也没有明显差异，可能的原因在于被处罚后，不论高声誉评级机构还是低声誉评级机构，其评级迎合行为都降低了，声誉机制的增强作用不明显。

5.4.3 稳健性检验

1. 变更评级迎合行为的衡量方式

本书也以虚拟变量的方式设定评级迎合变量，*Dumrating* 为哑变量，1 表示存在信用评级迎合行为，即 *ResRating* 大于 0，否则为 0。回归结果见表 5-8 第（1）列。强制性评级变量 *Compulsory* 和 *Compulsory* × *Reputation* 的系数符号与之前一致，也都显著，说明取消强制评级政策使得评级出现更严重的迎合更加明显。假设 5.1 和假设 5.2 都得到验证。

2. 变更评级机构声誉的衡量方式

本书也以虚拟变量的方式设定评级机构声誉变量，*Lrepu* 为哑变量，

表5-8　强制评级政策、评级机构声誉机制对评级迎合行为的影响（稳健性检验）

变量	Overrate (1)	Lrepu (2)	Resfee (3)	Lfee (4)	剔除财富为负 (5)	剔除破产样本 (6)	剔除第一轮 (7)	剔除本本生 (8)
Compulsory	-0.244*** (-3.22)	-0.602*** (-10.77)	-0.728*** (-10.46)	-0.572*** (-10.23)	-0.748*** (-10.69)	-0.726*** (-10.42)	-0.740*** (-10.21)	-0.695*** (-7.47)
Reputation	0.011 (1.16)	0.127*** (3.90)	-0.004 (-0.54)	0.037*** (11.23)	0.024*** (3.63)	0.024*** (3.66)	0.024*** (3.67)	0.029*** (3.48)
Compulsory × Reputation	0.048*** (2.65)	0.632*** (8.32)	0.126*** (8.32)	0.096*** (9.08)	0.130*** (8.48)	0.127*** (8.26)	0.128*** (8.18)	0.127*** (6.28)
Fee	0.022*** (47.45)	0.072*** (87.67)	0.072*** (87.67)	1.914*** (149.14)	0.073*** (84.87)	0.073*** (82.48)	0.072*** (81.47)	0.072*** (73.81)
StandRating	0.034*** (9.03)	0.078*** (22.85)	0.078*** (22.85)	0.041*** (25.67)	0.078*** (22.24)	0.076*** (21.97)	0.078*** (22.04)	0.076*** (16.18)
PreDefault	0.001 (0.06)	0.008 (0.51)	0.008 (0.51)	-0.011 (-0.77)	0.011 (0.72)	0.012 (0.77)	0.005 (0.34)	0.010 (0.50)

续表

变量	Overrate (1)	Lrepu (2)	Resfee (3)	Lfee (4)	剔除财富为负 (5)	剔除破产样本 (6)	剔除第一轮 (7)	剔除本科生 (8)
PrePunish	-0.074*** (-2.84)	-0.086*** (-2.87)	-0.086*** (-2.87)	-0.006 (-0.26)	-0.069** (-2.26)	-0.054* (-1.76)	-0.081*** (-2.71)	-0.114*** (-2.81)
PreWealth	0.000** (2.12)	0.000 (0.40)	0.000 (0.40)	-0.000 (-1.44)	0.000*** (2.63)	0.000*** (2.92)	0.000 (0.07)	0.000 (1.25)
Learning	-0.003* (-1.79)	0.000 (0.23)	0.000 (0.23)	0.002 (1.36)	-0.004* (-1.65)	-0.004* (-1.79)	0.001 (0.25)	0.000 (0.11)
cons	-0.887 (-0.46)	-1.243 (-1.30)	-0.159 (-0.17)	-3.943*** (-2.98)	-1.431 (-1.44)	-1.473 (-1.49)	-0.792 (-0.85)	-1.337 (-1.16)
Firm	控制	控制	控制	控制	控制	控制	控制	控制
Individual	控制	控制	控制	控制	控制	控制	控制	控制
N	1632	1632	1632	1632	1599	1588	1496	1056
R^2	0.779	0.971	0.971	0.981	0.971	0.971	0.972	0.971

注：***、**和*分别表示在1%、5%和10%的水平上显著，括号中为经异方差调整后的 t 值。

1 表示评级机构在行业内排名第 6，否则为 0。回归结果见表 5 - 8 第（2）列，结论仍然稳健。强制性评级变量 *Compulsory* 和 *Compulsory* × *Reputation* 的系数都依旧显著，与预期一致，假设 5.1 和假设 5.2 都得到验证。

3. 变更评级收费的衡量方式

考虑到评级迎合在很大程度上也受到收费问题的影响，本书也采用过度收费 *ResFee* 替换评级收费 *Fee* 重新检验，过度收费即评级机构实际收取的评级收费减去该企业合理评级应当收取的评级收费。回归结果见表 5 - 8 的第（3）列。强制性评级变量 *Compulsory* 和 *Compulsory* × *Reputation* 的系数都依旧显著，与预期一致，假设 5.1 和假设 5.2 都得到验证。评级收费变量的变化并不影响结论的成立。本书也对评级收费进行对数化，$Lfee = \ln(Fee + 1)$，采用取自然对数后的评级收费进行回归，回归结果见表 5 - 8 的第（4）列。强制性评级变量 *Compulsory* 和 *Compulsory* × *Reputation* 的系数都依旧显著，与预期一致，假设 5.1 和假设 5.2 都得到验证。

4. 剔除破产样本

实验中出现了因评级迎合导致监管处罚的情况，更为严重的是出现了累积财富为负的情况（即评级机构出现破产），这些情境下可能造成被试者（评级机构）更多的机会主义行为，影响研究结论。因此，本书剔除了这部分样本重新回归，表 5 - 8 第（5）列仅剔除了本轮实验前财富为负（破产）的样本，第（6）列则剔除了从第一次出现财富为负的全部样本（即第一次破产后就不能再在评级市场存活，进行评级业务）。结果都符合预期，假设 5.1 和假设 5.2 依旧都得到了验证。

5. 剔除第一轮样本

考虑到首轮实验并不存在上一轮是否违约和上一轮是否被处罚，将上一轮是否违约和是否被处罚设定为 0 可能会影响回归结果，因此，本书也将第 1 轮实验样本全部剔除重新进行回归，结果见表 5 - 8 的第（7）列，显示结果依旧与之前一致，假设 5.1 和假设 5.2 都得到验证。

6. 剔除本科生样本①

考虑到本科生在社会经验等方面的不足，并可能影响数据的可靠性，本书剔除了本科生样本，结果见表 5 - 8 第（8）列，显示结果依旧与之前一致，假设 5.1 和假设 5.2 都得到验证。

▶ 5.5　进一步检验

取消强制评级政策对评级机构的迎合行为产生了显著的影响，但声誉机制有利于改善这种情况。那么，取消强制评级政策除了有利于声誉机制发挥作用之外，是否可以抑制高评级收费带来的评级迎合行为以及增加监管的威慑作用呢？表 5 - 9 对此进行了进一步检验。

表 5 - 9　　　　　　取消强制评级政策下的评级迎合行为

变量	ResRating	
	评级收费的影响	监管处罚的影响
	（1）	（2）
Compulsory	- 0.758 *** (- 8.65)	- 0.727 *** (- 10.45)
Reputation	0.025 *** (3.89)	0.025 *** (3.88)
Compulsory × Reputation	0.129 *** (8.06)	0.126 *** (8.32)
Fee	0.072 *** (69.27)	0.072 *** (87.66)
Compulsory × Fee	0.001 (0.63)	
PrePunish	- 0.086 *** (- 2.87)	- 0.070 * (- 1.77)

---

① 本书对本科生样本也单独做了回归，结果与全样本一致。简洁起见，未在此报告。

续表

变量	ResRating	
	评级收费的影响	监管处罚的影响
	（1）	（2）
Compulsory × PrePunish		−0.030 （−0.59）
StandRating	0.078*** （22.10）	0.078*** （22.87）
PreDefault	0.008 （0.51）	0.008 （0.52）
PreWealth	0.000 （0.29）	0.000 （0.43）
Learning	0.001 （0.26）	0.000 （0.20）
cons	−1.334 （−1.36）	−1.272 （−1.32）
Firm	控制	控制
Individual	控制	控制
N	1632	1632
R^2	0.971	0.971

注：***和*分别表示在1%和10%的水平上显著，括号中为经异方差调整后的t值。

表5-9中，第（1）列为取消强制评级政策对评级收费与评级迎合行为关系的影响。强制评级变量 *Compulsory* 和 *Compulsory × Reputation* 的系数符号和显著性与之前一致，进一步支持了假设5.1和假设5.2。评级收费 *Fee* 依旧显著为正，即评级收费越高，越容易造成评级迎合行为，符合预期。*Compulsory × Fee* 的系数为正，但不显著，即取消强制评级政策并没有造成高评级收费导致评级迎合行为更加严重。虽然取消强制评级并没有抑制评级收费造成的评级迎合行为，但至少没有导致其更加恶化。

第（2）列为取消强制评级政策对监管处罚与评级迎合行为关系的影响。同样地，*Compulsory* 和 *Compulsory × Reputation* 的系数符号和显著性符合预期，支持假设 5.1 和假设 5.2。上一轮被处罚会减少评级迎合行为（*PrePunish* 的系数显著为负），交叉变量 *Compulsory* × *PrePunish* 的系数虽然为负，但在统计上不显著，即取消强制评级政策并没有进一步强化监管处罚对评级迎合行为的抑制作用。

　　总之，表 5-9 的结果表明，虽然取消强制评级并没有抑制高评级收费造成的评级迎合行为，但至少没有导致其更加恶化；而且，取消强制评级政策也没有进一步强化监管处罚对评级迎合行为的抑制作用。

　　本书在研究设计中也考虑了评级机构的收费策略，以研究不同评级政策要求和评级机构声誉在不同收费策略下的评级迎合行为差异。如实验设计中表述的：以第 1~3 家发债企业为例，评级机构对第 1 家发债企业的评级报价是正常的报价水平和报价逻辑，即合理的评级对应合理的评级报价（15 万元），而提高信用评级意味着高风险，因此评级报价就越高；对第 2 家发债企业的评级报价采用低价揽客策略，合理报价给予较低的报价（从 15 万元降低到 8 万元），但承担较高风险则收取合理的风险报酬；对第 3 家发债企业的评级报价采用低价竞争策略，对于全部评级报价都给出较低的报价，从而抢占市场。虽然以上检验在模型中控制了评级收费的影响，但是未考虑整体的评级策略上的差异和影响。本书进一步探讨在强制评级政策下，机构声誉对评级机构评级策略和评级迎合行为的影响。本书设定评级策略变量 *Strategy*，0 表示正常收费策略（实验样本中的第 1/4/7/10/13/16/19/22 家公司），1 表示低价揽客策略（实验样本中的第 2/5/8/11/14/20/23 家公司），2 表示低价竞争策略（实验样本中的第 3/6/9/12/15/21/24 家公司）。*Strategy* 越大，意味着评级机构的低价竞争策略越严重。回归结果见表 5-10。

表 5-10　　取消强制评级政策、评级机构收费策略与评级迎合行为

变量	ResRating	
	评级收费的影响	监管处罚的影响
	(1)	(2)
Strategy	0.201 *** (5.24)	0.178 *** (3.48)

续表

变量	ResRating	
	评级收费的影响	监管处罚的影响
	(1)	(2)
Compulsory	−0.200* (−1.86)	−0.299*** (−2.69)
Compulsory × Strategy	0.115* (1.78)	0.172*** (2.83)
Reputation	0.025*** (3.90)	0.018 (0.87)
Reputation × Strategy		0.004 (0.34)
Reputation × Compulsory		0.060** (2.48)
Reputation × Compulsory × Strategy		−0.032** (−2.24)
Fee	0.072*** (87.67)	0.072*** (87.67)
StandRating	0.078*** (22.85)	0.078*** (22.85)
PrePunish	0.008 (0.51)	0.008 (0.51)
PreDefault	−0.086*** (−2.87)	−0.086*** (−2.87)
PreWealth	0.000 (0.40)	0.000 (0.40)
Learning	0.000 (0.23)	0.000 (0.23)
cons	−1.670* (−1.73)	−1.624* (−1.68)
Firm	控制	控制
Individual	控制	控制
N	1632	1632
R^2	0.971	0.971

注：　***、**和*分别表示在1%、5%和10%的水平上显著，括号中为经异方差调整后的t值。

表5-10中，第（1）列检验了取消强制评级政策对评级机构评级策略导致的评级迎合行为的影响。评级策略变量 *Strategy* 的回归系数显著为正，意味着低价竞争策略会导致评级迎合行为更严重。评级机构之间的低价竞争对于发债企业而言是有好处的，因为发债企业可以用更低的成本换取更高的信用评级，甚至用相同的成本换取更高的信用评级。发债企业更加愿意和容易接受较低的评级报价，而评级机构较低的评级报价也更加容易获得该业务。因此，低价竞争程度越严重，越容易导致评级机构的迎合行为。强制评级变量 *Compulsory* 的系数依旧显著为负，意味着取消强制评级会导致评级机构迎合行为更加严重；而交叉变量 *Compulsory* × *Strategy* 的系数在1%的水平上显著为正，意味着强制评级政策下，低价竞争策略导致的评级迎合行为更加严重。也就是说，取消强制评级政策有利于缓解低价竞争策略导致的评级迎合行为。

第（2）列进一步考察了评级机构声誉的影响。评级策略变量 *Strategy* 的回归系数依旧显著为正，强制评级变量 *Compulsory* 的系数也依旧显著为负，交叉变量 *Compulsory* × *Strategy* 的系数显著为正，都与第（1）列一致，即低价竞争策略导致的评级迎合行为更加严重，取消强制评级会导致评级机构迎合行为更加严重，但是取消强制评级政策有利于缓解低价竞争策略导致的评级迎合行为。*Reputation* × *Compulsory* 的系数依旧显著为正，即声誉机制有利于缓解取消强制评级政策导致的更为严重的评级迎合行为。*Reputation* × *Compulsory* × *Strategy* 的系数显著为负，意味着声誉机制并没有抑制利用低价竞争策略的评级迎合行为，反而是声誉高的评级机构更多地利用这种策略进行迎合行为。

总之，表5-10的结果表明，评级机构的低价竞争策略会造成更为严重的评级迎合行为，而取消强制评级政策有利于缓解低价竞争策略导致的评级迎合行为。声誉机制有利于减少评级迎合行为，在取消强制评级政策后，声誉机制抑制评级迎合行为的作用更大。但是，声誉机制并没有抑制利用低价竞争策略的评级迎合行为，反而是声誉高的评级机构更多地利用这种策略进行迎合行为。

▶ 5.6　结论

自 2020 年 12 月中国人民银行、国家发展改革委、中国证监会联合发布《公司信用类债券信息披露管理办法》以来，我国逐步取消了银行间市场和交易所市场债券发行的强制评级监管要求，将是否需要评级的需求交还给市场来决定。那么，是否会如监管部门预期的那样，信用评级市场逐步转型到"市场驱动"，信用评级质量会得到提升呢？本书以情景模拟实验产生的数据为研究样本，实证研究了取消强制评级政策、评级机构声誉对评级迎合行为的影响。研究发现：（1）取消强制评级政策下，不论是高声誉评级机构还是低声誉评级机构，对优质企业和普通企业的评级迎合行为都变得更严重。但是，取消强制评级政策在评级机构对两类企业的评级迎合上存在明显差异。不论是高声誉评级机构还是低声誉评级机构，取消强制评级政策都导致了对优质企业更严重的评级迎合行为，而低声誉评级机构对普通企业的评级迎合程度则相对较低。（2）虽然取消强制评级并没有抑制评级收费造成的评级迎合行为，但至少没有导致其更加恶化。而且，取消强制评级政策也没有进一步强化监管处罚对评级迎合行为的抑制作用。（3）评级机构的低价竞争策略会造成更为严重的评级迎合行为，而取消强制评级政策有利于缓解低价竞争策略导致的评级迎合行为。声誉机制有利于减少评级迎合行为，在取消强制评级政策后，声誉机制抑制评级迎合行为的作用更大。但是，声誉机制并没有抑制利用低价竞争策略的评级迎合行为，反而是声誉高的评级机构更多地利用这种策略进行迎合行为。

结果表明，虽然取消强制信用评级这一政策会造成更严重的评级迎合，但迎合行为更多地出现于声誉较差的评级机构，声誉较好的评级机构会更好地约束自己的行为，审慎地进行评级。信用评级机构针对不同资质的企业存在不同的评级迎合倾向，对于合理信用评级较高的企业，评级机构的评级迎合程度较高。本书的研究结果可以为监管机构指定的取消强制评级政策提供经验证据和有力支撑，为该政策的进一步完善执行起到借鉴和指导作用，为信用评级机构的政策法规提供理论基础和实证支持。

本书的研究还存在一些局限之处。（1）采用情景模拟实验，被试者为工商管理专业本科生及会计专业硕士研究生，其所作出的信用评级决策可能与现实评级机构从业人员所作的决策存在差异。但是，由于被试者具备相应的财务基础及信用风险识别能力，一定程度上弥补了以上不足。（2）业界内各评级机构的信用评级模型以及评级标准的差异度较高，评级机构的专业程度和评估师的胜任能力参差不齐，被评级企业的公开信息及非公开信息存在不好识别的问题，信用评级环境更加复杂多变，增大了对被评级企业的评级难度，可能导致实验的结果存在偏差。

附录 1　强制信用评级下的公司情况

1. QK 控股集团有限公司（以下简称 QK 公司）成立于 2003 年，于 2011 年在上海证券交易所注册上市。公司主要经营范围为煤炭的洗选、加工，矿产品的开发与经营，开展煤炭、铁路、电力经营的配套服务，能源与环保技术开发与利用、技术转让、技术咨询、技术服务，进出口业务，化工产品、化工材料、建筑材料、机械设备的销售。该公司 2021 年末总资产为 20.1 亿元，负债率为 16%，净资产收益率为 17%，经营活动现金流入净额为净利润的 115%。过去 3 年销售收入复合增长率为 32%，净利润复合增长率为 29%。公司计划于 2022 年发行 10 亿元 5 年期的公司债。

监管要求企业发行债券必须有评级机构给出的信用评级，也就是说发债企业必须找一家评级机构给其债券进行评级，否则无法在债券市场融资。目前市场上评级机构有 10 家，市场份额最大的为 30%，排名第 2~5 位评级机构的市场占有率分别为 18%、15%、12% 和 10%，剩余 5 家评级机构的市场份额每家 2%~5% 不等。你所在的评级机构目前在评级行业排名第 1，该公司聘请你所在的评级机构对其主体进行信用评级。

基于以上企业基本面情况进行的风险评估，你所在的信用评级机构认为 QK 公司合理的主体信用评级水平为 AA 级。而考虑到对 QK 公司评级业务所付出的成本，合理的报价为 15 万元。QK 公司认可该合理评级 AA 级，但认为费用还需要进行沟通。同时，发债企业也表示愿意为更高的评级付出高一些的报酬。但是，如果发债公司在债券存续期间出现违约（违约概率在 11.4% 左右），你所在的信用评级机构则会被监管机构警告并进行整改；如发现评级虚高，则会被没收违约所得且处以 3 倍罚金。同时，信用评级机构的声誉也会受到一定的负面影响。这种情况下，你所在的评级机构权衡考虑后，给出 QK 公司的评级水平和收费报价为＿＿＿＿＿＿。

（1）AAA 级 45 万元　　（2）AAA－级 30 万元　　（3）AA＋级 20 万元
（4）AA 级 15 万元

2. HL 股份有限公司（以下简称 HL 公司）成立于 2003 年，于 2014 年在上海证券交易所注册上市，是国家重点支持的高新技术企业，控股股东为地级市国资委，主要经营范围为复合材料、电子绝缘材料、覆铜板材料的生产、销售、技术开发及技术咨询服务，经营进出口业务，自有房屋租赁。该公司 2021 年末总资产为 20.0 亿元，负债率为 15%，净资产收益率为 18%，经营活动现金流入净额为净利润的 120%。过去 3 年销售收入复合增长率为 30%，净利润复合增长率为 28%。公司计划于 2022 年发行 10 亿元 5 年期的公司债。

监管要求企业发行债券必须有评级机构给出的信用评级，即发债企业必须找一家评级机构给其债券进行评级，否则无法在债券市场融资。目前市场上评级机构有 10 家，市场份额最大的为 30%，排名第 2～5 位评级机构的市场占有率分别为 18%、15%、12% 和 10%，剩余 5 家评级机构的市场份额每家 2%～5% 不等。你所在的评级机构目前在评级行业排名第 1，该公司聘请你所在的评级机构对其主体进行信用评级。

基于以上企业基本面情况进行的风险评估，你所在的信用评级机构认为 HL 公司合理的主体信用评级水平为 AA 级。而考虑到对 HL 公司评级业务所付出的成本，合理的报价为 15 万元。HL 公司认可该合理评级 AA 级，但认为费用还需要进行沟通。同时，发债企业也表示愿意为更高的评级付出高一些的报酬。但是，如果发债公司在债券存续期间出现违约（违约概率在 12.7% 左右），你所在的信用评级机构则会被监管机构警告并进行整改；如发现评级虚高，则会被没收违约所得且处以 3 倍罚金。同时，信用评级机构的声誉也会受到一定的负面影响。这种情况下，你所在的评级机构权衡考虑后，给出 HL 公司的评级水平和收费报价为＿＿＿＿＿＿。

（1）AAA 级 44 万元　　（2）AAA － 级 29 万元　　（3）AA ＋ 级 19 万元

（4）AA 级 8 万元

3. QM 股份有限公司（以下简称 QM 公司）成立于 2002 年，由某国资控股公司等股东共同投资，于 2010 年在深圳证券交易所注册上市，公司主要经营范围为无尘无菌净化系统、设备及其周边机电、仪控产品的生产、组装，并提供设计、咨询、调试、维修服务。该公司 2021 年末总资产为 20.1 亿元，负债率为 16%，净资产收益率为 17%，经营活动现金流入净额为净利润的 110%。过去 3 年销售收入复合增长率为 35%，净利润复合增长率为 30%。公司计划于 2022 年发行 10 亿元 5 年期的公司债。

监管要求企业发行债券必须有评级机构给出的信用评级，即发债企业必须找一家评级机构给其债券进行评级，否则无法在债券市场融资。目前市场上评级机构有 10 家，市场份额最大的为 30%，排名第 2 ~ 5 位评级机构的市场占有率分别为 18%、15%、12% 和 10%，剩余 5 家评级机构的市场份额每家 2% ~ 5% 不等。你所在的评级机构目前在评级行业排名第 1，该公司聘请你所在的评级机构对其主体进行信用评级。

基于以上企业基本面情况进行的风险评估，你所在的信用评级机构认为 QM 公司合理的主体信用评级水平为 AA 级。而考虑到对 QM 公司评级业务所付出的成本，合理的报价为 15 万元。QM 公司认可该合理评级 AA 级，但认为费用还需要进行沟通。同时，发债企业也表示愿意为更高的评级付出高一些的报酬。但是，如果发债公司在债券存续期间出现违约（违约概率在 12.3% 左右），你所在的信用评级机构则会被监管机构警告并进行整改；如发现评级虚高，则会被没收违约所得且处以 3 倍罚金。同时，信用评级机构的声誉也会受到一定的负面影响。这种情况下，你所在的评级机构权衡考虑后，给出 QM 公司的评级水平和收费报价为＿＿＿＿＿。

（1）AAA 级 39 万元　　（2）AAA - 级 25 万元　　（3）AA + 级 15 万元

（4）AA 级 8 万元

4. ZJ 控股集团有限公司（以下简称 ZJ 公司）成立于 2005 年，于 2010 年在上海证券交易所注册上市。公司主要经营范围为商品染料的生产，燃料及助剂、化工产品的技术开发、技术转让、技术服务及销售，以及上述产品的原辅材料、机械设备及零配件、包装产品的销售。该公司 2021 年末总资产为 20.0 亿元，负债率为 16%，净资产收益率为 17%，经营活动现金流入净额为净利润的 118%。过去 3 年销售收入复合增长率为 32%，净利润复合增长率为 28%。公司计划于 2022 年发行 10 亿元 5 年期的公司债。

监管要求企业发行债券必须有评级机构给出的信用评级，即发债企业必须找一家评级机构给其债券进行评级，否则无法在债券市场融资。目前市场上评级机构有 10 家，市场份额最大的为 30%，排名第 2 ~ 5 位评级机构的市场占有率分别为 18%、15%、12% 和 10%，剩余 5 家评级机构的市场份额每家 2% ~ 5% 不等。你所在的评级机构目前在评级行业排名第 6，该公司聘请你所在的评级机构对其主体进行信用评级。

基于以上企业基本面情况进行的风险评估，你所在的信用评级机构认为 ZJ 公司合理的主体信用评级水平为 AA 级。而考虑到对 ZJ 公司评级业务所付出的成本，合理的报价为 13 万元。ZJ 公司认可该合理评级 AA 级，但认为费用还需要进行沟通。同时，发债企业也表示愿意为更高的评级付出高一些的报酬。但是，如果发债公司在债券存续期间出现违约（违约概率在 11.4% 左右），你所在的信用评级机构则会被监管机构警告并进行整改；如发现评级虚高，则会被没收违约所得且处以 3 倍罚金。同时，信用评级机构的声誉也会受到一定的负面影响。这种情况下，你所在的评级机构权衡考虑后，给出 ZJ 公司的评级水平和收费报价为＿＿＿＿＿。

（1）AAA 级 42 万元　　（2）AAA - 级 28 万元　　（3）AA + 级 18 万元

（4）AA 级 13 万元

5. BL 股份有限公司（以下简称 BL 公司）成立于 2002 年，于 2010 年在深圳证券交易所注册上市，公司主要经营范围为机械零部件的生产销售，汽车、内燃机、压缩机及摩托车零部件的生产销售，机床设备及配件的生产销售。该公司 2021 年末总资产为 19.9 亿元，负债率为 15%，净资产收益率为 18%，经营活动现金流入净额为净利润的 115%。过去 3 年销售收入复合增长率为 33%，净利润复合增长率为 29%。公司计划于 2022 年发行 10 亿元 5 年期的公司债。

监管要求企业发行债券必须有评级机构给出的信用评级，即发债企业必须找一家评级机构给其债券进行评级，否则无法在债券市场融资。目前市场上评级机构有 10 家，市场份额最大的为 30%，排名第 2~5 位评级机构的市场占有率分别为 18%、15%、12% 和 10%，剩余 5 家评级机构的市场份额每家 2%~5% 不等。你所在的评级机构目前在评级行业排名第 6，该公司聘请你所在的评级机构对其主体进行信用评级。

基于以上企业基本面情况进行的风险评估，你所在的信用评级机构认为 BL 公司合理的主体信用评级水平为 AA 级。而考虑到对 BL 公司评级业务所付出的成本，合理的报价为 13 万元。BL 公司认可该合理评级 AA 级，但认为费用还需要进行沟通。同时，发债企业也表示愿意为更高的评级付出高一些的报酬。但是，如果发债公司在债券存续期间出现违约（违约概率在 12.7% 左右），你所在的信用评级机构则会被监管机构警告并进行整改；如发现评级虚高，则会被没收违约所得且处以 3 倍罚金。同时，信用评级机构的声誉也会受到一定的负面影响。这种情况下，你所在的评级机构权衡考虑后，给出 BL 公司的评级水平和收费报价为＿＿＿＿＿。

（1）AAA 级 41 万元　　（2）AAA - 级 27 万元　　（3）AA + 级 17 万元

（4）AA 级 7 万元

6. JX 股份有限公司（以下简称 JX 公司）成立于 2000 年，于 2011 年在上海证券交易所注册上市，公司主要经营范围为计算机软硬件技术开发、生产、销售。该公司 2021 年末总资产为 20.1 亿元，负债率为 15%，净资产收益率为 17%，经营活动现金流入净额为净利润的 116%。过去

3 年销售收入复合增长率为 32%，净利润复合增长率为 30%。公司计划于 2022 年发行 10 亿元 5 年期的公司债。

监管要求企业发行债券必须有评级机构给出的信用评级，即发债企业必须找一家评级机构给其债券进行评级，否则无法在债券市场融资。目前市场上评级机构有 10 家，市场份额最大的为 30%，排名第 2～5 位的市场占有率分别为 18%、15%、12% 和 10%，剩余 5 家评级机构的市场份额每家 2%～5% 不等。你所在的评级机构目前在评级行业排名第 6，该公司聘请你所在的评级机构对其主体进行信用评级。

基于以上企业基本面情况进行的风险评估，你所在的信用评级机构认为 JX 公司合理的主体信用评级水平为 AA 级。而考虑到对 JX 公司评级业务所付出的成本，合理的报价为 13 万元。JX 公司认可该合理评级 AA 级，但认为费用还需要进行沟通。同时，发债企业也表示愿意为更高的评级付出高一些的报酬。但是，如果发债公司在债券存续期间出现违约（违约概率在 12.3% 左右），你所在的信用评级机构则会被监管机构警告并进行整改；如发现评级虚高，则会被没收违约所得且处以 3 倍罚金。同时，信用评级机构的声誉也会受到一定的负面影响。这种情况下，你所在的评级机构权衡考虑后，给出 JX 公司的评级水平和收费报价为＿＿＿＿＿。

（1）AAA 级 36 万元　　（2）AAA－级 23 万元　　（3）AA＋级 13 万元
（4）AA 级 7 万元

7. JD 股份有限公司（以下简称 JD 公司）成立于 2002 年，于 2012 年在深圳证券交易所注册上市，是一家专注于新材料研发、生产和销售的高新技术产业，公司经营范围为 EVA 太阳能电池胶膜、太阳能电池背板、热熔胶膜的生产、销售，新材料、新设备、新能源的技术开发、进出口业务。该公司 2021 年末总资产为 20.1 亿元，负债率为 52%，净资产收益率为 6.3%，经营活动现金流入净额为净利润的 10%。过去 3 年销售收入复合增长率为 3.0%，净利润复合增长率为 5.0%。公司计划于 2022 年发行 10 亿元 5 年期的公司债。

监管要求企业发行债券必须有评级机构给出的信用评级，即发债企业必须找一家评级机构给其债券进行评级，否则无法在债券市场融资。目前市场上评级机构有 10 家，市场份额最大的为 30%，排名第 2~5 位评级机构的市场占有率分别为 18%、15%、12% 和 10%，剩余 5 家评级机构的市场份额每家 2%~5% 不等。你所在的评级机构目前在评级行业排名第 1，该公司聘请你所在的评级机构对其主体进行信用评级。

基于以上企业基本面情况进行的风险评估，你所在的信用评级机构认为 JD 公司合理的主体信用评级水平为 B+级。而考虑到对 JD 公司评级业务所付出的成本，合理的报价为 15 万元。JD 公司认同该合理评级 B+级，但认为费用还需要进行沟通。同时，发债企业也表示愿意为更高的评级付出高一些的报酬。但是，如果发债公司在债券存续期间出现违约（违约概率在 45.85% 左右），你所在的信用评级机构则会被监管机构警告并提交评级资料，进行整改；如果发现评级虚高，则会被没收违约所得且处以 3 倍罚金。同时，信用评级机构的声誉也会受到一定的负面影响。这种情况下，你所在的评级机构权衡考虑后，给出 JD 公司的评级水平和收费报价为_____。

（1）BB+级 65 万元　　（2）BB 级 40 万元　　（3）BB-级 25 万元

（4）B+级 15 万元

8. HX 股份有限公司（以下简称 HX 公司）成立于 2001 年，于 2011 年在上海证券交易所注册上市，主要经营范围为计算机软件开发、软件技术咨询服务，网络游戏创意策划、研发制作及商业化运营。该公司 2021 年末总资产为 20.2 亿元，负债率为 50%，净资产收益率为 6.0%，经营活动现金流入净额为净利润的 11%。过去 3 年销售收入复合增长率为 2.0%，净利润复合增长率为 5.5%。公司计划于 2022 年发行 10 亿元 5 年期的公司债。

监管要求企业发行债券必须有评级机构给出的信用评级，即发债企业必须找一家评级机构给其债券进行评级，否则无法在债券市场融资。目前市场上评级机构有 10 家，市场份额最大的为 30%，排名第 2~5 位评级机构的市场占有率分别为 18%、15%、12% 和 10%，剩余 5 家评级机构的市场份额每家 2%~5% 不等。你所在的评级机构目前在评级行业排名第 1，该公司聘请你所在的评级机构对其主体进行信用评级。

基于以上企业基本面情况进行的风险评估，你所在的信用评级机构认为 HX 公司合理的主体信用评级水平为 B+级。而考虑到对 HX 公司评级业务所付出的成本，合理的报价为 15 万元。HX 公司认同该合理评级 B+级，但认为费用还需要进行沟通。同时，发债企业也表示愿意为更高的评级付出高一些的报酬。但是，如果发债公司在债券存续期间出现违约（违约概率在 46.65% 左右），你所在的信用评级机构则会被监管机构警告并提交评级资料，进行整改；如果发现评级虚高，则会被没收违约所得且处以 3 倍罚金。同时，信用评级机构的声誉也会受到一定的负面影响。这种情况下，你所在的评级机构权衡考虑后，给出 HX 公司的评级水平和收费报价为＿＿＿＿＿＿。

（1）BB+级 64 万元　　（2）BB 级 39 万元　　（3）BB-级 24 万元

（4）B+级 10 万元

9. AM 股份有限公司（以下简称 AM 公司）成立于 2003 年，于 2012 年在深圳证券交易所注册上市，主要经营范围为通信及计算机软硬件技术开发、生产、销售，通信及计算机网络工程技术咨询、技术培训。该公司 2021 年末总资产为 20.0 亿元，负债率为 49%，净资产收益率为 6.2%，经营活动现金流入净额为净利润的 9%。过去 3 年销售收入复合增长率为 2.5%，净利润复合增长率为 4.8%。公司计划于 2022 年发行 10 亿元 5 年期的公司债。

监管要求企业发行债券必须有评级机构给出的信用评级，即发债企业必须找一家评级机构给其债券进行评级，否则无法在债券市场融资。目前市场上评级机构有 10 家，市场份额最大的为 30%，排名第 2~5 位评级机构的市场占有率分别为 18%、15%、12% 和 10%，剩余 5 家评级机构的市场份额每家 2%~5% 不等。你所在的评级机构目前在评级行业排名第 1，该公司聘请你所在的评级机构对其主体进行信用评级。

基于以上企业基本面情况进行的风险评估，你所在的信用评级机构认为 AM 公司合理的主体信用评级水平为 B + 级。而考虑到对 AM 公司评级业务所付出的成本，合理的报价为 15 万元。AM 公司认同该合理评级 B + 级，但认为费用还需要进行沟通。同时，发债企业也表示愿意为更高的评级付出高一些的报酬。但是，如果发债公司在债券存续期间出现违约（违约概率在 46.45% 左右），你所在的信用评级机构则会被监管机构警告并提交评级资料，进行整改；如果发现评级虚高，则会被没收违约所得且处以 3 倍罚金。同时，信用评级机构的声誉也会受到一定的负面影响。这种情况下，你所在的评级机构权衡考虑后，给出 AM 公司的评级水平和收费报价为_____。

（1）BB + 级 54 万元　　（2）BB 级 33 万元　　（3）BB - 级 18 万元

（4）B + 级 10 万元

10. JY 股份有限公司（以下简称 JY 公司）成立于 2001 年，于 2010 年在上海证券交易所注册上市，主营舰船、舰船配套产品、海洋工程及装备、能源装备、交通装备和环保装备等机械电子设备的设计、研制。该公司 2021 年末总资产为 19.9 亿元，负债率为 50%，净资产收益率为 6.4%，经营活动现金流入净额为净利润的 10%。过去 3 年销售收入复合增长率为 2.8%，净利润复合增长率为 4.9%。公司计划于 2022 年发行 10 亿元 5 年期的公司债。

监管要求企业发行债券必须有评级机构给出的信用评级，即发债企业必须找一家评级机构给其债券进行评级，否则无法在债券市场融资。目前市场上评级机构有 10 家，市场份额最大的为 30%，排名第 2 ~ 5 位评级机构的市场占有率分别为 18%、15%、12% 和 10%，剩余 5 家评级机构的市场份额每家 2% ~ 5% 不等。你所在的评级机构目前在评级行业排名第 6，该公司聘请你所在的评级机构对其主体进行信用评级。

基于以上企业基本面情况进行的风险评估，你所在的信用评级机构认为 JY 公司合理的主体信用评级水平为 B + 级。而考虑到对 JY 公司评级业务所付出的成本，合理的报价为 13 万元。JY 公司认同该合理评级 B + 级，但认为费用还需要进行沟通。同时，发债企业也表示愿意为更高的评级付出高一些的报酬。但是，如果发债公司在债券存续期间出现违约（违约概率在 45.85% 左右），你所在的信用评级机构则会被监管机构警告并提交评级资料，进行整改；如果发现评级虚高，则会被没收违约所得且处以 3 倍罚金。同时，信用评级机构的声誉也会受到一定的负面影响。这种情况下，你所在的评级机构权衡考虑后，给出 JY 公司的评级水平和收费报价为_____。

（1）BB + 级 61 万元　　（2）BB 级 37 万元　　（3）BB − 级 23 万元

（4）B + 级 13 万元

11. KL 股份有限公司（以下简称 KL 公司）成立于 2001 年，于 2010 年在深圳证券交易所注册上市，主要经营范围是氢电池、锂电池等电池业务，新能源的技术开发、进出口业务。该公司 2021 年末总资产为 20.1 亿元，负债率为 51%，净资产收益率为 6.5%，经营活动现金流入净额为净利润的 10%。过去 3 年销售收入复合增长率为 3.0%，净利润复合增长率为 5.0%。公司计划于 2019 年发行 10 亿元 5 年期的公司债。

监管要求企业发行债券必须有评级机构给出的信用评级，即发债企业必须找一家评级机构给其债券进行评级，否则无法在债券市场融资。目前市场上评级机构有 10 家，市场份额最大的为 30%，排名第 2 ~ 5 位评级机构的市场占有率分别为 18%、15%、12% 和 10%，剩余 5 家评级机构的市场份额每家 2% ~ 5% 不等。你所在的评级机构目前在评级行业排名第 6，该公司聘请你所在的评级机构对其主体进行信用评级。

基于以上企业基本面情况进行的风险评估，你所在的信用评级机构认为 KL 公司合理的主体信用评级水平为 B + 级。而考虑到对 KL 公司评级业务所付出的成本，合理的报价为 13 万元。KL 公司认同该合理评级 B + 级，但认为费用还需要进行沟通。同时，发债企业也表示愿意为更高的评级付出高一些的报酬。但是，如果发债公司在债券存续期间出现违约（违约概率在 46.65% 左右），你所在的信用评级机构则会被监管机构警告并提交评级资料，进行整改；如果发现评级虚高，则会被没收违约所得且处以 3 倍罚金。同时，信用评级机构的声誉也会受到一定的负面影响。这种情况

下，你所在的评级机构权衡考虑后，给出 KL 公司的评级水平和收费报价
为_____。

（1）BB + 级 60 万元　　（2）BB 级 36 万元　　（3）BB – 级 22 万元

（4）B + 级 9 万元

12. LL 股份有限公司（以下简称 LL 公司）成立于 1998 年，于 2009
年在上海证券交易所注册上市，主要经营范围为卫生用品的制造和销售。
该公司 2021 年末总资产为 20.0 亿元，负债率为 50%，净资产收益率为
6.4%，经营活动现金流入净额为净利润的 9%。过去 3 年销售收入复合增
长率为 3.0%，净利润复合增长率为 5.0%。公司计划于 2022 年发行 10 亿
元 5 年期的公司债。

监管要求企业发行债券必须有评级机构给出的信用评级，即发债企业
必须找一家评级机构给其债券进行评级，否则无法在债券市场融资。目前
市场上评级机构有 10 家，市场份额最大的为 30%，排名第 2 ~ 5 位评级机
构的市场占有率分别为 18%、15%、12% 和 10%，剩余 5 家评级机构的市
场份额每家 2% ~ 5% 不等。你所在的评级机构目前在评级行业排名第 6，
该公司聘请你所在的评级机构对其主体进行信用评级。

基于以上企业基本面情况进行的风险评估，你所在的信用评级机构认
为 LL 公司合理的主体信用评级水平为 B + 级。而考虑到对 LL 公司评级业
务所付出的成本，合理的报价为 13 万元。LL 公司认同该合理评级 B + 级，
但认为费用还需要进行沟通。同时，发债企业也表示愿意为更高的评级付
出高一些的报酬。但是，如果发债公司在债券存续期间出现违约（违约概
率在 46.45% 左右），你所在的信用评级机构则会被监管机构警告并提交评
级资料，进行整改；如果发现评级虚高，则会被没收违约所得且处以 3 倍
罚金。同时，信用评级机构的声誉也会受到一定的负面影响。这种情况
下，你所在的评级机构权衡考虑后，给出 LL 公司的评级水平和收费报价
为_____。

（1）BB + 级 51 万元　　（2）BB 级 30 万元　　（3）BB – 级 15 万元

（4）B + 级 9 万元

附录 2   取消强制评级政策下的公司情况

1. MG 控股集团有限公司（以下简称 MG 公司）成立于 2003 年，于 2011 年在上海证券交易所注册上市。公司主要经营范围为煤炭的洗选、加工，矿产品的开发与经营，开展煤炭、铁路、电力经营的配套服务，能源与环保技术开发与利用、技术转让、技术咨询、技术服务，进出口业务，化工产品、化工材料、建筑材料、机械设备的销售。该公司 2021 年末总资产为 20.1 亿元，负债率为 16%，净资产收益率为 17%，经营活动现金流入净额为净利润的 115%。过去 3 年销售收入复合增长率为 32%，净利润复合增长率为 29%。公司计划于 2022 年发行 10 亿元 5 年期的公司债。

监管取消了之前强制要求企业发行债券时必须有评级机构给予的信用评级的规定，企业可以根据自身情况来选择或者不选择聘请评级机构给予信用评级。这一规定造成市场上一些企业不再聘请评级机构评级，评级机构面临收入大幅下滑的问题。而市场上评级机构有 10 家，市场份额最大的为 30%，排名第 2~5 位评级机构的市场占有率分别为 18%、15%、12% 和 10%，剩余 5 家评级机构的市场份额每家 2%~5% 不等。你所在的评级机构目前在评级行业排名第 1，该公司聘请你所在的信用评级机构对其主体进行信用评级。

基于以上企业基本面情况进行的风险评估，你所在的信用评级机构认为 MG 公司合理的主体信用评级水平为 AA 级。而考虑到对 MG 公司评级业务所付出的成本，合理的报价为 15 万元。MG 公司认同该合理评级 AA 级，但认为费用还需要进行沟通。同时，发债企业也表示愿意为更高的评级付出高一些的报酬。但是，如果发债公司在债券存续期间出现违约（违约概率在 11.4% 左右），你所在的信用评级机构则会被监管机构警告并提交评级资料，进行整改；如果发现评级虚高，则会被没收违约所得且处以 3 倍罚金。同时，信用评级机构的声誉也会受到一定的负面影响。这种情况下，你所在的评级机构权衡考虑后，给出 MG 公司的评级水平和收费报价为_____。

　　（1）AAA 级 45 万元　　（2）AAA - 级 30 万元　　（3）AA + 级 20 万元

　　（4）AA 级 15 万元

　　2. NM 股份有限公司（以下简称 NM 公司）成立于 2003 年，于 2014 年在上海证券交易所注册上市，是国家重点支持的高新技术企业，控股股东为地级市国资委，主要经营范围为复合材料、电子绝缘材料、覆铜板材料的生产、销售、技术开发及技术咨询服务，经营进出口业务，自有房屋租赁。该公司 2021 年末总资产为 20.0 亿元，负债率为 15%，净资产收益率为 18%，经营活动现金流入净额为净利润的 120%。过去 3 年销售收入复合增长率为 30%，净利润复合增长率为 28%。公司计划于 2022 年发行 10 亿元 5 年期的公司债。

　　监管取消了之前强制要求企业发行债券时必须有评级机构给予的信用评级的规定，企业可以根据自身情况来选择或者不选择聘请评级机构给予信用评级。这一规定造成市场上一些企业不再聘请评级机构评级，评级机构面临收入大幅下滑的问题。而市场上评级机构有 10 家，市场份额最大的为 30%，排名第 2 ~ 5 位评级机构的市场占有率分别为 18%、15%、12% 和 10%，剩余 5 家评级机构的市场份额每家 2% ~ 5% 不等。你所在的评级机构目前在评级行业排名第 1，该公司聘请你所在的信用评级机构对其主体进行信用评级。

　　基于以上企业基本面情况进行的风险评估，你所在的信用评级机构认为 NM 公司合理的主体信用评级水平为 AA 级。而考虑到对 NM 公司评级业务所付出的成本，合理的报价为 15 万元。NM 公司认同该合理评级 AA 级，但认为费用还需要进行沟通。同时，发债企业也表示愿意为更高的评级付出高一些的报酬。但是，如果发债公司在债券存续期间出现违约（违约概率在 12.7% 左右），你所在的信用评级机构则会被监管机构警告并提交评级资料，进行整改；如果发现评级虚高，则会被没收违约所得且处以 3 倍罚金。同时，信用评级机构的声誉也会受到一定的负面影响。这种情况下，你所在的评级机构权衡考虑后，给出 NM 公司的评级水平和收费报价为_____。

    （1）AAA 级 44 万元   （2）AAA - 级 29 万元   （3）AA + 级 19 万元

    （4）AA 级 8 万元

    3. OL 股份有限公司（以下简称 OL 公司）成立于 2002 年，由某国资控股公司等股东共同投资，于 2010 年在深圳证券交易所注册上市，公司主要经营范围为无尘无菌净化系统、设备及其周边机电、仪控产品的生产、组装，并提供设计、咨询、调试、维修服务。该公司 2021 年末总资产为20.1 亿元，负债率为 16%，净资产收益率为 17%，经营活动现金流入净额为净利润的 110%。过去 3 年销售收入复合增长率为 35%，净利润复合增长率为 30%。公司计划于 2022 年发行 10 亿元 5 年期的公司债。

    监管取消了之前强制要求企业发行债券时必须有评级机构给予的信用评级的规定，企业可以根据自身情况来选择或者不选择聘请评级机构给予信用评级。这一规定造成市场上一些企业不再聘请评级机构评级，评级机构面临收入大幅下滑的问题。而市场上评级机构有 10 家，市场份额最大的为 30%，排名第 2 ~ 5 位评级机构的市场占有率分别为 18%、15%、12%和 10%，剩余 5 家评级机构的市场份额每家 2% ~ 5% 不等。你所在的评级机构目前在评级行业排名第 1，该公司聘请你所在的信用评级机构对其主体进行信用评级。

    基于以上企业基本面情况进行的风险评估，你所在的信用评级机构认为 OL 公司合理的主体信用评级水平为 AA 级。而考虑到对 OL 公司评级业务所付出的成本，合理的报价为 15 万元。OL 公司认同该合理评级 AA 级，但认为费用还需要进行沟通。同时，发债企业也表示愿意为更高的评级付出高一些的报酬。但是，如果发债公司在债券存续期间出现违约（违约概率在 12.3% 左右），你所在的信用评级机构则会被监管机构警告并提交评级资料，进行整改；如果发现评级虚高，则会被没收违约所得且处以 3 倍罚金。同时，信用评级机构的声誉也会受到一定的负面影响。这种情况下，你所在的评级机构权衡考虑后，给出 OL 公司的评级水平和收费报价为_____。

（1）AAA 级 39 万元　　（2）AAA - 级 25 万元　　（3）AA + 级 15 万元
（4）AA 级 8 万元

4. PS 控股集团有限公司（以下简称 PS 公司）成立于 2005 年，于 2010 年在上海证券交易所注册上市。公司主要经营范围为商品染料的生产，燃料及助剂、化工产品的技术开发、技术转让、技术服务及销售，以及上述产品的原辅材料、机械设备及零配件、包装产品的销售。该公司 2021 年末总资产为 20.0 亿元，负债率为 16%，净资产收益率为 17%，经营活动现金流入净额为净利润的 118%。过去 3 年销售收入复合增长率为 32%，净利润复合增长率为 28%。公司计划于 2022 年发行 10 亿元 5 年期的公司债。

监管取消了之前强制要求企业发行债券时必须有评级机构给予的信用评级的规定，企业可以根据自身情况来选择或者不选择聘请评级机构给予信用评级。这一规定造成市场上一些企业不再聘请评级机构评级，评级机构面临收入大幅下滑的问题。而市场上评级机构有 10 家，市场份额最大的为 30%，排名第 2 ~ 5 位评级机构的市场占有率分别为 18%、15%、12% 和 10%，剩余 5 家评级机构的市场份额每家 2% ~ 5% 不等。你所在的评级机构目前在评级行业排名第 6，该公司聘请你所在的信用评级机构对其主体进行信用评级。

基于以上企业基本面情况进行的风险评估，你所在的信用评级机构认为 PS 公司合理的主体信用评级水平为 AA 级。而考虑到对 PS 公司评级业务所付出的成本，合理的报价为 13 万元。PS 公司认同该合理评级 AA 级，但认为费用还需要进行沟通。同时，发债企业也表示愿意为更高的评级付出高一些的报酬。但是，如果发债公司在债券存续期间出现违约（违约概率在 11.4% 左右），你所在的信用评级机构则会被监管机构警告并提交评级资料，进行整改；如果发现评级虚高，则会被没收违约所得且处以 3 倍罚金。同时，信用评级机构的声誉也会受到一定的负面影响。这种情况下，你所在的评级机构权衡考虑后，给出 PS 公司的评级水平和收费报价为_____。

（1）AAA 级 42 万元 （2）AAA - 级 28 万元 （3）AA + 级 18 万元
（4）AA 级 13 万元

5. QL 股份有限公司（以下简称 QL 公司）成立于 2002 年，于 2010 年在深圳证券交易所注册上市，公司主要经营范围为机械零部件的生产销售，汽车、内燃机、压缩机及摩托车零部件的生产销售，机床设备及配件的生产销售。该公司 2021 年末总资产为 19.9 亿元，负债率为 15%，净资产收益率为 18%，经营活动现金流入净额为净利润的 115%。过去 3 年销售收入复合增长率为 33%，净利润复合增长率为 29%。公司计划于 2022 年发行 10 亿元 5 年期的公司债。

监管取消了之前强制要求企业发行债券时必须有评级机构给予的信用评级的规定，企业可以根据自身情况来选择或者不选择聘请评级机构给予信用评级。这一规定造成市场上一些企业不再聘请评级机构评级，评级机构面临收入大幅下滑的问题。而市场上评级机构有 10 家，市场份额最大的为 30%，排名第 2~5 位评级机构的市场占有率分别为 18%、15%、12% 和 10%，剩余 5 家评级机构的市场份额每家 2%~5% 不等。你所在的评级机构目前在评级行业排名第 6，该公司聘请你所在的信用评级机构对其主体进行信用评级。

基于以上企业基本面情况进行的风险评估，你所在的信用评级机构认为 QL 公司合理的主体信用评级水平为 AA 级。而考虑到对 QL 公司评级业务所付出的成本，合理的报价为 13 万元。QL 公司认同该合理评级 AA 级，但认为费用还需要进行沟通。同时，发债企业也表示愿意为更高的评级付出高一些的报酬。但是，如果发债公司在债券存续期间出现违约（违约概率在 12.7% 左右），你所在的信用评级机构则会被监管机构警告并提交评级资料，进行整改；如果发现评级虚高，则会被没收违约所得且处以 3 倍罚金。同时，信用评级机构的声誉也会受到一定的负面影响。这种情况下，你所在的评级机构权衡考虑后，给出 QL 公司的评级水平和收费报价为＿＿＿＿＿。

（1）AAA 级 41 万元 （2）AAA - 级 27 万元 （3）AA + 级 17 万元

（4）AA 级 7 万元

6. RW 股份有限公司（以下简称 RW 公司）成立于 2000 年，于 2011 年在上海证券交易所注册上市，公司主要经营范围为计算机软硬件技术开发、生产、销售。该公司 2021 年末总资产为 20.1 亿元，负债率为 15%，净资产收益率为 17%，经营活动现金流入净额为净利润的 116%。过去 3 年销售收入复合增长率为 32%，净利润复合增长率为 30%。公司计划于 2022 年发行 10 亿元 5 年期的公司债。

监管取消了之前强制要求企业发行债券时必须有评级机构给予的信用评级的规定，企业可以根据自身情况来选择或者不选择聘请评级机构给予信用评级。这一规定造成市场上一些企业不再聘请评级机构评级，评级机构面临收入大幅下滑的问题。而市场上评级机构有 10 家，市场份额最大的为 30%，排名第 2~5 位评级机构的市场占有率分别为 18%、15%、12% 和 10%，剩余 5 家评级机构的市场份额每家 2%~5% 不等。你所在的评级机构目前在评级行业排名第 6，该公司聘请你所在的信用评级机构对其主体进行信用评级。

基于以上企业基本面情况进行的风险评估，你所在的信用评级机构认为 RW 公司合理的主体信用评级水平为 AA 级。而考虑到对 RW 公司评级业务所付出的成本，合理的报价为 13 万元。RW 公司认同该合理评级 AA 级，但认为费用还需要进行沟通。同时，发债企业也表示愿意为更高的评级付出高一些的报酬。但是，如果发债公司在债券存续期间出现违约（违约概率在 12.3% 左右），你所在的信用评级机构则会被监管机构警告并提交评级资料，进行整改；如果发现评级虚高，则会被没收违约所得且处以 3 倍罚金。同时，信用评级机构的声誉也会受到一定的负面影响。这种情况下，你所在的评级机构权衡考虑后，给出 RW 公司的评级水平和收费报价为_____。

（1）AAA 级 36 万元　　（2）AAA - 级 23 万元　　（3）AA + 级 13 万元

（4）AA 级 7 万元

7. SF 股份有限公司（以下简称 SF 公司）成立于 2002 年，于 2012 年在深圳证券交易所注册上市，是一家专注于新材料研发、生产和销售的高新技术产业，公司经营范围为 EVA 太阳能电池胶膜、太阳能电池背板、热熔胶膜的生产、销售，新材料、新设备、新能源的技术开发、进出口业务。该公司 2021 年末总资产为 20.1 亿元，负债率为 52%，净资产收益率为 6.3%，经营活动现金流入净额为净利润的 10%。过去 3 年销售收入复合增长率为 3%，净利润复合增长率为 5%。公司计划于 2022 年发行 10 亿元 5 年期的公司债。

监管取消了之前强制要求企业发行债券时必须有评级机构给予的信用评级的规定，企业可以根据自身情况来选择或者不选择聘请评级机构给予信用评级。这一规定造成市场上一些企业不再聘请评级机构评级，评级机构面临收入大幅下滑的问题。而市场上评级机构有 10 家，市场份额最大的为 30%，排名第 2~5 位评级机构的市场占有率分别为 18%、15%、12% 和 10%，剩余 5 家评级机构的市场份额每家 2%~5% 不等。你所在的评级机构目前在评级行业排名第 1，该公司聘请你所在的信用评级机构对其主体进行信用评级。

基于以上企业基本面情况进行的风险评估，你所在的信用评级机构认为 SF 公司合理的主体信用评级水平为 B + 级。而考虑到对 SF 公司评级业务所付出的成本，合理的报价为 15 万元。SF 公司认同该合理评级 B + 级，但认为费用还需要进行沟通。同时，发债企业也表示愿意为更高的评级付出高一些的报酬。但是，如果发债公司在债券存续期间出现违约（违约概率在 45.85% 左右），你所在的信用评级机构则会被监管机构警告并提交评级资料，进行整改；如果发现评级虚高，则会被没收违约所得且处以 3 倍罚金。同时，信用评级机构的声誉也会受到一定的负面影响。这种情况下，你所在的评级机构权衡考虑后，给出 SF 公司的评级水平和收费报价为_____。

（1）BB + 级 65 万元　　（2）BB 级 40 万元　　（3）BB − 级 25 万元

（4）B + 级 15 万元

8. TW 股份有限公司（以下简称 TW 公司）成立于 2001 年，于 2011 年在上海证券交易所注册上市，主要经营范围为计算机软件开发、软件技术咨询服务，网络游戏创意策划、研发制作及商业化运营。该公司 2021 年末总资产为 20.2 亿元，负债率为 50%，净资产收益率为 6.0%，经营活动现金流入净额为净利润的 11%。过去 3 年销售收入复合增长率为 2%，净利润复合增长率为 6%。公司计划于 2022 年发行 10 亿元 5 年期的公司债。

监管取消了之前强制要求企业发行债券时必须有评级机构给予的信用评级的规定，企业可以根据自身情况来选择或者不选择聘请评级机构给予信用评级。这一规定造成市场上一些企业不再聘请评级机构评级，评级机构面临收入大幅下滑的问题。而市场上评级机构有 10 家，市场份额最大的为 30%，排名第 2 ~ 5 位评级机构的市场占有率分别为 18%、15%、12% 和 10%，剩余 5 家评级机构的市场份额每家 2% ~ 5% 不等。你所在的评级机构目前在评级行业排名第 1，该公司聘请你所在的信用评级机构对其主体进行信用评级。

基于以上企业基本面情况进行的风险评估，你所在的信用评级机构认为 TW 公司合理的主体信用评级水平为 B + 级。而考虑到对 TW 公司评级业务所付出的成本，合理的报价为 15 万元。TW 公司认同该合理评级 B + 级，但认为费用还需要进行沟通。同时，发债企业也表示愿意为更高的评级付出高一些的报酬。但是，如果发债公司在债券存续期间出现违约（违约概率在 46.65% 左右），你所在的信用评级机构则会被监管机构警告并提交评级资料，进行整改；如果发现评级虚高，则会被没收违约所得且处以 3 倍罚金。同时，信用评级机构的声誉也会受到一定的负面影响。这种情况下，你所在的评级机构权衡考虑后，给出 TW 公司的评级水平和收费报价为_____。

（1）BB + 级 64 万元　　（2）BB 级 39 万元　　（3）BB - 级 24 万元

（4）B + 级 10 万元

9. YD 股份有限公司（以下简称 YD 公司）成立于 2003 年，于 2012 年在深圳证券交易所注册上市，主要经营范围为通信及计算机软硬件技术开发、生产、销售，通信及计算机网络工程技术咨询、技术培训。该公司2021 年末总资产为 20.0 亿元，负债率为 49%，净资产收益率为 6.2%，经营活动现金流入净额为净利润的 9%。过去 3 年销售收入复合增长率为 3%，净利润复合增长率为 5%。公司计划于 2022 年发行 10 亿元 5 年期的公司债。

监管取消了之前强制要求企业发行债券时必须有评级机构给予的信用评级的规定，企业可以根据自身情况来选择或者不选择聘请评级机构给予信用评级。这一规定造成市场上一些企业不再聘请评级机构评级，评级机构面临收入大幅下滑的问题。而市场上评级机构有 10 家，市场份额最大的为 30%，排名第 2 ~ 5 位评级机构的市场占有率分别为 18%、15%、12% 和 10%，剩余 5 家评级机构的市场份额每家 2% ~ 5% 不等。你所在的评级机构目前在评级行业排名第 1，该公司聘请你所在的信用评级机构对其主体进行信用评级。

基于以上企业基本面情况进行的风险评估，你所在的信用评级机构认为 YD 公司合理的主体信用评级水平为 B + 级。而考虑到对 YD 公司评级业务所付出的成本，合理的报价为 15 万元。YD 公司认同该合理评级 B + 级，但认为费用还需要进行沟通。同时，发债企业也表示愿意为更高的评级付出高一些的报酬。但是，如果发债公司在债券存续期间出现违约（违约概率在 46.45% 左右），你所在的信用评级机构则会被监管机构警告并提交评级资料，进行整改；如果发现评级虚高，则会被没收违约所得且处以 3 倍罚金。同时，信用评级机构的声誉也会受到一定的负面影响。这种情况下，你所在的评级机构权衡考虑后，给出 YD 公司的评级水平和收费报价为＿＿＿＿＿。

（1）BB + 级 54 万元　　（2）BB 级 33 万元　　（3）BB - 级 18 万元
（4）B + 级 10 万元

10. WL 股份有限公司（以下简称 WL 公司）成立于 2001 年，于 2010 年在上海证券交易所注册上市，主营舰船、舰船配套产品、海洋工程及装备、能源装备、交通装备和环保装备等机械电子设备的设计、研制。该公司 2021 年末总资产为 19.9 亿元，负债率为 50%，净资产收益率为 6.4%，经营活动现金流入净额为净利润的 10%。过去 3 年销售收入复合增长率为 3%，净利润复合增长率为 5%。公司计划于 2022 年发行 10 亿元 5 年期的公司债。

监管取消了之前强制要求企业发行债券时必须有评级机构给予的信用评级的规定，企业可以根据自身情况来选择或者不选择聘请评级机构给予信用评级。这一规定造成市场上一些企业不再聘请评级机构评级，评级机构面临收入大幅下滑的问题。而市场上评级机构有 10 家，市场份额最大的为 30%，排名第 2~5 位评级机构的市场占有率分别为 18%、15%、12% 和 10%，剩余 5 家评级机构的市场份额每家 2%~5% 不等。你所在的评级机构目前在评级行业排名第 6，该公司聘请你所在的信用评级机构对其主体进行信用评级。

基于以上企业基本面情况进行的风险评估，你所在的信用评级机构认为 WL 公司合理的主体信用评级水平为 B + 级。而考虑到对 WL 公司评级业务所付出的成本，合理的报价为 13 万元。WL 公司认同该合理评级 B + 级，但认为费用还需要进行沟通。同时，发债企业也表示愿意为更高的评级付出高一些的报酬。但是，如果发债公司在债券存续期间出现违约（违约概率在 45.85% 左右），你所在的信用评级机构则会被监管机构警告并提交评级资料，进行整改；如果发现评级虚高，则会被没收违约所得且处以 3 倍罚金。同时，信用评级机构的声誉也会受到一定的负面影响。这种情况下，你所在的评级机构权衡考虑后，给出 WL 公司的评级水平和收费报价为＿＿＿＿＿＿。

（1）BB + 级 61 万元　　（2）BB 级 37 万元　　（3）BB − 级 23 万元

（4）B + 级 13 万元

11. WT 股份有限公司（以下简称 WT 公司）成立于 2001 年，于 2010 年在深圳证券交易所注册上市，主要经营范围为氢电池、锂电池等电池业务，新能源的技术开发、进出口业务。该公司 2021 年末总资产为 20.1 亿元，负债率为 51%，净资产收益率为 6.5%，经营活动现金流入净额为净利润的 10% 。过去 3 年销售收入复合增长率为 3% ，净利润复合增长率为 5% 。公司计划于 2019 年发行 10 亿元 5 年期的公司债。

监管取消了之前强制要求企业发行债券时必须有评级机构给予的信用评级的规定，企业可以根据自身情况来选择或者不选择聘请评级机构给予信用评级。这一规定造成市场上一些企业不再聘请评级机构评级，评级机构面临收入大幅下滑的问题。而市场上评级机构有 10 家，市场份额最大的为 30% ，排名第 2～5 位的市场占有率分别为 18% 、15% 、12% 和 10% ，剩余 5 家评级机构的市场份额每家 2%～5% 不等。你所在的评级机构目前在评级行业排名第 6，该公司聘请你所在的信用评级机构对其主体进行信用评级。

基于以上企业基本面情况进行的风险评估，你所在的信用评级机构认为 WT 公司合理的主体信用评级水平为 B + 级。而考虑到对 WT 公司评级业务所付出的成本，合理的报价为 13 万元。WT 公司认同该合理评级 B + 级，但认为费用还需要进行沟通。同时，发债企业也表示愿意为更高的评级付出高一些的报酬。但是，如果发债公司在债券存续期间出现违约（违约概率在 46.65% 左右），你所在的信用评级机构则会被监管机构警告并提交评级资料，进行整改；如果发现评级虚高，则会被没收违约所得且处以 3 倍罚金。同时，信用评级机构的声誉也会受到一定的负面影响。这种情况下，你所在的评级机构权衡考虑后，给出 WT 公司的评级水平和收费报价为_____。

（1）BB + 级 60 万元　　（2）BB 级 36 万元　　（3）BB - 级 22 万元
（4）B + 级 9 万元

12. XM 股份有限公司（以下简称 XM 公司）成立于 1998 年，于 2009 年在上海证券交易所注册上市，主要经营范围为卫生用品的制造和销售。该公司 2021 年末总资产为 20.0 亿元，负债率为 50% ，净资产收益率为 6.4% ，经营活动现金流入净额为净利润的 9% 。过去 3 年销售收入复合增长率为 3% ，净利润复合增长率为 5% 。公司计划于 2022 年发行 10 亿元 5 年期的公司债。

　　监管取消了之前强制要求企业发行债券时必须有评级机构给予的信用评级的规定，企业可以根据自身情况来选择或者不选择聘请评级机构给予信用评级。这一规定造成市场上一些企业不再聘请评级机构评级，评级机构面临收入大幅下滑的问题。而市场上评级机构有 10 家，市场份额最大的为 30%，排名第 2~5 位评级机构的市场占有率分别为 18%、15%、12% 和 10%，剩余 5 家评级机构的市场份额每家 2%~5% 不等。你所在的评级机构目前在评级行业排名第 6，该公司聘请你所在的信用评级机构对其主体进行信用评级。

　　基于以上企业基本面情况进行的风险评估，你所在的信用评级机构认为 XM 公司合理的主体信用评级水平为 B + 级。而考虑到对 XM 公司评级业务所付出的成本，合理的报价为 13 万元。XM 公司认同该合理评级 B + 级，但认为费用还需要进行沟通。同时，发债企业也表示愿意为更高的评级付出高一些的报酬。但是，如果发债公司在债券存续期间出现违约（违约概率在 46.45% 左右），你所在的信用评级机构则会被监管机构警告并提交评级资料，进行整改；如果发现评级虚高，则会被没收违约所得且处以 3 倍罚金。同时，信用评级机构的声誉也会受到一定的负面影响。这种情况下，你所在的评级机构权衡考虑后，给出 XM 公司的评级水平和收费报价为_____。

　　（1）BB + 级 51 万元　　（2）BB 级 30 万元　　（3）BB－级 15 万元
　　（4）B + 级 9 万元

第 **6** 章

信用利差、发债企业资质与评级意见购买行为：基于不同评级监管措施的实验研究

▶ 6.1 引言

近年来，中国债券市场高速发展。截至 2023 年 10 月，中国债券市场托管余额为 155.3 万亿元，超过中国股票市场。截至 2022 年底，中国债券市场托管规模达到 144.8 万亿元，超过日本成为全球第二大债券市场；进入中国银行间债券市场的境外机构投资者猛增 1071 家，境外机构持有银行间市场债券 3.39 万亿元，约占银行间债券市场总托管量的 2.7%。2021 年之前，中国债券已经被全球三大债券指数全部纳入，境外机构对境内市场投资不断增加。但是，我国债券市场依旧存在诸多问题。其中，自 2014 年"11 超日债"终结了中国债券市场的"刚性兑付"，相当于国债一样安全的最高等级 AAA 级债券近年来频频出现违约，国内信用评级的合理性以及评级机构的客观公正不断受到各方的指责和质疑。而在中国银行间市场交

易商协会与中国证券业协会发布的《2023 年第一季度债券市场信用评级机构业务运行及合规情况通报》中披露的评级机构各级别 1 年期违约率显示（见表 6 - 1），一些评级机构所给级别与债券违约率倒挂，评级质量堪忧。

表 6 - 1 **2022 年各评级机构所评各级别 1 年期违约率** 单位：%

评级机构	大公国际	东方金诚	联合资信	上海新世纪	中诚信国际	中证鹏元
AAA	0.43	1.18	0.07	0	0.14	0
AA +	0.46	1.26	0.42	0.18	0.22	0.13
AA	0.35	0.36	0.47	0.07	0.15	0.06
AA -	0.54	0.85	0.78	0.84	0.53	0.32

另外，信用评级收费在国内外都是不公开的，评级收费如何影响评级质量以及评级的合理性一直无法测评。由于评级收费无法获得，研究者们和监管机构无法探究评级收费的合理性以及评级机构是否通过低价恶意竞争导致债券违约风险上升的情况，监管机构也无法指导和监管评级机构的收费。

在违约事件发生后，国外投资者通常基于法律诉讼的途径寻求赔偿，监管机构则较少对评级机构进行处罚。例如，2018 年 8 月，穆迪同意支付 1500 万美元来解决涉及美国住宅抵押贷款支持证券（RMBS）评级模型的内部控制失败指控，并将聘请独立顾问来评估和改善其内部控制。这是美国证券交易委员会首次提起涉及评级符号缺陷的执法行动。而在国内，由于法律诉讼机制尚不完善，金融领域对相关中介的管理和规范更多是直接依靠监管措施或者处罚来实现。国内债券违约自 2014 年才开始，在违约事件发生不久，监管部门对少数评级机构的违规行为给予了在处罚性质和程度上均为较轻的警示处理（黄小琳等，2017）。但随着债券违约的大量爆发，监管机构的监管力度也进一步加大。2021 年 3 月 28 日，中国人民银行、国家发展改革委、财政部、银保监会和证监会五部门联合发布《关于促进债券市场信用评级行业高质量健康发展的通知（征求意见稿）》，强化对评级机构的监管能否带来信用评级质量的提升是现阶段国内监管机构迫切关注的问题。但监管的效果如何？评级机构是否如期更加谨慎评级？目前尚无相关研究。

因此，本书希望通过采用实验研究的方法设计模拟实验情景，对信用评级收费及其对评级合理性的影响进行探讨，弥补由于无法获得评级收费信息而对收费合理性研究不足的问题；同时，实验中加入评级监管机构对评级失败的监管处罚，以期为评级机构监管从而抑制评级意见购买提供理论指导和借鉴。

▶ 6.2　理论分析与研究假设

评级意见购买行为是在评级机构与发债企业之间博弈达成的一项决定，因此，博弈模型应当是建立在两者之间的博弈决策关系上的。发债企业在进行评级意见购买决策时，考虑的是达成目的状态下的成本收益。信用评级机构的决策也是基于其对是否配合发债企业进行信用评级意见购买情景下的成本收益进行权衡的结果，最终的信用评级则是建立在发债企业与信用评级机构就收费和相关事宜达成一致意见后所形成的。因此，以是否达成一致意见的结果，即"评级意见购买行为"是否发生，作为信用评级机构的决策结果的话，一方面可以简化决策模型，另一方面可以直接考察发债企业的决策因素。基于以上考虑，本书暂不考虑评级机构的决策，即评级市场中会有评级机构达成发债企业的评级意愿。

发债企业的决策：

（1）支付费用 $F_{(R_2)}$ 获得较高的信用评级 R_2，购买评级意见；

（2）支付费用 $F_{(R_1)}$ 获得合理的信用评级 R_1，不购买评级意见。

评级机构的决策：

（1）收取费用 $F_{(R_2)}$ 给予较高的信用评级 R_2，配合企业购买评级意见；

（2）收取费用 $F_{(R_1)}$ 给予合理的信用评级 R_1，不配合企业购买评级意见。

图 6-1 为发债企业进行评级意见购买的决策模型。基于图 6-1 的决策博弈模型，形成以下 4 种决策情景。

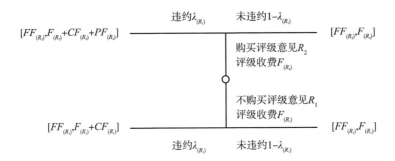

图 6 − 1　发债企业评级意见购买决策模型

注：$\lambda_{(R)}$ 表示发债企业的债券违约概率函数。企业违约概率与自身合理的信用评级（R_1）相关，与评级机构给出的虚高的信用评级（R_2）无关。因此，在评级意见购买（信用评级水平为 R_2）情景下的债券违约概率函数为 $\lambda_{(R_1)}$，在没有购买评级意见（信用评级水平为 R_1）情景下的债券违约概率函数也为 $\lambda_{(R_1)}$。

$F_{(R)}$ 表示评级机构的评级收费函数。在过度评级（信用评级水平为 R_2）情景下的评级收费为 $F_{(R_2)}$，在不过度评级（信用评级水平为 R_1）情景下的评级收费为 $F_{(R_1)}$。

$FF_{(R)}$ 表示发债企业的评级收益函数。在过度评级（信用评级水平为 R_2）情景下企业的评级收益函数为 $FF_{(R_2)}$，在不过度评级（信用评级水平为 R_1）情景下的评级收益函数为 $FF_{(R_1)}$。

$CF_{(R)}$ 表示发债企业的违约损失函数。当企业债券出现违约时，在过度评级（信用评级水平为 R_2）情景下的违约损失函数为 $CF_{(R_2)}$，在不过度评级（信用评级水平为 R_1）情景下的违约损失函数为 $CF_{(R_1)}$。在企业债券没有违约的情况下，违约损失函数为 0。

$PF_{(R)}$ 表示发债企业的监管处罚损失函数。当企业债券出现违约，在过度评级（信用评级水平为 R_2）情景下的监管处罚损失函数为 $PF_{(R_2)}$；在企业债券没有违约的情景下，以及在不过度评级（信用评级水平为 R_1）情景下，企业的监管处罚损失函数都为 0。

（1）企业购买评级意见，评级机构过度评级，双方达成一致的过度评级意见；但债券违约，违约概率为 $\lambda_{(R_1)}$。

评级机构获得了较高的评级收费 $F_{(R_2)}$。因所评企业债券违约，企业未来短期内无法发行债券，评级机构未来无法获得潜在的评级业务而获得评级收费，因此潜在评级收费函数 $f_{(R_2)}$ 为 0。因所评企业债券违约，评级机构受到牵连出现损失（包括声誉和其他损失）$C_{(R_2)}$，同时可能还会被监管机构处罚从而承担监管处罚成本 $P_{(R_2)}$。因此，评级机构的收益为 $F_{(R_2)}$，成本为 $C_{(R_2)} + P_{(R_2)}$。

发债企业因较高的信用评级获得了较高的收益 $FF_{(R_2)}$。因债券违约出现违约损失 $CF_{(R_2)}$，可能还会被监管机构处罚从而承担监管处罚成本

$PF_{(R_2)}$，同时支付了较高的评级费用 $F_{(R_2)}$。因此，发债企业的收益为 $FF_{(R_2)}$，成本为 $F_{(R_2)} + CF_{(R_2)} + PF_{(R_2)}$。

（2）企业购买评级意见，评级机构过度评级，双方达成一致的过度评级意见；债券未违约，概率为 $1 - \lambda_{(R_1)}$。

评级机构获得了较高的评级收费 $F_{(R_2)}$，并且因为配合了企业的评级意见购买行为，可以在未来获得企业债券发行时的评级业务和评级费用 $f_{(R_2)}$。因所评企业债券未违约，评级机构不会出现损失，也不会被监管处罚。因此，评级机构的收益为 $F_{(R_2)} + f_{(R_2)}$，成本为 0。

发债企业因较高的信用评级获得了较高的收益 $FF_{(R_2)}$。且债券未违约，发债企业不会出现损失，也不会被监管处罚，同时支付了较高的评级费用 $F_{(R_2)}$。因此，发债企业的收益为 $FF_{(R_2)}$，成本为 $F_{(R_2)}$。

（3）企业不购买评级意见，评级机构未过度评级，双方达成一致的合理评级意见；但债券违约，违约概率为 $\lambda_{(R_1)}$。

评级机构合理评级，获得了合理的评级收费 $F_{(R_1)}$。因所评企业债券违约，评级机构受到牵连出现损失（包括声誉和其他损失）$C_{(R_1)}$，因合理评级不会被监管机构处罚从而无须承担监管处罚成本。因此，评级机构的收益为 $F_{(R_1)}$，成本为 $C_{(R_1)}$。

发债企业未购买评级意见，只能获得合理的评级收益 $FF_{(R_1)}$，但因债券违约出现违约损失 $CF_{(R_1)}$，因无评级购买行为，不会被监管机构处罚从而无须承担监管处罚成本，同时支付了合理的评级费用 $F_{(R_1)}$。因此，发债企业的收益为 $FF_{(R_1)}$，成本为 $F_{(R_1)} + CF_{(R_1)}$。

（4）企业未购买评级意见，评级机构未过度评级，债券未违约，概率为 $1 - \lambda_{(R_1)}$。

评级机构合理评级，获得了合理的评级收费 $F_{(R_1)}$。因所评企业债券未违约，评级机构不会出现损失，也不会被监管处罚。因此，评级机构的收益为 $F_{(R_1)}$，成本为 0。

发债企业未购买评级意见，只能获得合理的评级收益 $FF_{(R_1)}$。且债券未违约，发债企业不会出现损失，也不会被监管处罚，同时支付了合理的评级费用 $F_{(R_1)}$。因此，发债企业的收益为 $FF_{(R_1)}$，成本为 $F_{(R_1)}$。

在评级机构配合发债企业情况下，发债企业购买评级意见决策下的收益为：

$$\lambda_{(R_1)} \times FF_{(R_2)} + [1 - \lambda_{(R_1)}] \times [FF_{(R_2)}] = FF_{(R_2)}$$

在评级机构配合发债企业情况下，发债企业购买评级意见决策下的成本为：

$$\lambda_{(R_1)} \times [F_{(R_2)} + CF_{(R_2)} + PF_{(R_2)}] + [1 - \lambda_{(R_1)}] \times F_{(R_2)}$$

$$= \lambda_{(R_1)} \times CF_{(R_2)} + \lambda_{(R_1)} PF_{(R_2)} + F_{(R_2)}$$

在评级机构配合发债企业情况下，发债企业购买评级意见决策下的净收益为：

$$\lambda_{(R_1)} \times FF_{(R_2)} + [1 - \lambda_{(R_1)}] \times [FF_{(R_2)}] - \{\lambda_{(R_1)} \times [F_{(R_2)} + CF_{(R_2)} + PF_{(R_2)}]$$

$$+ [1 - \lambda_{(R_1)}] \times F_{(R_2)}\} = FF_{(R_2)} - \lambda_{(R_1)} \times CF_{(R_2)} - \lambda_{(R_1)} PF_{(R_2)} - F_{(R_2)}$$

发债企业不进行评级意见购买、评级机构不过度评级情况下，发债企业的决策收益为：

$$\lambda_{(R_1)} \times FF_{(R_1)} + [1 - \lambda_{(R_1)}] \times FF_{(R_1)} = FF_{(R_1)}$$

发债企业不进行评级意见购买、评级机构不过度评级情况下，发债企业的决策成本为：

$$\lambda_{(R_1)} \times [F_{(R_1)} + CF_{(R_1)}] + [1 - \lambda_{(R_1)}] \times F_{(R_1)} = F_{(R_1)} + \lambda_{(R_1)} \times CF_{(R_1)}$$

发债企业不进行评级意见购买、评级机构不过度评级情况下，发债企业的决策净收益为：

$$\lambda_{(R_1)} \times FF_{(R_1)} + [\lambda_{(R_1)}] \times FF_{(R_1)} - \{\lambda_{(R_1)} \times [F_{(R_1)} + CF_{(R_1)}]$$

$$+ [1 - \lambda_{(R_1)}] \times F_{(R_1)}\} = FF_{(R_1)} - F_{(R_1)} - \lambda_{(R_1)} \times CF_{(R_1)}$$

因此，发债企业选择哪种决策取决于其对成本和收益的衡量，这就意味着：

（1）$\lambda_{(R_1)} \times FF_{(R_2)} + [1 - \lambda_{(R_1)}] \times [FF_{(R_2)}] - \{\lambda_{(R_1)} \times [F_{(R_2)} + CF_{(R_2)} + PF_{(R_2)}] + [1 - \lambda_{(R_1)}] \times F_{(R_2)}\} \geqq \lambda_{(R_1)} \times FF_{(R_2)} + [1 - \lambda_{(R_1)}] \times FF_{(R_1)} - \{\lambda_{(R_1)} \times [F_{(R_1)} + CF_{(R_1)}] + [1 - \lambda_{(R_1)}] \times F_{(R_1)}\}$

这种情况下，发债企业会选择购买评级意见。

（2）$\lambda_{(R_1)} \times FF_{(R_2)} + [1 - \lambda_{(R_1)}] \times [FF_{(R_2)}] - \{\lambda_{(R_1)} \times [F_{(R_2)} + CF_{(R_2)} + PF_{(R_2)}] + [1 - \lambda_{(R_1)}] \times F_{(R_2)}\} \leqq \lambda_{(R_1)} \times FF_{(R_1)} + [1 - \lambda_{(R_1)}] \times FF_{(R_1)} - \{\lambda_{(R_1)} \times [F_{(R_1)} + CF_{(R_1)}] + [1 - \lambda_{(R_1)}] \times F_{(R_1)}\}$

这种情况下，发债企业不会选择购买评级意见。

令 $\delta = \{\lambda_{(R_1)} \times FF_{(R_2)} + [1 - \lambda_{(R_1)}] \times [FF_{(R_2)}] - \{\lambda_{(R_1)}$
$\times [F_{(R_2)} + CF_{(R_2)} + PF_{(R_2)}] + [1 - \lambda_{(R_1)}] \times F_{(R_2)}\}\}$
$- \{\lambda_{(R_1)} \times FF_{(R_1)} + [1 - \lambda_{(R_1)}] \times FF_{(R_1)} - \{\lambda_{(R_1)}$
$\times [F_{R_1} + CF_{(R_1)}] + [1 - \lambda_{(R_1)}] \times F_{(R_1)}\}\}$
$= [FF_{(R_2)} - FF_{(R_1)}] - [F_{(R_2)} - F_{(R_1)}] - \lambda_{(R_1)} \times [CF_{(R_2)} - CF_{(R_1)}]$
$- \lambda_{(R_1)} \times PF_{(R_2)}$

当 $\delta > 0$ 时，发债企业会选择购买评级意见；反之，当 $\delta < 0$ 时，发债企业不会选择购买评级意见。评级意见购买行为与发债企业的收益 $FF_{(R)}$、评级收费 $F_{(R)}$、发债企业因债券违约的预期损失 $CF_{(R)}$、发债企业的监管处罚损失 $PF_{(R)}$、发债企业的债券违约概率 $\lambda_{(R)}$ 有关。

若参数条件满足 $\delta > 0$，即发债企业会选择购买评级意见，在其他条件不变的情况下：

（1）评级收费与评级意见购买之间的关系取决于 $F_{(R_2)} - F_{(R_1)}$ 的大小。本书并非研究评级收费与评级意见购买之间的关系，为简单起见，假定两者之间呈线性关系。

（2）发债企业的收益水平与评级意见购买之间呈正相关关系，即发债企业因过度评级带来的收益越高，发债企业越可能进行评级意见购买行为。而企业因过度评级带来的收益与不同信用等级水平下的债务融资成本相关。信用利差越大，提升信用评级水平给发债企业带来的收益，即融资成本的下降就越大，这就会刺激发债企业进行评级意见购买行为。而且，信用评级水平提升越高、信用利差越大的情况下，融资成本下降就越大。因此，本书提出以下假设。

假设6.1：较高的信用利差会刺激发债企业的评级意见购买行为。

评级收费是发行债券中付出的成本，而相对于可能带来的收益而言，作为成本的评级收费是较低的。发债企业会在提升评级水平带来的潜在违约成本、实际付出的付现成本（评级收费）和潜在的收益之间进行权衡。通过高评级收费很可能带来较高的信用评级水平，如果评级收费不会超过融资成本的下降，那么这种方式对于发债企业而言是合适的。考虑到通常企业发债都是亿元以上的规模，而信用利差通常也都有一定的空间，潜在的收益是较大的。只要提升的评级收费在百万元以内，对于发债企业而言也是划算的。在信用利差较大的情况下，发债企业利用高收费获取高等级评级的动力就越强。因此，本书提出以下假设。

假设 6.2：较高的信用利差会刺激发债企业利用高评级收费进行评级意见购买。

（3）发债企业因债券违约的预期损失程度与评级意见购买之间呈负相关关系，即发债企业因债券违约的预期损失越低，评级意见购买行为越有可能发生。而预期损失取决于其金额的大小以及可能性的大小。若预期损失一定，则概率越大，预期损失越大。也就是说，债券违约率与评级意见购买之间呈负相关关系，即发债企业违约率越低，评级意见购买行为越可能发生。

对于资质较好的发债企业（较高的声誉、较高的盈利能力或成长性），债券违约的负面影响会较资质较差的企业更大，因为这些企业的声誉损失更大，对其产品市场的影响也会较大，从而导致违约之后的未来偿付压力也会更大。因此，资质较好的发债企业可能不太愿意进行评级意见购买。但是，一些研究发现，规模较大、盈利能力较好的发债企业违约率很低，意味着资质较好的发债企业潜在的违约成本并不是那么高。因此，资质较好的发债企业也会进行评级意见购买从而更好地降低其融资成本，提升其盈利能力，从而更好地降低违约概率和违约损失。因此，本书提出以下假设。

假设 6.3：资质较好的发债企业越有可能进行评级意见购买行为。

虽然资质较好的发债企业违约概率低，进行评级意见购买能够降低其融资成本，提升其盈利能力，从而更好地降低违约概率。但是，购买评级意见也是有一定成本的，尤其是更高级别的评级水平不仅潜在违约成本更高，给评级机构的付现费用（评级收费）也会更高。而对于资质较好的发债企业，利用高评级收费获取高评级的净收益可能不如对于资质较差的发债企业，因为其高估的空间有限，尤其是对于合理评级可能本身就很高的发债企业而言，评级高估几乎没有空间；而且随着风险的降低，信用利差也并不是线性的，也就是说，信用评级等级越往上走，信用利差越会缩小。对于资质较好的发债企业，通过评级高估获取的收益空间越来越小。而对于资质较差的发债企业，通过评级高估获取的收益空间要大很多，其更加愿意利用高评级收费换取评级机构给予更高的评级水平。因此，本书提出以下假设。

假设 6.4： 资质较好的发债企业越不可能利用高评级收费进行评级意见购买行为。

当严格监管和惩罚导致声誉成本提高时，评级机构则会提升信用分析的及时性和准确性（Cheng and Neamtiu，2008）。布特和米尔本（Boot and Milbourn，2006）认为发行人付费模式下的评级制度存在一定缺陷，除非竞争不是那么激烈，否则会引发评级购买问题（Patrick et al.，2012），推高信用评级水平（Aysun，2013；Bonsall，2014）。监管弱化会降低声誉成本，进而导致信用评级机构迎合发债企业现象增多（Kraft，2015）。实际上，抑制评级机构投机行为的因素有职业道德、监管强度（即被查处的概率和被查处后的处罚方式）、声誉受损、客户流失等。由于职业道德难以衡量，而声誉受损和客户流失都在很大程度上与监管相关，或者说监管是造成声誉损失和客户流失的重要原因，因此，可以说监管是评级机构衡量成本收益时最重要的因素。

对于评级机构而言，如果机会主义地配合被评级企业的评级意见购买行为，给予被评级企业过于乐观的信用评级，一旦被评级企业出现债券违约，就会影响该评级机构的声誉，更重要的是，会受到来自监管机构的关注，如被监管机构约谈，要求其进行整改，可能也会被处以高额罚金；更为严厉的是，还可能被监管机构要求其评级的单位再聘请额外的评级机构进行评级，甚至被监管机构暂停其债券评级资质，严重影响其未来业务发展。约谈往往是最轻微的处罚，会对评级机构的声誉产生一定的负面影响，但在目前声誉机制并没有起到作用的市场环境下，这种监管处罚方式对评级机构的影响有限。处以罚金意味着监管力度的增强，给评级机构带来了实质性的处罚，不仅造成更大的负面声誉影响，而且造成了更多的经济损失。而要求额外评级以及暂停评级资质就更为严厉，是监管机构对评级机构不信任的表现，也是监管最严格的手段，必然给评级机构带来声誉和实际经济利益的影响。随着监管强度的增强，评级机构的机会主义行为所产生的违规成本也就越高，评级机构进行机会主义行为的可能性就越低。因此，本书提出如下假设。

假设 6.5：较强的监管力度能够减少评级意见购买行为。

假设 6.6：较强的监管力度会降低信用利差对评级意见购买行为的刺激。

假设 6.7：较强的监管力度会降低优质企业进行的评级意见购买行为。

▶ 6.3　研究设计

6.3.1　实验设计

本实验目的在于探究信用利差、评级监管对发债企业评级意见购买行为的影响。实验建立在如下前提假设之上：

（1）存在业界可以达成共识的、合理的信用评级模型和信用评级水平；

（2）评级机构的专业胜任能力足以识别发债企业的任何信用风险和漏洞；

（3）发债企业的非财务信息基本相同；

（4）发债企业最终能够与评级机构达成一致的评级意见；

（5）在出现违约后，监管机构能够有效识别出发债企业是否存在评级意见购买行为。

本实验在学校行为实验室进行，被试者同时进行实验。费尔和菲施巴赫尔（Fehr and Fischbacher，2002）认为，经管类实验参与主体的最优选择是低年级硕士研究生和高年级本科生，他们不容易被思维定式限制。本实验被试者为会计专业一年级硕士研究（MPAcc）和工商管理专业高年级本科生，共73人（包括50名女生）。实验为情景模拟实验，被试者在实验中扮演发债企业高管的角色，有权决定本企业与评级机构最终确定的信用等级（为简化起见，实验中仅设定一个信用评级，不区分主体评级和债项评级）。实验为连续实验，共18轮，每轮结束后产生的后果将影响下一轮实验，即本轮获得报酬、被查处后的罚款金额不清零，累计到下一轮，直到18轮实验结束后计算总报酬。被试者在实验中最终获得的报酬与其实际得到的被试费挂钩，以提高实验的真实感。实验形式为上机操作，已根据实验流程设计软件，在每名被试者进行实验前，主试者告知其操作方法，引导被试者进行实验。具体实验流程如表6-2所示。

表6-2　　　　　　　　　　　　　　实验流程

顺序	实验程序
第1轮	
（1）	被试者进入发债企业高管的角色，形成实验之前需要形成的上述5条信念
（2）	向被试者提供发债企业信息、债券评级以及监管措施等相关决策信息（随机抽取18种情景之一）
（3）	被试者根据所提供信息作出评级意见的决策
（4）	根据本轮债券违约概率 λ，计算机告知被试者发债企业是否违约、监管机构是否约谈和/或处罚的金额
第2~17轮	
（1）	随机抽取剩余情景中的一种，向被试者提供发债企业信息、债券评级相关信息以及监管措施
（2）	被试者根据所提供信息作出评级意见的决策
（3）	根据每轮债券违约概率 λ，计算机告知被试者发债企业是否违约、监管机构是否约谈和/或处罚的金额
第18轮	
（1）	步骤同以上几轮
（2）	根据被试者得到的报酬和被惩罚的金额计算其最终获得的收益

表6-3汇总了不同情景下发债企业的发债信息、合理信用评级、信用

表6－3　发债企业信用评级、信用利差、评级收费及监管处罚方式

公司	金额	期限	合理评级	信用利差(%)	违约概率(%)	评级收费										预期约谈	预期罚款
						AAA+	AAA	AAA-	AA+	AA	BB+	BB	BB-	B+	B		
A1	5	3	AA+	0.5	12.1	90	60	35	15	9						0	0
A2	5	3	AA+	0.5	12.1	91	59	34	15	9						1	0
A3	5	3	AA+	0.5	12.1	89	61	36	15	9						1	1
A4	5	3	AA+	0.5	12.1	135	85	45	15	9						0	0
A5	5	3	AA+	0.5	12.1	136	84	44	15	9						1	0
A6	5	3	AA+	0.5	12.1	134	86	46	15	9						1	1
A7	5	3	AA+	0.8	12.1	90	60	35	15	9						0	0
A8	5	3	AA+	0.8	12.1	91	59	34	15	9						1	0
A9	5	3	AA+	0.8	12.1	89	61	36	15	9						1	1
B1	5	3	B+	0.5	46.67						90	60	35	15	9	0	0
B2	5	3	B+	0.5	46.67						91	59	34	15	9	1	0
B3	5	3	B+	0.5	46.67						89	61	36	15	9	1	1
B4	5	3	B+	0.5	46.67						135	85	45	15	9	0	0
B5	5	3	B+	0.5	46.67						136	84	44	15	9	1	0
B6	5	3	B+	0.5	46.67						134	86	46	15	9	1	1
B7	5	3	B+	0.8	46.67						90	60	35	15	9	0	0
B8	5	3	B+	0.8	46.67						91	59	34	15	9	1	0
B9	5	3	B+	0.8	46.67						89	61	36	15	9	1	1

利差、违约概率、不同评级水平下的评级付费以及在出现债券违约情况下的预期监管处罚情况（预期约谈、预期罚款或者没有监管）。实验中发债企业的发债金额都为 5 亿元人民币，债券期限均为 3 年。不同发债企业财务信息差异体现在其合理信用评级和违约概率上，非财务信息假定基本相同，以避免非财务信息差异造成评级等级差异带来的影响。

前 9 家公司（A1～A9）与后 9 家公司（B1～B9）的区别在于，前 9 家公司合理评级均为 AA + 级，而后 9 家公司的合理评级均为 B + 级。对于两类发债企业，都存在以下 9 种情景。（1）3 种情景下如果债券出现违约，发债企业不会受到任何监管处罚；3 种情景下如果债券出现违约，发债企业仅会受到监管机构的约谈，提交评级资料并进行整改；3 种情景下如果债券出现违约，发债企业不仅会被监管机构约谈，同时会被处以一定的罚金（按照 3 倍收费金额处罚）。以上设定用于检验不同的监管处罚方式（没有监管、预期约谈、预期约谈并罚款）对评级意见购买行为的影响。（2）3 种情景下的评级收费水平与另外 6 种情景下的评级收费水平存在明显差异。（3）6 种情景下，发债企业的信用利差为 0.5％；3 种情景下，发债企业的信用利差为 0.8％。评级收费围绕合理评级设定了 5 档，其中 4 档高于合理评级，1 档低于合理评级。高于合理评级的为过度评级或高估评级，低于合理评级的为评级低估。考虑到有评级机构可能更加重视声誉或者因特殊事件（如被监管机构处罚过）而更加谨慎，发债企业难以获得较高的评级，因此设定了评级低估的选项。以上设定可以根据实际评级与合理评级的差异度量过度评级，即评级意见购买行为或信用评级合理性。

6.3.2　模型与变量

为检验不同评级监管下信用利差、企业资质对评级意见购买行为（过度评级或信用评级合理性）的影响，本书模型设定如下：

$$ResRating = \beta_0 + \beta_1 ResFee + \beta_2 HSpread + \beta_3 HSpread \times ResFee$$
$$+ \beta_4 HRating + \beta_5 HRating \times ResFee + \beta_6 Regu + \beta_7 Regu$$

$$\times ResFee + \beta_8 Regu \times HSpread + \beta_9 Regu \times HRating$$
$$+ \beta_{10} Round + 个人固定效应 + \varepsilon$$

其中，*ResRating* 为被评级企业与评级机构之间的评级意见购买行为，采用实际评级水平与合理信用评级之间的差异表征，该指标为正意味着过度评级（存在评级意见购买），该指标为 0 意味着合理评级（不存在评级意见购买），该指标为负意味着评级低估（不存在评级意见购买）。信用评级水平按照阿丰索等（Afonso et al.，2007）的量化方法对微调式信用等级（AAA +、AAA、AAA −、AA +、AA、AA −、A +、A、A −、BBB +、BBB、BBB −、BB +、BB、BB −、B +、B、B −、CCC、CC、C）依次赋值，其中最低级 C 赋值为 1，CC 赋值为 2，依次递增，最高级 AAA + 赋值为 21。若合理的信用评级水平为 AA +，评级机构给出的信用评级水平为 AAA，则 *ResRating* 等于 20（AAA 对应 20）减去 18（AA + 对应 18），即过度评级为 2。

ResFee 为过度评级收费，即评级机构实际收取的评级收费减去该企业合理评级应当收取的评级收费。评级收费类似于审计收费，在很大程度上取决于工作量以及承担的风险。本书在实验中对工作量以及基本风险作了相应控制和处理，因此评级机构给出的评级收费实际上相当于因承担额外风险而收取的费用。较高的评级收费会诱发评级机构更多的评级迎合行为，因此实验中需要对此动机进行控制。稳健性检验中，本书也采用评级机构给出信用评级水平时的实际评级费用替代过度评级收费进行检验，回归中采用实验中实际给出的评级水平对应的评级收费的自然对数表征。

HSpread 为哑变量，1 表示 Δ*Spread* 为 0.8%，0 表示 Δ*Spread* 为 0.5%。Δ*Spread* 为信用利差，表征发债企业的融资收益，即每上升一档信用评级带来的发债融资成本（融资利率）的下降。例如，Δ*Spread* 为 0.5%，AA + 的信用评级债券融资成本为 5%，则 AAA − 的信用评级债券融资成本为 4.5%，AAA 的信用评级债券融资成本为 4%，AAA + 的信用评级债券融资成本为 3.5%。B + 的信用评级债券融资成本为 10%，则 BB − 的信用评级债券融资成本为 9.5%，BB 的信用评级债券融资成本为 9%，BB + 的信用

评级债券融资成本为 8.5% 。

　　StandRating 为合理的信用评级水平，采用实验中设定的合理评级水平。*HRating* 为哑变量，1 表示 *StandRating* 为 AA + ，0 表示 *StandRating* 为 B + 。

　　Regu 为评级监管强度变量，表征监管部门对发债企业在债券出现违约后的监管措施。*Regu* = 0 表示在债券存续期间出现违约后，发债企业不会被监管机构警告或者处罚；*Regu* = 1 表示在债券存续期间出现违约后，发债企业会被监管机构约谈，要求提交评级资料并进行整改（*Enquiry*）；*Regu* = 2 表示在债券存续期间出现违约后，发债企业会被监管机构约谈，要求提交评级资料进行整改，还会处以一定的罚金（按照 3 倍评级费用处罚）（*Panelty* + *Enquiry*）。该指标越大，意味着监管强度越高，监管越严格。稳健性检验中，本书也采用了预期处罚金额（*ExpPenalty*）衡量监管。预期处罚金额为在债券存续期间出现违约时，预期监管机构对发债企业进行的罚款金额，回归中采用（预期罚款金额 + 1）的自然对数。

　　考虑到被试者的风险厌恶程度以及对政策的预期会与实验的进度有一定的关系，即被试者存在学习曲线（*Learning*），因此，回归中采用实验的轮次表征学习曲线，若实验为第 1 轮，则 *Learning* 为 1，若为第 9 轮，则 *Learning* 为 9，以此类推。本书也控制了被试者的特征（个人固定效应），包括：（1）被试者的性别（*Gender*），若被试者为男性，则 *Gender* 为 1；若为女性，则 *Gender* 为 0。（2）被试者的年龄（*Age*），回归中采用被试者的年龄。

6.3.3　样本与数据

　　本书的样本均来自实验，实验针对国内某重点大学经济与管理学院 39 名硕士研究生和 34 名本科生。每组实验均为 18 轮，每轮会随机出现一个被评级单位的背景信息并要求被试者选择评级意见，所以每个被试者会做出 18 个选择，共计 1314 个样本。实验在国内某重点大学经济与管理学院实验室上机测试。

6.4 实证分析

6.4.1 描述性统计

表 6 - 4 为回归变量的描述性统计。企业评级意见购买行为（$ResRating$）的均值为 1.991，表明发债企业高管普遍会采取评级意见购买行为，且大多数会选择高三级的过度评级意见购买。Fee 均值为 74.09 万元，说明发债企业愿意为额外风险付出的高于合理评级费用多倍的风险补偿。$ResFee$ 均值为 59.609 万元，为购买过度评级所支付的评级费用。

表 6 - 4 变量描述性统计结果

变量	N	均值	中位数	标准差	最大值	最小值
$ResRating$	1314	1.991	3	1.391	3	− 1
Fee	1314	74.609	90	44.532	139	9
$ResFee$	1314	59.609	75	44.531	121	− 6
$HSpread$	1314	0.333	0	0.471	1	0
$HRating$	1314	0.5	0.5	0.500	1	0
$Regu$	1314	1	1	0.816	2	0
Age	1314	21.425	22	1.490	25	19
$Gender$	1314	0.315	0	0.465	1	0

$HSpead$ 的均值为 0.333，意味着 1/3 的样本是高信用利差的。$HRating$ 的均值为 0.5，即一半的样本为高资质的发债企业。$Regu$ 均值为 1，说明实验所设计的监管强度为平均分配。Age 均值为 21.25，说明实验参与者均为年纪较轻的学生。$Gender$ 均值为 0.315，说明实验参与者多为女生。

表 6 - 5 为不同情景下的评级意见购买情况统计。全部样本中，有 924 个或 70.31% 的评级是高估的，且高估程度最高为 63.39%。而高估的分布在低信用利差（$HSpread = 0$）和高信用利差（$HSpread = 1$）情况下是差不多的。但是，在高企业资质（$HRating = 1$）和低企业资质（$HRating = 0$）下是有明显差异的，在高企业资质下高估情况更加明显。而对于监管情

况，无监管（$Regu=0$）和仅质询（$Regu=1$）的分布是差不多的，但强监管（$Regu=2$）下的高估情况出现明显下降。

表6-5　　　　　　　　　　　分组描述性统计结果

ResRating	合计	HSpread		HRating		Regu		
		HSpread=1	HSpread=0	HRating=1	HRating=0	Regu=0	Regu=1	Regu=2
-1	21	6	15	0	21	6	5	10
	1.60%	1.37%	1.71%	0.00%	3.20%	1.37%	1.14%	2.28%
0	369	122	247	132	237	69	84	216
	28.08%	27.85%	28.20%	20.09%	36.07%	15.75%	19.18%	49.32%
1	43	11	32	18	25	9	12	22
	3.27%	2.51%	3.65%	2.74%	3.81%	2.05%	2.74%	5.02%
2	48	20	28	28	20	14	18	16
	3.65%	4.57%	3.20%	4.26%	3.04%	3.2%	4.11%	3.65%
3	833	279	554	479	354	340	319	174
	63.39%	63.7%	63.24%	72.91%	53.88%	77.63%	72.83%	39.73%
合计	1314	438	876	657	657	438	438	438
	100%	100%	100%	100%	100%	100%	100%	100%

6.4.2　回归分析

表6-6给出了信用利差和企业资质对评级意见购买行为的影响结果。在全部回归中，评级收费 ResFee 的系数显著为正，意味着高评级收费，尤其是越高的超额收费，会导致较严重的评级意见购买行为，即高超额评级收费会导致低评级质量，与预期一致。

表6-6　　　　信用利差、企业资质对评级意见购买行为的影响

变量	(1)	(2)	(3)	(4)
Resfee	0.029***	0.026***	0.030***	0.027***
	(94.60)	(87.66)	(68.85)	(68.10)
HSpread	0.434***	-0.268***	0.428***	-0.263***
	(18.18)	(-10.14)	(18.07)	(-9.73)

续表

变量	(1)	(2)	(3)	(4)
HSpread × Resfee		0.013 *** (36.34)		0.013 *** (35.28)
HRating	0.104 *** (3.74)	0.083 *** (3.37)	0.300 *** (7.27)	0.243 *** (7.25)
HRating × Resfee			−0.003 *** (−4.97)	−0.003 *** (−5.09)
Round	−0.002 (−0.85)	−0.002 (−0.70)	−0.003 (−1.17)	−0.002 (−1.00)
cons	1.151 *** (5.24)	1.110 *** (5.70)	1.052 *** (4.88)	1.030 *** (5.37)
个人固定效应	控制	控制	控制	控制
N	1314	1314	1314	1314
R^2	0.874	0.902	0.876	0.903

注：*** 表示在1%的水平上显著。

表6-6第（1）列中，信用利差变量 HSpread 的系数为正，且在1%的水平上显著，意味着较高的信用利差会导致较为严重的评级意见购买行为，与预期一致，假设6.1得到验证。如果企业获得了更好的信用评级，那么较高的信用利差就会进一步降低发债企业的融资成本；而相比于付出的评级费用，节约的融资成本是远超过评级费用的。因此，作为理性的企业和决策者，在面临较高信用利差的情况下，企业会倾向于获取高评级水平。而第（2）列和第（4）列中，HSpread × ResFee 的系数都在1%水平上显著为正，意味着较高的信用利差会强化高评级收费造成的评级意见购买行为，与预期一致，假设6.2得到验证。也就是说，较高的信用利差会促使企业倾向于利用高评级收费获取高评级水平。假设6.1和假设6.2都得到验证。

企业资质 HRating 的系数在全部回归中都显著为正，意味着相较于一般的发债企业，资质较好的发债企业更可能进行评级意见购买，与预期一致，假设6.3得到验证。因为较好的资质意味着发债企业的风险相对较低，尤其是破产或者违约可能性更低，评级机构更愿意给予这样的企业较好的信用评级水平。第（3）列和第（4）列中 *HRating × Resfee* 的系数都在 1% 水平上显著为负，表明资质较好的发债企业会减少高评级收费导致的评级意见购买行为，假设 6.4 得到验证。也就是说，相对于低资质发债企业而言，资质较好的发债企业较少利用高评级收费获取过高的信用评级。低资质发债企业会倾向于利用较高的评级收费刺激评级机构给予其较好的评级水平，以降低其债券融资成本。假设 6.3 和假设 6.4 都得到验证。

总之，表 6 - 6 的结果表明，较高的评级收费、较高的信用利差、较好的发债资质都会造成更严重的评级意见购买行为。信用利差越大越容易造成高评级收费导致的评级意见购买行为，而较差的发债资质也越容易造成高评级收费导致的评级意见购买行为。

评级意见购买会受到评级监管的影响，尤其是不同监管措施可能产生的效果不同。为了进一步检验监管的影响，表 6 - 7 加入了监管变量 *Regu* 进行回归。

表 6 - 7　信用利差、企业资质对评级意见购买行为的影响（不同监管措施）

变量	(1)	(2)	(3)
	All	All	*Regu* > 0
ResFee	0. 027 ***	0. 027 ***	0. 028 ***
	(64. 84)	(64. 33)	(53. 27)
HSpread	- 0. 259 ***	- 0. 259 ***	- 0. 194 ***
	(- 9. 47)	(- 9. 44)	(- 7. 11)
HSpread × ResFee	0. 013 ***	0. 013 ***	0. 012 ***
	(33. 90)	(33. 67)	(28. 19)
HRating	0. 240 ***	0. 242 ***	0. 243 ***
	(7. 14)	(7. 19)	(7. 11)
HRating × ResFee	- 0. 002 ***	- 0. 002 ***	- 0. 003 ***
	(- 4. 74)	(- 4. 75)	(- 4. 02)
Regu	- 0. 062 ***		- 0. 100 ***
	(- 3. 98)		(- 3. 32)
Enquiry		- 0. 009	
		(- 0. 29)	

续表

变量	(1)	(2)	(3)
	All	All	*Regu* > 0
Penalty × *Enquiry*		-0.127 *** (-4.10)	
Round	-0.002 (-0.97)	-0.002 (-1.00)	-0.003 (-1.00)
cons	1.187 *** (6.05)	1.195 *** (6.09)	1.072 *** (4.49)
个人固定效应	控制	控制	控制
N	1314	1314	876
R^2	0.905	0.905	0.918

注：*** 表示在1%的水平上显著。

如表6-7所示，在全部回归中，*ResFee* 的系数显著为正，*HSpread* × *ResFee* 的系数显著为正，*HRating* × *ResFee* 的系数显著为负，都与表6-6中的结果一致，支持了假设6.1到假设6.4。而监管变量 *Regu* 的系数在1%的水平上显著为负，意味着监管越严格，信用评级意见购买行为越少，与预期一致，支持了假设6.5。因为严格的监管会提高发债企业和评级机构的违约成本，从事前威慑和事后处罚角度，降低评级意见购买行为并提升信用评级质量。

表6-7第（2）列进一步检验了监管措施的影响。实验中设定了三种监管情景：无监管，仅质询，质询+处罚。质询变量 *Enquiry* 的系数不显著，表明仅依靠监管机构的质询措施无法对评级意见购买行为产生实质性影响。而 *Panelty* × *Enquiry* 的系数显著为负，意味着当债券出现违约时，一旦发现存在过度评级问题，除了对发债企业和评级机构进行质询以外，增加实质性的处罚会有效降低评级意见购买行为。

表6-7第（3）列进一步剔除了没有监管的样本以区分监管的效果，发现监管变量 *Regu* 的系数依旧显著为负，意味着只有对违约企业进行实质性的金额处罚才能够有效抑制其评级购买动机和行为，提升信用评级质量。假设6.5得到验证。

为了进一步研究监管措施对信用利差与企业资质在评级意见购买行为上的交叉影响，表6-8加入了交叉变量进行检验。第（1）列加入了监管措施与收费的交叉，第（2）列加入了监管与信用利差的交叉，第（3）列加入了监管与企业资质的交叉。

表6-8　　监管措施下的信用利差、企业资质与评级意见购买行为

变量	(1)	(2)	(3)	(4)	(5)	(6)	(7)
	All	All	All	All	Regu = 0	Regu = 1	Regu = 2
ResFee	0.025 ***	0.024 ***	0.025 ***	0.024 ***	0.025 ***	0.026 ***	0.029 ***
	(43.44)	(34.60)	(36.76)	(30.62)	(27.61)	(33.32)	(32.13)
HSpread	-0.252 ***	-0.547 ***	-0.252 ***	-0.547 ***	-0.510 ***	-0.392 ***	-0.101 ***
	(-8.69)	(-7.45)	(-8.70)	(-7.40)	(-6.20)	(-5.74)	(-3.80)
HSpread × ResFee	0.013 ***	0.016 ***	0.013 ***	0.016 ***	0.016 ***	0.014 ***	0.012 ***
	(31.60)	(18.81)	(31.55)	(18.67)	(16.31)	(16.71)	(19.29)
HRating	0.233 ***	0.231 ***	0.268 ***	0.270 ***	0.205 **	0.393 ***	0.175 ***
	(6.77)	(6.62)	(3.15)	(2.98)	(2.12)	(4.14)	(5.79)
HRating × ResFee	-0.003 ***	-0.002 ***	-0.003 ***	-0.003 ***	-0.002 *	-0.004 ***	-0.002 **
	(-4.84)	(-4.79)	(-2.74)	(-2.62)	(-1.84)	(-3.56)	(-2.25)
Regu	-0.161 ***	-0.230 ***	-0.151 ***	-0.218 ***			
	(-6.72)	(-6.49)	(-5.10)	(-5.62)			
Regu × ResFee	0.002 ***	0.002 ***	0.002 ***	0.002 ***			
	(5.06)	(5.28)	(3.27)	(3.79)			
Regu × HSpread		0.217 ***		0.216 ***			
		(5.14)		(5.12)			
Regu × HSpread × ResFee		-0.002 ***		-0.002 ***			
		(-3.89)		(-3.85)			
Regu × HRating			-0.027	-0.030			
			(-0.55)	(-0.58)			
Regu × HRating × ResFee			0.000	0.000			
			(0.27)	(0.31)			
Round	-0.002	-0.002	-0.002	-0.002	-0.001	-0.006	0.001
	(-0.93)	(-0.91)	(-0.93)	(-0.92)	(-0.15)	(-1.45)	(0.27)

续表

变量	（1）	（2）	（3）	（4）	（5）	（6）	（7）
	All	All	All	All	$Regu=0$	$Regu=1$	$Regu=2$
cons	1.398 ***	1.484 ***	1.379 ***	1.464 ***	1.817 ***	1.480 ***	0.552 *
	(7.09)	(7.47)	(6.92)	(7.30)	(5.10)	(4.20)	(1.95)
个人固定效应	控制	控制	控制	控制	控制	控制	控制
N	1314	1314	1314	1314	438	438	438
R^2	0.906	0.908	0.906	0.908	0.854	0.873	0.940

回归系数差异检验

变量	（5）－（6）		（6）－（7）	
	difference	Chi2	difference	Chi2
ResFee			−0.001	1.21	−0.003	8.47 ***
HSpread × ResFee			0.002	1.92	0.002	4.24 **
HRating × ResFee			0.002	1.53	−0.002	1.57

注：***、** 和 * 分别表示在1%、5%和10%的水平上显著。

如表6-8所示，*ResFee* 的系数显著为正，*HSpread × ResFee* 的系数显著为正，*HRating × ResFee* 的系数显著为负，*Regu* 的系数显著为负，都与表6-6和表6-7的结果一致，假设6.1到假设6.5都得到验证。*Regu × ResFee* 的系数显著为正，意味着较严格的监管会提升评级收费与评级意见购买之间的正相关性。因为较严格的监管会提升发债企业和评级机构的潜在风险和损失，评级机构需要更好的风险补充溢价，从而体现在较高的评级收费上。因此，在较为严格的监管政策下，发债企业需要付出更多费用才能获得预期的信用评级水平。

Regu × HSpread 的系数显著为正，意味着较严格的监管会提升信用利差和评级意见购买之间的正相关性。也就是说，在较严格的监管下，较高的信用利差会刺激发债企业进行更多的评级意见购买行为。但 *Regu × HSpread × ResFee* 的系数显著为负，意味着较严格的监管能够有效降低高信用利差刺激发债企业利用高评级收费进行更多评级意见购买的行为。假设6.6得到验证。

Regu × HRating 的系数为负不显著，*Regu × HSpread × ResFee* 的系数也不显著，即在较为严格的监管下，优质企业和资质较差企业相对都会更加

谨慎，利用高评级收费获取高评级水平的动机差异并不大，假设 6.7 没有得到支持。

本书针对三种不同的监管情景（无监管 $Regu=0$，仅质询 $Regu=1$，质询 + 处罚 $Regu=2$）进行了分组检验，回归结果见表 6-8 的第（5）列至第（7）列。$ResFee$、$HSpread \times ResFee$、$HRating \times ResFee$ 的系数都显著，且与之前一致。对比第（5）列和第（6）列中三个变量的系数，差异在统计上并不显著，这与表 6-7 中的结果一致，即违约事后仅存在质询的监管措施并不会对评级质量产生实质性的影响。对比第（6）列和第（7）列中三个变量的系数，$ResFee$ 的差异在统计上显著，即较严格的评级监管会提升评级收费与评级意见购买之间的正相关关系，因为发债企业需要在严格的监管环境下支付更高的评级费用以补偿评级机构更高的风险。$HSpread \times ResFee$ 的系数也存在显著差异，表明严格的监管会降低高信用利差导致的评级收费与评级意见购买之间的正相关关系。但 $HRating \times ResFee$ 的系数在两组之间的差异并不明显，与第（2）列的结果一致。

总之，表 6-8 的结果表明，严格的评级监管会减少评级意见购买，提高信用利差与评级意见购买之间的正相关性。假设 6.5 和假设 6.6 得到验证，假设 6.7 未得到验证。

6.4.3 进一步检验

考虑到监管问题，不同资质的发债企业在面对不同的信用利差情况下的行为可能是不同的，也就是说，企业资质可能也会影响企业的评级意见购买行为。本书对此进行了进一步分析，回归结果见表 6-9。

表 6-9　　　信用利差与评级资质对评级意见购买行为的交叉影响

变量	(1)	(2)	(3)	(4)
	All	$Regu=0$	$Regu=1$	$Regu=2$
$ResFee$	0.028 ***	0.025 ***	0.026 ***	0.029 ***
	(64.48)	(26.50)	(33.28)	(28.00)
$HSpread$	-0.176 ***	-0.431 ***	-0.262 ***	-0.045
	(-5.41)	(-3.88)	(-3.76)	(-1.30)

续表

变量	（1）	（2）	（3）	（4）
	All	$Regu = 0$	$Regu = 1$	$Regu = 2$
$HSpread \times ResFee$	0.012 ***	0.015 ***	0.013 ***	0.012 ***
	（23.61）	（10.97）	（13.60）	（10.28）
$HRating$	0.324 ***	0.270 *	0.530 ***	0.230 ***
	（6.44）	（1.88）	（3.67）	（5.26）
$HRating \times ResFee$	−0.003 ***	−0.003 *	−0.005 ***	−0.003 **
	（−5.14）	（−1.76）	（−3.50）	（−2.08）
$HSpread \times HRating$	−0.251 ***	−0.188	−0.443 ***	−0.164 ***
	（−4.51）	（−1.15）	（−2.92）	（−3.16）
$HRating \times HSpread \times ResFee$	0.002 ***	0.002	0.005 ***	0.001
	（3.39）	（0.88）	（2.83）	（0.78）
$Round$	−0.002	−0.001	−0.006	0.001
	（−1.03）	（−0.13）	（−1.51）	（0.22）
$cons$	0.993 ***	1.789 ***	1.408 ***	0.528 *
	（5.19）	（4.98）	（3.98）	（1.86）
个人固定效应	控制	控制	控制	控制
N	1314	438	438	438
R^2	0.904	0.854	0.875	0.940

回归系数差异检验

变量	（2）−（3）		（3）−（4）	
	difference	Chi2	difference	Chi2
$ResFee$	−0.001	1.52	−0.003	5.7 **
$HSpread \times ResFee$	0.002	1.88	0.001	0.44
$HRating \times ResFee$	0.003	1.65	−0.003	2.04
$HRating \times HSpread \times ResFee$	−0.003	1.59	0.004	3.06 *

注：***、** 和 * 分别表示在 1%、5% 和 10% 的水平上显著。

　　如表 6 - 9 所示，第（1）列对全部样本进行了检验，考察企业资质与信用利差对评级意见购买行为的交叉影响。$ResFee$ 和 $HSpread \times ResFee$ 的系数都显著为正，$HRating \times ResFee$ 的系数显著为负，都与之前结果一致。而交叉变量 $HRating \times HSpread \times ResFee$ 的系数显著为正，意味着相对于低资质发债企业，较高的信用利差会促使高资质发债企业利用较高的评级收费进行评级意见购买行为，表明不同资质发债企业受到的信用利差的影响是不同的。

本书对不同监管情况下的影响都进行了检验。表 6 - 9 第（2）列为无监管情景，第（3）列为仅质询情景，第（4）列为质询 + 处罚情景。在全部情景下，*ResFee*、*HSpread* × *ResFee* 和 *HRating* × *ResFee* 的系数都显著且与之前结果一致。而对比第（2）列和第（3）列的变量系数，差异并不显著，与表 6 - 7 和表 6 - 8 的结果一致。而对比第（3）列和第（4）列的变量系数，可以看到评级收费 *ResFee* 的系数存在显著差异，即更为严厉的评级监管会造成评级收费与评级意见购买的正相关关系更强，因为在更为严厉的监管水平下，发债企业需要支付更高的评级收费才能获得相应的信用评级水平，以弥补评级机构承担高风险的成本。*HSpread* × *ResFee* 和 *HRating* × *ResFee* 的系数差异并不显著，但交叉变量 *HRating* × *HSpread* × *ResFee* 的系数却存在显著差异，意味着较高的信用利差更可能促使高资质发债企业利用高评级收费进行评级意见购买行为，与第（1）列结果一致。而且，这种情况在弱监管情况下更为明显。

总之，表 6 - 9 的结果表明，考虑到监管问题，不同资质发债企业受到的信用利差的影响是不同的，较高的信用利差更可能促使高资质发债企业利用高评级收费进行评级意见购买，这种情况在弱监管情况下更为明显。

6.4.4　稳健性检验

1. 控制风险调整因素

考虑到以前决策的结果可能会影响下一轮的决策，尤其是当评级机构之前出现债券违约甚至是被监管机构处罚过时，会导致评级机构变得谨慎，也可能导致有些评级机构短期出现更大的投机行为（黄小琳等，2017），因此本书也对之前评级决策的结果进行了相关控制。*PreDefault* 为哑变量，1 表示上一轮出现债券违约的情况，否则为 0；*PrePunish* 为哑变量，1表示上一轮被监管机构处罚，否则为0。控制以上因素的回归结果见表6-10的第（1）列。

表6-10 稳健性检验结果

变量	(1) All	(2) OverRate	(3) lnFee	(4) Exppenalty	(5) Spread/ StandRating	(6) Round > 1	(7) OverRated
ResFee	0.024 *** (30.56)	0.007 *** (21.08)	1.457 *** (95.01)	0.026 *** (46.41)	0.009 *** (5.93)	0.024 *** (28.96)	0.007 *** (3.74)
HSpread	− 0.546 *** (− 7.39)	− 0.158 *** (− 3.52)	− 0.798 *** (− 13.33)	− 0.394 *** (− 8.09)	− 1.091 *** (− 7.39)	− 0.537 *** (− 7.09)	− 1.950 *** (− 11.78)
HSpread × ResFee	0.016 *** (18.67)	0.005 *** (9.06)	0.247 *** (17.30)	0.014 *** (24.57)	0.032 *** (18.67)	0.016 *** (18.25)	0.028 *** (16.77)
HRating	0.273 *** (3.04)	0.058 (1.30)	0.198 *** (2.61)	0.264 *** (4.41)	0.030 *** (3.04)	0.233 ** (2.54)	0.178 (0.95)
HRating × ResFee	− 0.003 *** (− 2.65)	− 0.001 (− 1.19)	− 0.043 ** (− 2.23)	− 0.003 *** (− 3.68)	− 0.000 *** (− 2.65)	− 0.002 ** (− 2.12)	− 0.002 (− 0.96)
Regu	− 0.216 *** (− 5.55)	− 0.090 *** (− 4.77)	− 0.056 (− 1.39)	− 0.065 *** (− 5.02)	− 0.424 *** (− 5.49)	− 0.222 *** (− 5.35)	− 0.535 *** (− 3.81)
Regu × ResFee	0.002 *** (3.78)	0.001 *** (4.86)	0.006 (0.50)	0.001 *** (3.15)	0.004 *** (3.91)	0.002 *** (3.83)	0.005 *** (3.67)
Regu × HSpread	0.215 *** (5.10)	0.051 * (1.92)	0.129 *** (3.45)	0.062 *** (4.30)	0.430 *** (5.10)	0.216 *** (4.98)	0.473 *** (3.83)
Regu × HRating	− 0.002 *** (− 3.84)	− 0.000 (− 1.27)	− 0.026 ** (− 2.51)	− 0.001 *** (− 2.89)	− 0.004 *** (− 3.84)	− 0.002 *** (− 3.87)	− 0.004 *** (− 3.50)
HSpread × HRating	− 0.031 (− 0.62)	0.015 (0.56)	− 0.075 (− 1.52)	− 0.010 (− 0.55)	− 0.003 (− 0.62)	− 0.010 (− 0.19)	0.042 (0.29)
Regu × HSpread × HRating	0.000 (0.30)	− 0.000 (− 0.91)	0.018 (1.23)	0.000 (0.20)	0.000 (0.30)	− 0.000 (− 0.04)	− 0.000 (− 0.29)
Round	− 0.002 (− 0.86)	− 0.002 (− 1.54)	0.000 (0.25)	− 0.002 (− 0.87)	− 0.002 (− 0.86)	− 0.002 (− 0.81)	0.002 (0.96)
PreDefault	− 0.023 (− 0.85)	− 0.011 (− 0.88)	− 0.005 (− 0.36)	− 0.022 (− 0.82)	− 0.023 (− 0.85)	− 0.023 (− 0.84)	− 0.011 (− 0.46)

续表

变量	(1) All	(2) OverRate	(3) lnFee	(4) Exppenalty	(5) Spread/ StandRating	(6) Round > 1	(7) OverRated
PrePunish	0.088 (0.84)	0.102* (1.67)	-0.031 (-0.39)	0.098 (0.92)	0.088 (0.84)	0.090 (0.85)	-0.224 (-1.46)
cons	1.459*** (7.27)	0.658*** (7.61)	-3.703*** (-30.01)	1.283*** (6.53)	1.944*** (8.57)	1.423*** (6.88)	2.445*** (11.31)
个人固定效应	控制	控制	控制	控制	控制	控制	控制
N	1314	1314	1314	1314	1314	1241	924
R^2	0.908	0.825	0.973	0.906	0.908	0.908	0.621

注：***、**和*分别表示在1%、5%和10%的水平上显著，括号内为 t 统计值。

PreDefault 和 *PrePunish* 的回归系数都不显著，意味着上期债券违约和是否被罚的决策结果对本期的决策没有显著影响。而本书关注的变量 *ResFee*、*HSpread × ResFee*、*HRating × ResFee*、*Regu × ResFee* 和 *Regu × HSpread* 的系数都显著，*Regu × HRating* 的系数显著为负，*Regu × HSpread × HRating* 的系数不显著，都与之前的结果一致。因此，本书的假设进一步得到验证。

2. 评级意见购买的其他表征变量

以上回归中采用的过度评级指标 *ResRating* 为实际评级减去合理评级，而 63.39% 的评级出现高估，可能导致该指标过度衡量了评级意见购买。因此，稳健性检验中本书也采用了评级意见购买哑变量 *OverRate* 替代 *ResRating* 进行检验，1 表示存在评级意见购买，即 *ResRating* > 0，0 表示不存在评级意见购买，即 *ResRating* ≤ 0，回归结果见表 6 – 10 的第（2）列。结果基本与之前一致，简洁起见不再赘述，本书的假设进一步得到验证。

3. 评级费用的替代变量回归

主回归使用了过度评级收费（*ResFee*）进行分析，为了进一步证实结论的稳健性，本书也采用评级收费（*Fee*）进行稳健性检验，回归采用自然对数，结果见表 6 – 10 的第（3）列。结果基本与之前的一致，进一步说明了较高的信用利差会刺激企业采用较高评级费用进行评级意见购买行为，同时较强的监管力度可以抑制这种刺激。简洁起见不再赘述，本书的假设进一步得到验证。

4. 监管强度的替代变量回归

主回归中使用了监管强度（*Regu*）进行分析，为进一步证实结论的稳健性，本书还采用了预期处罚金额（*ExpPenalty*）替换监管强度（*Regu*）进行稳健性检验，预期处罚金额为在债券存续期间出现违约时，预期中监管机构对发债企业进行的罚款金额，回归中采用（预期罚款金额 + 1）的自然对数，相应的回归结果见表 6 - 10 的第（4）列。从结果中可以看出，预期处罚金额（*ExpPenalty*）变量系数为负且显著，说明随着预期处罚金额的提高，发债企业的评级意见购买行为减少。除三项交叉变量（*ExpPenalty* × Δ*Spread* × *Fee*）系数外，相关交叉变量系数结果与基本回归的结果正负相同且显著，代表预期处罚金额越高，越会加大评级机构机会主义行为的违约成本，从而降低其机会主义动机，提高信用评级的合理性。本书的假设进一步得到验证。

5. 信用利差和企业资质的替代变量

主回归使用了哑变量衡量信用利差（*HSpread*）以及企业资质（*HRating*），为了进一步证实结论的稳健性，本书也采用信用利差的初始值（*Spread*）以及企业资质的初始值（*StandRating*）进行稳健性检验，结果见表 6 - 10 的第（5）列。结果基本与之前的一致，简洁起见不再赘述，本书的假设进一步得到验证。

6. 评级费用的替代变量回归

主回归使用了全部实验样本，但考虑到第 1 轮实验中没有前期经验的参考，评级机构考虑的成本—收益问题或许有所不同，因此稳健性检验中也剔除了第 1 轮的实验样本，结果见表 6 - 10 的第（6）列。结果基本与之前的一致，简洁起见不再赘述，本书的假设进一步得到验证。

7. 过度评级样本

主回归使用了全部评级样本，但部分评级是合理的，甚至是低估的，与过度评级考虑的因素或许有所差异，因此，稳健性检验剔除了合理评级和低估的样本，只采用过度评级样本进行检验，结果见表 6-10 的第（7）列。结果基本与之前的一致，简洁起见不再赘述，本书的假设进一步得到验证。

6.5　结论

本书基于实验研究发现，较高的信用利差代表更低的融资成本，信用利差越大，发债企业的评级意见购买行为越严重，而且较大的信用利差还会刺激发债企业采用较高的评级费用进行评级意见购买。资质更高的发债企业愿意为获得更低的债券融资成本而产生更多的评级意见购买行为，但是在利用高评级收费获取高评级方面反而相对更加谨慎，不如资质较差的发债企业。随着监管强度的提高，发债企业的评级意见购买行为减少；但不同的监管方式对抑制过度评级的效果不同，存在实质性处罚（罚金或禁止从业等）对抑制过度评级起到了显著作用，处罚金额越高，越会加大评级机构机会主义行为的违约成本，从而降低其机会主义动机，提高信用评级的合理性。而且，严格的评级监管会提高信用利差与评级意见购买的正相关性，降低企业资质与评级意见购买的相关性。本书的研究结果为评级机构的监管和引导提供了一定的借鉴和参考，也为评级收费的公开化和透明化需求提供了理论基础和实证支持。

由于本书采用的是实验研究方法，被试者并不是具有相关工作经验的从业人员，不可避免地会出现并不完全符合现实从业人员判断的可能。不过被试者为会计专业硕士（MPAcc）和工商管理专业高年级本科生，具有较好的财务基础以及相关风险识别理论和课程培训，在一定程度上弥补了以上不足。另外，现实中每家评级机构的评级模型和标准会有一定的差异，评级机构的专业程度和评估师的胜任能力也会有所差别，被评级企业的财务和非财务信息存在不好识别的问题，导致比实验更为复杂的决策情景，可能也会导致结果存在一定的偏误。

附录　实验中涉及的公司信息、信用评级报酬以及监管情况

1. A1 公司计划于 2020 年发行 5 亿元 3 年期的中期票据。作为公司 CEO，你有权决定选聘评级机构对公司进行主体信用评级。目前公司合理的主体信用评级水平为 AA + 级。市场上合理且公认的评级收费：AA + 主体信用评级，评级费用 15 万元。而且，目前债券市场上，信用评级每档之间的信用利差为 0.5%，即 AA + 的信用评级债券融资成本为 5%，AA 的信用评级债券融资成本为 5.5%，AAA - 的信用评级债券融资成本为 4.5%，AAA 的信用评级债券融资成本为 4%，AAA + 的信用评级债券融资成本为 3.5%。你考虑可以给更高的费用争取较高的信用评级从而降低融资成本，经过与评级机构沟通达成如下协议：AA 的评级费用为 9 万元，AA + 的信用评级费用为 15 万元，AAA - 的信用评级费用为 35 万元，AAA 的信用评级费用为 60 万元，AAA + 的信用评级费用为 90 万元。该债券存在违约可能（违约概率 12% 左右），如果在债券存续期间出现违约，不论信用评级是否高估，公司都不会被监管机构警告或者处罚。你决定为公司债券选定的信用等级为_____。

（1）AAA + 评级　　（2）AAA 评级　　（3）AAA - 评级
（4）AA + 评级　　（5）AA 评级

2. A2 公司计划于 2020 年发行 5 亿元 3 年期的中期票据。作为公司 CEO，你有权决定选聘评级机构对公司进行主体信用评级。目前公司合理的主体信用评级水平为 AA + 级。市场上合理且公认的评级收费：AA + 主体信用评级，评级费用 15 万元。而且，目前债券市场上，信用评级每档之间的信用利差为 0.5%，即 AA + 的信用评级债券融资成本为 5%，AA 的信

用评级债券融资成本为 5.5%，AAA－的信用评级债券融资成本为 4.5%，AAA 的信用评级债券融资成本为 4%，AAA＋的信用评级债券融资成本为 3.5%。你考虑可以给更高的费用争取较高的信用评级从而降低融资成本，经过与评级机构沟通达成如下协议：AA 的评级费用为 9 万元，AA＋的信用评级费用为 15 万元，AAA－的信用评级费用为 35 万元，AAA 的信用评级费用为 60 万元，AAA＋的信用评级费用为 90 万元。该债券存在违约可能（违约概率 12% 左右），如果在债券存续期间出现违约，不论信用评级是否高估，你们公司和你个人都会被监管机构约谈，要求提交评级资料，并进行整改。你决定为公司债券选定的信用等级为＿＿＿＿＿＿。

（1）AAA＋评级　　（2）AAA 评级　　（3）AAA－评级

（4）AA＋评级　　（5）AA 评级

3. A3 公司计划于 2020 年发行 5 亿元 3 年期的中期票据。作为公司 CEO，你有权决定选聘评级机构对公司进行主体信用评级。目前公司合理的主体信用评级水平为 AA＋级。市场上合理且公认的评级收费：AA＋主体信用评级，评级费用 15 万元。而且，目前债券市场上，信用评级每档之间的信用利差为 0.5%，即 AA＋的信用评级债券融资成本为 5%，AA 的信用评级债券融资成本为 5.5%，AAA－的信用评级债券融资成本为 4.5%，AAA 的信用评级债券融资成本为 4%，AAA＋的信用评级债券融资成本为 3.5%。你考虑可以给更高的费用争取较高的信用评级从而降低融资成本，经过与评级机构沟通达成如下协议：AA 的评级费用为 9 万元，AA＋的信用评级费用为 15 万元，AAA－的信用评级费用为 35 万元，AAA 的信用评级费用为 60 万元，AAA＋的信用评级费用为 90 万元。该债券存在违约可能（违约概率 12% 左右），如果在债券存续期间出现违约，则你们公司和你个人会被监管机构约谈，要求提交评级资料，并进行整改；如果发现评级虚高，则公司会被监管机构处罚 3 倍评级费用的罚金。你决定为公司债券选定的信用等级为＿＿＿＿＿＿。

（1）AAA＋评级　　（2）AAA 评级　　（3）AAA－评级

（4）AA＋评级　　（5）AA 评级

4. A4 公司计划于 2020 年发行 5 亿元 3 年期的中期票据。作为公司 CEO，你有权决定选聘评级机构对公司进行主体信用评级。目前公司合理的主体信用评级水平为 AA＋级。市场上合理且公认的评级收费：AA＋主体信用评级，评级费用 15 万元。而且，目前债券市场上，信用评级每档之间的信用利差为 0.5%，即 AA＋的信用评级债券融资成本为 5%，AA 的信用评级债券融资成本为 5.5%，AAA－的信用评级债券融资成本为 4.5%，AAA 的信用评级债券融资成本为 4%，AAA＋的信用评级债券融资成本为 3.5%。你考虑可以给更高的费用争取较高的信用评级从而降低融资成本，经过与评级机构沟通达成如下协议：AA 的评级费用为 9 万元，AA＋的信用评级费用为 15 万元，AAA－的信用评级费用为 45 万元，AAA 的信用评级费用为 85 万元，AAA＋的信用评级费用为 135 万元。该债券存在违约可能（违约概率 12% 左右），如果在债券存续期间出现违约，不论信用评级是否高估，公司都不会被监管机构警告或者处罚。你决定为公司债券选定的信用等级为＿＿＿＿＿＿。

（1）AAA＋评级　　（2）AAA 评级　　（3）AAA－评级

（4）AA＋评级　　（5）AA 评级

5. A5 公司计划于 2020 年发行 5 亿元 3 年期的中期票据。作为公司 CEO，你有权决定选聘评级机构对公司进行主体信用评级。目前公司合理的主体信用评级水平为 AA＋级。市场上合理且公认的评级收费：AA＋主体信用评级，评级费用 15 万元。而且，目前债券市场上，信用评级每档之间的信用利差为 0.5%，即 AA＋的信用评级债券融资成本为 5%，AA 的信用评级债券融资成本为 5.5%，AAA－的信用评级债券融资成本为 4.5%，AAA 的信用评级债券融资成本为 4%，AAA＋的信用评级债券融资成本为 3.5%。你考虑可以给更高的费用争取较高的信用评级从而降低融资成本，经过与评级机构沟通达成如下协议：AA 的评级费用为 9 万元，AA＋的信用评级费用为 15 万元，AAA－的信用评级费用为 44 万元，AAA 的信用评级费用为 84 万元，AAA＋的信用评级费用为 136 万元。该债券存在违约可能（违约概率 12% 左右），如果在债券存续期间出现违约，不论信用评级是否高估，你们公司和你个人都会被监管机构约谈，要求提交评级资料，并进行整改。你决定为公司债券选定的信用等级为_____。

（1）AAA＋评级　　（2）AAA 评级　　（3）AAA－评级

（4）AA＋评级　　（5）AA 评级

6. A6 公司计划于 2020 年发行 5 亿元 3 年期的中期票据。作为公司 CEO，你有权决定选聘评级机构对公司进行主体信用评级。目前公司合理的主体信用评级水平为 AA＋级。市场上合理且公认的评级收费：AA＋主体信用评级，评级费用 15 万元。而且，目前债券市场上，信用评级每档之间的信用利差为 0.5%，即 AA＋的信用评级债券融资成本为 5%，AA 的信用评级债券融资成本为 5.5%，AAA－的信用评级债券融资成本为 4.5%，AAA 的信用评级债券融资成本为 4%，AAA＋的信用评级债券融资成本为 3.5%。你考虑可以给更高的费用争取较高的信用评级从而降低融资成本，经过与评级机构沟通达成如下协议：AA 的评级费用为 9 万元，AA＋的信用评级费用为 15 万元，AAA－的信用评级费用为 46 万元，AAA 的信用评级费用为 86 万元，AAA＋的信用评级费用为 134 万元。该债券存在违约可能（违约概率 12% 左右），如果在债券存续期间出现违约，则你们公司和你个人会被监管机构约谈，要求提交评级资料，并进行整改；如果发现评级虚高，则公司会被监管机构处罚 3 倍评级费用的罚金。你决定为公司债券选定的信用等级为_____。

（1）AAA＋评级　　（2）AAA 评级　　（3）AAA－评级

（4）AA＋评级　　（5）AA 评级

7. A7 公司计划于 2020 年发行 5 亿元 3 年期的中期票据。作为公司 CEO，你有权决定选聘评级机构对公司进行主体信用评级。目前公司合理的主体信用评级水平为 AA＋级。市场上合理且公认的评级收费：AA＋主体信用评级，评级费用 15 万元。而且，目前债券市场上，信用评级每档之间的信用利差为 1%，即 AA＋的信用评级债券融资成本为 5%，AA 的信用评级债券融资成本为6%，AAA－的信用评级债券融资成本为4%，AAA的信用评级债券融资成本为3%，AAA＋的信用评级债券融资成本为2%。你考虑可以给更高的费用争取较高的信用评级从而降低融资成本，经过与评级机构沟通达成如下协议：AA的评级费用为9万元，AA＋的信用评级费用为15万元，AAA－的信用评级费用为35万元，AAA的信用评级费用为60万元，AAA＋的信用评级费用为90万元。该债券存在违约可能（违约概率12%左右），如果在债券存续期间出现违约，不论信用评级是否高估，公司都不会被监管机构警告或者处罚。你决定为公司债券选定的信用等级为_____。

（1）AAA＋评级　　（2）AAA评级　　（3）AAA－评级

（4）AA＋评级　　（5）AA评级

8. A8公司计划于2020年发行5亿元3年期的中期票据。作为公司CEO，你有权决定选聘评级机构对公司进行主体信用评级。目前公司合理的主体信用评级水平为AA＋级。市场上合理且公认的评级收费：AA＋主体信用评级，评级费用15万元。而且，目前债券市场上，信用评级每档之间的信用利差为1%，即AA＋的信用评级债券融资成本为5%，AA的信用评级债券融资成本为6%，AAA－的信用评级债券融资成本为4%，AAA的信用评级债券融资成本为3%，AAA＋的信用评级债券融资成本为2%。你考虑可以给更高的费用争取较高的信用评级从而降低融资成本，经过与评级机构沟通达成如下协议：AA的评级费用为9万元，AA＋的信用评级费用为15万元，AAA－的信用评级费用为35万元，AAA的信用评级费用为60万元，AAA＋的信用评级费用为90万元。该债券存在违约可能（违约概率12%左右），如果在债券存续期间出现违约，不论信用评级是否高估，你们公司和你个人都会被监管机构约谈，要求提交评级资料，并进行整改。你决定为公司债券选定的信用等级为_____。

（1）AAA＋评级　　（2）AAA评级　　（3）AAA－评级

（4）AA＋评级　　（5）AA评级

9. A9 公司计划于 2020 年发行 5 亿元 3 年期的中期票据。作为公司 CEO，你有权决定选聘评级机构对公司进行主体信用评级。目前公司合理的主体信用评级水平为 AA＋级。市场上合理且公认的评级收费：AA＋主体信用评级，评级费用 15 万元。而且，目前债券市场上，信用评级每档之间的信用利差为 1%，即 AA＋的信用评级债券融资成本为 5%，AA 的信用评级债券融资成本为 6%，AAA－的信用评级债券融资成本为 4%，AAA 的信用评级债券融资成本为 3%，AAA＋的信用评级债券融资成本为 2%。你考虑可以给更高的费用争取较高的信用评级从而降低融资成本，经过与评级机构沟通达成如下协议：AA 的评级费用为 9 万元，AA＋的信用评级费用为 15 万元，AAA－的信用评级费用为 35 万元，AAA 的信用评级费用为 60 万元，AAA＋的信用评级费用为 90 万元。该债券存在违约可能（违约概率 12% 左右），如果在债券存续期间出现违约，则你们公司和你个人会被监管机构约谈，要求提交评级资料，并进行整改；如果发现评级虚高，则公司会被监管机构处罚 3 倍评级费用的罚金。你决定为公司债券选定的信用等级为＿＿＿＿＿＿。

（1）AAA＋评级　　（2）AAA 评级　　（3）AAA－评级

（4）AA＋评级　　（5）AA 评级

10. B1 公司计划于 2020 年发行 5 亿元 3 年期的中期票据。作为公司 CEO，你有权决定选聘评级机构对公司进行主体信用评级。目前公司合理的主体信用评级水平为 B＋级。市场上合理且公认的评级收费：B＋主体信用评级，评级费用 15 万元。而且，目前债券市场上，信用评级每档之间的信用利差为 0.5%，即 B＋的信用评级债券融资成本为 10%，B 的信用评级债券融资成本为 10.5%，BB－的信用评级债券融资成本为 9.5%，BB 的信用评级债券融资成本为 8%，BB＋的信用评级债券融资成本为 8.5%。你考虑可以给更高的费用争取较高的信用评级从而降低融资成本，经过与评级机构沟通达成如下协议：B 的评级费用为 9 万元，B＋的信用评级费用为 15 万元，BB－的信用评级费用为 35 万元，BB 的信用评级费用为 60 万元，BB＋的信用评级费用为 90 万元。该债券存在违约可能（违约概率

46% 左右），如果在债券存续期间出现违约，不论信用评级是否高估，公司都不会被监管机构警告或者处罚。你决定为公司债券选定的信用等级为_____。

（1）BB + 评级　　（2）BB 评级　　（3）BB − 评级

（4）B + 评级　　（5）B 评级

11. B2 公司计划于 2020 年发行 5 亿元 3 年期的中期票据。作为公司 CEO，你有权决定选聘评级机构对公司进行主体信用评级。目前公司合理的主体信用评级水平为 B + 级。市场上合理且公认的评级收费：B + 主体信用评级，评级费用 15 万元。而且，目前债券市场上，信用评级每档之间的信用利差为 0.5%，即 B + 的信用评级债券融资成本为 10%，B 的信用评级债券融资成本为 10.5%，BB − 的信用评级债券融资成本为 9.5%，BB 的信用评级债券融资成本为 8%，BB + 的信用评级债券融资成本为 8.5%。你考虑可以给更高的费用争取较高的信用评级从而降低融资成本，经过与评级机构沟通达成如下协议：B 的评级费用为 9 万元，B + 的信用评级费用为 15 万元，BB − 的信用评级费用为 34 万元，BB 的信用评级费用为 59 万元，BB + 的信用评级费用为 91 万元。该债券存在违约可能（违约概率 46% 左右），如果在债券存续期间出现违约，不论信用评级是否高估，你们公司和你个人都会被监管机构约谈，要求提交评级资料，并进行整改。你决定为公司债券选定的信用等级为_____。

（1）BB + 评级　　（2）BB 评级　　（3）BB − 评级

（4）B + 评级　　（5）B 评级

12. B3 公司计划于 2020 年发行 5 亿元 3 年期的中期票据。作为公司 CEO，你有权决定选聘评级机构对公司进行主体信用评级。目前公司合理的主体信用评级水平为 B + 级。市场上合理且公认的评级收费：B + 主体信用评级，评级费用 15 万元。而且，目前债券市场上，信用评级每档之间的信用利差为 0.5%，即 B + 的信用评级债券融资成本为 10%，B 的信用评级债券融资成本为 10.5%，BB − 的信用评级债券融资成本为 9.5%，BB

的信用评级债券融资成本为8%，BB＋的信用评级债券融资成本为8.5%。你考虑可以给更高的费用争取较高的信用评级从而降低融资成本，经过与评级机构沟通达成如下协议：B的评级费用为9万元，B＋的信用评级费用为15万元，BB－的信用评级费用为36万元，BB的信用评级费用为61万元，BB＋的信用评级费用为89万元。该债券存在违约可能（违约概率46%左右），如果在债券存续期间出现违约，则你们公司和你个人会被监管机构约谈，要求提交评级资料，并进行整改；如果发现评级虚高，则公司会被监管机构处罚3倍评级费用的罚金。你决定为公司债券选定的信用等级为＿＿＿＿＿＿。

（1）BB＋评级　　（2）BB评级　　（3）BB－评级

（4）B＋评级　　（5）B评级

13. B4公司计划于2020年发行5亿元3年期的中期票据。作为公司CEO，你有权决定选聘评级机构对公司进行主体信用评级。目前公司合理的主体信用评级水平为B＋级。市场上合理且公认的评级收费：B＋主体信用评级，评级费用15万元。而且，目前债券市场上，信用评级每档之间的信用利差为0.5%，即B＋的信用评级债券融资成本为10%，B的信用评级债券融资成本为10.5%，BB－的信用评级债券融资成本为9.5%，BB的信用评级债券融资成本为8%，BB＋的信用评级债券融资成本为8.5%。你考虑可以给更高的费用争取较高的信用评级从而降低融资成本，经过与评级机构沟通达成如下协议：B的评级费用为9万元，B＋的信用评级费用为15万元，BB－的信用评级费用为45万元，BB的信用评级费用为85万元，BB＋的信用评级费用为135万元。该债券存在违约可能（违约概率46%左右），如果在债券存续期间出现违约，不论信用评级是否高估，公司都不会被监管机构警告或者处罚。你决定为公司债券选定的信用等级为＿＿＿＿＿＿。

（1）BB＋评级　　（2）BB评级　　（3）BB－评级

（4）B＋评级　　　（5）B评级

14. B5 公司计划于 2020 年发行 5 亿元 3 年期的中期票据。作为公司 CEO，你有权决定选聘评级机构对公司进行主体信用评级。目前公司合理的主体信用评级水平为 B + 级。市场上合理且公认的评级收费：B + 主体信用评级，评级费用 15 万元。而且，目前债券市场上，信用评级每档之间的信用利差为 0.5%，即 B + 的信用评级债券融资成本为 10%，B 的信用评级债券融资成本为 10.5%，BB - 的信用评级债券融资成本为 9.5%，BB 的信用评级债券融资成本为 8%，BB + 的信用评级债券融资成本为 8.5%。你考虑可以给更高的费用争取较高的信用评级从而降低融资成本，经过与评级机构沟通达成如下协议：B 的评级费用为 9 万元，B + 的信用评级费用为 15 万元，BB - 的信用评级费用为 44 万元，BB 的信用评级费用为 84 万元，BB + 的信用评级费用为 136 万元。该债券存在违约可能（违约概率 46% 左右），如果在债券存续期间出现违约，不论信用评级是否高估，你们公司和你个人都会被监管机构约谈，要求提交评级资料，并进行整改。你决定为公司债券选定的信用等级为＿＿＿＿＿＿。

（1）BB + 评级　　（2）BB 评级　　（3）BB - 评级

（4）B + 评级　　　（5）B 评级

15. B6 公司计划于 2020 年发行 5 亿元 3 年期的中期票据。作为公司 CEO，你有权决定选聘评级机构对公司进行主体信用评级。目前公司合理的主体信用评级水平为 B + 级。市场上合理且公认的评级收费：B + 主体信用评级，评级费用 15 万元。而且，目前债券市场上，信用评级每档之间的信用利差为 0.5%，即 B + 的信用评级债券融资成本为 10%，B 的信用评级债券融资成本为 10.5%，BB - 的信用评级债券融资成本为 9.5%，BB 的信用评级债券融资成本为 8%，BB + 的信用评级债券融资成本为 8.5%。你考虑可以给更高的费用争取较高的信用评级从而降低融资成本，经过与评级机构沟通达成如下协议：B 的评级费用为 9 万元，B + 的信用评级费用为 15 万元，BB - 的信用评级费用为 46 万元，BB 的信用评级费用为 86 万元，BB + 的信用评级费用为 134 万元。该债券存在违约可能（违约概率 46% 左右），如果在债券存续期间出现违约，则你们公司和你个人会被监管机构约谈，要求提交评级资料，并进行整改；如果发现评级虚高，则公司会被监管机构处罚 3 倍评级费用的罚金。你决定为公司债券选定的信用等级为＿＿＿＿＿。

　　（1）BB＋评级　　（2）BB 评级　　（3）BB－评级
　　（4）B＋评级　　（5）B 评级

　　16. B7 公司计划于 2020 年发行 5 亿元 3 年期的中期票据。作为公司CEO，你有权决定选聘评级机构对公司进行主体信用评级。目前公司合理的主体信用评级水平为 B＋级。市场上合理且公认的评级收费：B＋主体信用评级，评级费用 15 万元。而且，目前债券市场上，信用评级每档之间的信用利差为 1%，即 B＋的信用评级债券融资成本为 10%，B 的信用评级债券融资成本为 11%，BB－的信用评级债券融资成本为 9%，BB 的信用评级债券融资成本为 8%，BB＋的信用评级债券融资成本为 7%。你考虑可以给更高的费用争取较高的信用评级从而降低融资成本，经过与评级机构沟通达成如下协议：B 的评级费用为 9 万元，B＋的信用评级费用为 15万元，BB－的信用评级费用为 35 万元，BB 的信用评级费用为 60 万元，BB＋的信用评级费用为 90 万元。该债券存在违约可能（违约概率 46% 左右），如果在债券存续期间出现违约，不论信用评级是否高估，公司都不会被监管机构警告或者处罚。你决定为公司债券选定的信用等级为＿＿＿＿＿。

　　（1）BB＋评级　　（2）BB 评级　　（3）BB－评级
　　（4）B＋评级　　（5）B 评级

　　17. B8 公司计划于 2020 年发行 5 亿元 3 年期的中期票据。作为公司CEO，你有权决定选聘评级机构对公司进行主体信用评级。目前公司合理的主体信用评级水平为 B＋级。市场上合理且公认的评级收费：B＋主体信用评级，评级费用 15 万元。而且，目前债券市场上，信用评级每档之间的信用利差为 1%，即 B＋的信用评级债券融资成本为 10%，B 的信用评级债券融资成本为 11%，BB－的信用评级债券融资成本为 9%，BB 的信用评级债券融资成本为8%，BB＋的信用评级债券融资成本为7%。你考虑可以给更高的费用争取较高的信用评级从而降低融资成本，经过与评级机构沟通达成如下协议：B的评级费用为9万元，B＋的信用评级费用为15万元，BB－的信用评级费用为34万元，BB的信用评级费用为59万元，BB＋的信用评级费用为91万元。该债券存在违约可能（违约概率46%左右），如果在债券存续期间出现违约，不论信用评级是否高估，你们公司和你个人都会被监管机构约谈，要求提交评级资料，并进行整改。你决定为公司债券选定的信用等级为_____。

（1）BB＋评级　　（2）BB评级　　（3）BB－评级

（4）B＋评级　　（5）B评级

18. B9公司计划于2020年发行5亿元3年期的中期票据。作为公司CEO，你有权决定选聘评级机构对公司进行主体信用评级。目前公司合理的主体信用评级水平为B＋级。市场上合理且公认的评级收费：B＋主体信用评级，评级费用15万元。而且，目前债券市场上，信用评级每档之间的信用利差为1%，即B＋的信用评级债券融资成本为10%，B的信用评级债券融资成本为11%，BB－的信用评级债券融资成本为9%，BB的信用评级债券融资成本为8%，BB＋的信用评级债券融资成本为7%。你考虑可以给更高的费用争取较高的信用评级从而降低融资成本，经过与评级机构沟通达成如下协议：B的评级费用为9万元，B＋的信用评级费用为15万元，BB－的信用评级费用为36万元，BB的信用评级费用为61万元，BB＋的信用评级费用为89万元。该债券存在违约可能（违约概率46%左右），如果在债券存续期间出现违约，则你们公司和你个人会被监管机构约谈，要求提交评级资料，并进行整改；如果发现评级虚高，则公司会被监管机构处罚3倍评级费用的罚金。你决定为公司债券选定的信用等级为_____。

（1）BB＋评级　　（2）BB评级　　（3）BB－评级

（4）B＋评级　　（5）B评级

第 7 章

信用评级收费与评级质量：基于评级机构年度报告的证据

7.1 引言

为了降低信息不对称，企业尤其是优质企业会聘请专业的信息中介机构给予信息鉴证并提供增量信息（Jensen and Meckling，1976；Chow，1982）。在债券市场上，信用评级报告是对发债企业偿债能力和偿债意愿的综合评价，可以为投资者提供有关发债企业的信用信息，向投资者提示发债企业的偿债风险。因此，信用评级是投资者决策的重要影响因素，会影响债券市场定价与发债融资成本（Million and Thakor，1985；Hand et al.，1992；沈红波和廖冠民，2014）。当信用评级越高或者向上调整信用评级等级时，发债融资成本越低（Kisgen，2006；Kisgen and Strahan，2010；何平和金梦，2010；寇宗来等，2015）。然而，当较高的信用评级可以降低融资成本时，发债企业就有动机要求评级机构调高信用等级，并且很多情况下虚高于根据其偿债能力等确定的合理评级水平，即信用评级膨胀；尤其在目前发行人付费模式为主的情况下，① 信用评级机构很难保持完全的独立性，往往为了获取较高评级费用而配合发债企业要求，出具虚高的信用评级（Bolton et al.，2012；Kraft，2015；陈关亭等，2021b；林晚发等，2021；吴育辉等，2022），现有研究将上述现象称为信用评级迎合（Mathis et al.，2009；Bolton et al.，2012；Sangiorgi and Spatt，2017）。

　　美国信用评级市场相对较为成熟，国际三大评级机构的垄断地位逐渐确立，评级机构的声誉机制也较强。即使如此，美国市场也存在信用评级膨胀与虚高等现象（Skreta and Veldkamp，2009；Kraft，2015）。相比美国，我国的信用评级起步较晚，直到 1997 年中国人民银行才批准了首批具有全国性债券市场评级资质的 9 家评级机构。2019 年标准普尔获准进入中国，标志着我国信用评级市场迎来了新的发展节点。然而，当前我国信用评级市场依然不够成熟。尽管从 2006 年的《上市公司证券发行管理办法》到 2019 年的《信用评级业管理暂行办法》，信用评级监管政策越来越细致，但是信用评级膨胀与虚高等评级质量问题仍然困扰着我国债券评级市场（寇宗来等，2015；陈关亭和朱松，2021）。如图 7 - 1 所示，在 2010 ~ 2018 年我国发行的信用债券中，超过 80% 的发债企业获得了 AA 及以上等

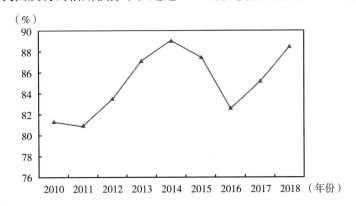

图 7 - 1　信用债券 AA 级及以上评级比例
资料来源：同花顺金融数据库。

---

　　①　我国评级付费模式主要为发行人付费模式，中债资信评估有限责任公司等投资者付费模式的市场份额较低。

级的信用评级，这明显高于同期美国等发达债券市场的比例，说明在实践中存在严重的信用评级膨胀现象。

在信用评级选购解释下，信用评级膨胀的主要原因是发债企业利用了不同评级机构之间的评级标准与结果差异，并不意味着评级机构失去独立性（Griffin et al.，2013）。然而，我国债券市场的信用评级高估问题以及某些知名公司的债券违约事件，表明信用评级机构可能既缺乏独立性，又存在信用评级不准确与不合理问题，因而信用评级标准差异不能完全解释我国债券市场中的信用评级膨胀现象。除信用评级选购外，在目前发行人付费模式占据主导地位的情况下，为获取收益与市场份额，评级机构可能丧失独立性，出具不准确、不合理且高估的信用评级，从而导致信用评级膨胀（虚膨胀），即信用评级迎合。相对于信用评级选购观点，信用评级迎合对解释信用评级膨胀中存在的评级不准确、不合理问题更为恰当。获取高估或者膨胀的信用评级是发债企业与评级机构之间的利益互换过程（Griffin et al.，2013），在信用评级迎合解释下，评级机构之所以放弃独立性，目的就是获取收益或者说评级收费。然而，目前美国等发达国家（地区）的信用评级监管机构并未要求评级机构或发债企业披露评级费用，我国 2013 年之前在实践中也不公开评级收费数据。① 受制于评级收费信息保密问题，国内外现有研究未能清晰地揭示评级收费与信用评级膨胀以及信用评级质量之间的关系（Sangiorgi and Spatt，2017）。

2013 年 1 月，中国银行间市场交易商协会发布《非金融企业债务融资工具信用评级业务自律指引》，要求信用评级机构每年 4 月 30 日前公开披露上一年度信用评级业务开展和合规情况。随着评级机构年度报告公布的数据类型越来越多、形式越来越规范，投资者和监管机构对于评级机构人员组成、收入结构、自我监管等方面的了解逐步深入，中国银行间市场交易商协会信用评级专业委员会也发布专门报告来通报评级机构的年度报告，并根据年度报告对评级机构的自律管理工作有针对性地提出监管指导

---

① 2006 年中国人民银行发布《信用评级管理指导意见》，要求评级机构向中国人民银行提交收费标准并由中国人民银行公开披露，但是在实践中信用评级收费信息一直没有公开。

意见。如表 7 - 1 所示，各家评级机构年度报告分别披露了各类评级业务的评级收入信息，这为直接考察信用评级膨胀问题提供了难得的研究机会。因此，本书试图基于信用评级机构年度业务开展及合规运行情况报告中披露的评级收费信息，从信用评级迎合角度，检验信用评级收费与信用评级膨胀问题以及评级质量之间的关系。

表 7 - 1　　　　　　2022 年国内六家信用评级机构收入情况　　　　单位：万元

项目	中债资信	中诚信	上海新世纪	联合资信	东方金诚	大公国际
非金融企业债务融资工具		12964.20	3876.70	8807.67	4893.65	3120
企业债		4688.68	2122.92	2226.37	4965.19	3960
公司债		11996.09	3729.70	6230.06	6790.25	3663
金融债	171.70	3138.04	311.32	2141.04	982.08	244
资产支持证券	11352.59	12012.79	5132.60	11539.14	3156.08	1236
其他	257.08	45782.15	17778.45	28841.69	10987.43	10880

资料来源：2022 年各评级机构披露的业务开展及合规运行情况报告。

基于我国 2013~2018 年信用评级机构年度报告中公布的评级收入信息，本书分别从绝对水平维度和偏差维度考察了信用评级收费对信用评级质量的影响。研究发现，无论是按照评级收费绝对水平还是收费偏差衡量，较高的信用评级收费都会导致信用评级膨胀和评级质量下降（且无论是在信用评级绝对水平维度还是在评级偏差维度）；信用评级机构的市场份额越大，信用评级迎合倾向越明显；若评级机构在以前年度所评债券发生违约事件，在暴露后因评级收费导致的信用评级膨胀程度有所收敛。进一步研究发现，激烈的行业竞争使得评级机构更有动机迎合发债企业，因此较高评级收费导致的信用评级膨胀问题更严重；此外，当发债企业是上市公司时，较高评级收费所致的信用评级膨胀和评级质量降低程度也更严重。

本书贡献主要如下。第一，由于缺乏信用评级收费的数据，现有基于信用评级迎合视角的研究未能清晰揭示信用评级膨胀问题。本书基于信用评级机构披露年度业务开展及合规运行情况报告这一制度背景，为评级收费如何影响信用评级膨胀和信用评级质量提供了更清晰和更直接的经验证据，丰富了信用评级迎合理论解释与文献。第二，现有关于竞争与声誉的研究并未形成一致结论。一方面，竞争使得评级机构为获得市场份额而迎合发债企业，尤其是在发行人付费模式下（陈关亭和朱松，2021；吴育辉等，2022）；另一方面，竞争又会使评级机构注重声誉维护，并减少信用评级膨胀问题（Bolton et al.，2012）。利用中国信用评级市场的数据，本书研究发现，在信用评级市场竞争较为激烈且声誉机构发挥作用有限的情况下，竞争只会加重评级机构的迎合行为，导致信用评级膨胀现象更严重，这一发现为竞争与声誉关系提供了新的解释。第三，现有研究主要从市场准入（Behr et al.，2018）等角度考察监管与信用评级的关系，而本书则从债券违约事件对评级机构声誉的影响视角发现政府监管会抑制信用评级膨胀，为揭示政府监管与信用评级的关系及其影响机制提供了新的分析维度和经验证据。

7.2 研究假设

评级机构收费模式对评级质量有着重大影响（吴育辉等，2020；陈关亭等，2021b）。在发行人付费模式下，发债企业具有通过评级费用获取高估信用评级的机会。出于降低融资成本、减少融资压力的考虑，发债企业通常希望获得较高的信用评级。通过向信用评级机构支付更高的评级费用，发债企业可以采用评级选购方式获得期望的信用等级，且通常高于根据其偿债能力等确定的合理等级，即信用评级膨胀。出于经济利益考虑，信用评级机构也有动机获取较高的评级收费并相应地给出更高的信用评级，以增强对发债企业的吸引力，提高市场份额。因此，发债企业为了谋求更高的信用评级很可能愿意承担更高的评级收费，同时评级机构为了获取更高的评级收入也会迎合信用评级调整需求（Skreta and Veldkamp，2009；Bolton et al.，2009；Bar-Isaac and Shapiro，2013）。

然而，从长期声誉压力的角度考虑，理性的信用评级机构不应当被经济利益影响到评级的准确性和客观性，特别是当评级机构规模较大且面临的经济压力较低时，考虑到信用评级迎合可能导致的声誉损失，其更可能倾向于降低信用评级的膨胀程度，提供更为准确的信用评级。这意味着评级收费和信用等级之间可能并非单纯的线性关系，而可能随着评级收入的提高，评级高估程度反而得到收敛，即评级机构趋向重视评级质量。正如克莱因和莱弗勒（Klein and Leffler，1981）的观点，中介机构的行为决策取决于声誉资本带来的长期收益与破坏声誉产生的短期收益的权衡，因此信用评级机构是否采取信用评级迎合策略也需要在利益和声誉之间进行衡量。声誉机制的有效性受到很多因素的影响。一方面，现有研究指出只有当评级机构的主要收入来自非信用评级业务时声誉机制才有用（Mathis et al.，2009）。然而，这在当前我国评级市场中可能并不成立，因为评级业务是我国评级机构的主要收入来源。在我国目前激烈的市场竞争中出现了一些乱象。例如，以调高信用级别为筹码，收受受评企业的好处费；在为发行人提供评级服务的同时，直接向受评企业提供咨询服务和收取高额费用，并存在虚假表述和不实信息。另一方面，我国信用评级行业起步较晚而且信用评级机构缺乏市场认可的公信力（寇宗来等，2015），声誉机制发挥的约束作用有限。因此，在面对客户调高信用级别的不道德要求时，我国信用评级机构在声誉和收益的权衡中更容易倾向于收益砝码，即利用信用评级领域的管理宽松和级别标准的弹性，从收入利益角度作出行为抉择和评级迎合策略，继而产生信用评级膨胀或评级虚高现象，这种情况下的较高信用级别隐藏着被高估的信用评级偏差，必然导致评级质量的相应下降。基于上述分析，在控制其他因素的条件下，本书提出以下假设。

假设 7.1：较高的评级收费导致虚高的信用等级和较差的评级质量。

随着信用评级市场竞争不断加剧，最初的"三巨头"（中诚信、大公国际和联合资信）占有超过 90% 市场的情况已经不复存在，越来越多的机构加入竞争格局中（寇宗来等，2015）。如何在目前竞争格局下扩大或保持既有市场份额成了所有机构需要考虑的重要问题。占据较大市场份额的评级机构，通常进入市场的时间比较久，客户群更加庞大，收入也较为可观。理论上这些机构在业务展开过程中会更加重视声誉，这就使得它们有动力给出更准确的信用评级，因为在任何市场内积累和维持声誉资本都对长期收益有积极作用，相应地也会帮助企业巩固甚至进一步扩大市场地位（Mathis et al.，2009）。而对于类似鹏元资信公司等进入市场较晚的小型评级机构来说，在业务竞争过程中，它们更需要通过虚高评级快速获取市场份额和提高收入，其中也不乏与发债企业达成的信用评级交易（姚红宇，2019）。基于这样的考虑，高收费换取高评级的信用评级交易，对占有较大市场份额的评级机构的吸引力较低，即大型评级机构为了谋取较高评级收费而牺牲评级质量的可能性及程度应该比小型评级机构低。

　　然而，如果进一步考虑弗兰克尔（Frenkel，2015）在研究评级市场时提出的"双重声誉"（即投资者相信评级机构给出的信用评级是客观的、准确的，而发债企业知道哪些评级信用机构会给出偏高的信用评级），再结合新进入市场的评级机构为了迅速扩张市场份额通常会配合信用评级购买并出具虚高评级的可能性（姚红宇，2019），则可推论最后占有更大市场份额的评级机构很有可能就是那些愿意出具更高评级的机构，并使得评级市场出现"劣币驱逐良币"的态势。[①] 对于依靠上述方式占据较大市场份额的评级机构来说，面对新的竞争对手，想要持续维持既有市场份额，无疑需要继续出具偏高的信用评级。因为发债企业很有可能在未来的业务合作过程中提出更高的信用评级要求，或当评级机构提出同样的收费标准时发债企业会要求给出比原来更加高估的评级（Hirth，2014）。目前国内评级机构声誉机制的约束作用有限，再加上大型评级机构在与客户的长期合作中形成了密切的私人关系以及客户依赖度，这些原因使得大型机构更有可能向客户的更高评级要求妥协（寇宗来等，2015；姚红宇，2019）。随着行业集中度的提高，大型评级机构之间的竞争更加激烈（陈关亭和朱松，2021），这可能导致即使是大型评级机构，也会在激烈的竞争中涉入信用评级迎合，即收取较多的评级费用则给予较高的信用等级，或者在同等收费下出具比原来更加高估的信用等级，从而使得因评级收费而导致的评级膨胀问题更加严重。相对于大型评级机构，小型评级机构对发行人往

---

　　① 即使在较为成熟的美国评级市场中，评级竞争也会导致信用评级膨胀。例如，格里芬等（Griffin et al.，2015）利用担保债务凭证（CDO）样本，发现当双重信用评级不一致时，承销商会与评级等级较低的评级机构沟通，提高信用评级，从而导致信用评级膨胀。

往处于更为劣势的地位，因而，其一方面难以在激烈的评级行业竞争中获得较高的评级定价，另一方面又被《银行间债券市场信用评级机构评级收费自律公约》（以下简称《自律公约》）限定的最低收费标准约束了收费下浮空间，综合来看则是在上限和下限两端分别压缩了小型评级机构的收费调整空间。基于上述分析，在控制其他因素的条件下，本书提出以下假设。

假设 7.2：在激烈的竞争环境中，国内现有评级机构所占市场份额越大，因评级收费导致的信用质量较低问题越严重。

从 2014 年国内公募债券发生首例实质性违约起，债券市场开始频频发生违约事件。据 Wind 数据库统计，截至 2021 年底我国相继发生了 1061 例债券违约事件，债券违约总额高达 9526.77 亿元。债券违约事件不仅对发债企业产生了重大负面影响，也在一定程度上使得涉事评级机构被质疑存在信用评级偏高和评级质量较差等问题，甚至是评级机构对评级主体的风险变化缺乏预见性。这会导致投资者认为评级机构没有充分、及时地揭示发债企业的信用风险，从而对其投资决策失误负有一定责任。

涉及债券违约事项对评级机构之后的业务开展有着很大影响。如果涉事评级机构被发现存在信用评级虚高问题，那么识别能力较好的发债企业则会更倾向于选择非涉事信用评级机构，以避免选择涉事评级机构招致"双重评级"惩戒等负面影响（黄小琳等，2017）。涉事评级机构因而失去客户、市场份额萎缩并承受相应的收入压力，通常导致其在之后的信用评级交易中处于不利地位，如在信用评级迎合中可能要比非涉事评级机构出具更加偏高的信用等级才能获得同样的评级收入。

除了收入压力，评级机构还要考虑随之而来的声誉压力和监管压力。虽然已有研究发现我国信用评级机构缺乏市场认可的公信力（寇宗来等，2015），但是当债券市场出现违约事项后，投资者通过"用脚投票"推动评级市场内的声誉机制逐渐产生惩罚效应（黄小琳等，2017）。一方面，涉及债券违约事件导致相关评级机构的客户数量和市场份额显著下降；另一方面，监管机构对涉事评级机构的监管与处罚更加严格。因此，面对市场压力与监管压力，涉事评级机构在之后的业务开展过程中会更加谨慎。

对于诸如信用评级购买等违规交易，涉事评级机构的评级谨慎可能体现为在同样收费条件下，信用评级高估程度有所收敛，甚至拒绝此类交易。这一方面有助于涉事评级机构改善自身形象，尽快恢复声誉；另一方面也有助于避免监管机构的进一步处罚，维持企业生存。综上，涉及债券违约事件会使得评级机构面临市场、声誉与监管的多重压力，因而评级机构配合信用评级购买交易的行为将会减少，信用评级膨胀程度也会下降。据此，在控制其他因素的条件下，本书提出以下假设。

假设 7.3：评级机构如前期涉及债券违约事件，因评级收费导致的信用质量较低问题会有所收敛。

7.3　研究设计

7.3.1　样本与数据来源

本书所使用的评级机构收入和市场份额数据是基于评级机构在中国银行间市场交易商协会官网披露的年度评级业务开展及合规运行情况报告整理计算的，债券信用评级以及其他数据来自同花顺数据库。由于上述年度报告从 2013 年才开始有较为统一和完整的数据披露，因此选取的样本期间为 2013~2018 年。

样本选择遵循如下原则：（1）仅涵盖时间段内已到期和在市的短期融资债券、中期票据、企业债和公司债；（2）剔除数据缺失样本；（3）样本仅包含中诚信、大公国际、联合资信、上海新世纪及东方金诚五家发行人付费模式的评级机构数据。① 本书最初获得样本观察值共 26444 个，根据上述原则筛选后最终获得的样本观察值为 20163 个。为了避免极端值的影响，本书对所有连续变量进行了上下 1% 的缩尾处理。

---

① 中证鹏元与远东资信 2019 年才被中国银行间市场交易商协会许可开展银行间债券市场 A 类、B 类信用评级业务，因此样本时间段内无法获取这两家评级机构的业务开展及合规运行情况报告。年度报告及数据不全的其他评级公司，也予以剔除。

7.3.2　变量设计

在信用评级绝对水平维度，本书借鉴贝克尔和米尔本（2011）、夏（Xia，2014）和徐晓萍等（2018）的序数化量化方法，采用信用等级（Rating）衡量评级质量，即根据中国人民银行《信用评级要素、标识及含义》与国内各大信用评级机构信用评级划分方法，按阿丰索等（2007）的量化方法对微调式信用等级（AAA +、AAA、AAA −、AA +、AA、AA −、A +、A、A −、BBB +、BBB、BBB −、BB +、BB、BB −、B +、B、B −、CCC、CC、C）依次赋值，其中最低级 C 赋值为 1，CC 赋值为 2，依次递增，最高级 AAA + 赋值为 21。采用信用等级（绝对水平维度）衡量评级质量是基于市场上存在信用评级膨胀这一前提假设，由此推论高评级隐含着评级膨胀和评级质量差（林晚发等，2017）。这在逻辑上可能存在大前提不周延问题，因此在后续的稳健性检验中，本书再从信用评级偏差维度（评级机构所给信用等级偏离合理水平的程度）予以进一步检验。

评级机构收费（Fee），使用评级机构当年各类型债券的总评级收入总数除以该类型债券评级报告的数量进行衡量。[①] 在年度报告以及发债企业都未具体公布信用评级收费的情况下，这一平均值能够相对合理地衡量各评级机构的评级收费水平。虽然评级机构的各类债券平均评级收费水平与每单评级业务收费水平存在一定差异，但评级机构与评级机构之间的评级定价与风险控制有差异，这不仅具体体现在每一个评级项目上，也会总体

[①] 在《年度信用评级业务开展及合规运行情况报告》中，评级机构披露了各类债券评级业务总收入以及初始评级数量和跟踪评级数量，但没有细分初始评级收入和跟踪评级收入。因此，在计算各类债券平均每笔评级业务收入时，因各类债券评级收入为同类债券的总评级收入，评级数量相应采用了同类债券的总评级数量，即评级报告数量为同类型债券的评级报告数量之和，包括存续债券评级报告、新增债券评级报告和跟踪评级报告的数量。同时考虑到《自律公约》约定债项信用评级在评级报告有效期内跟踪评级不收费，以及发债企业主要谋求调高初始信用等级（陈关亭和朱松，2021），评级数量没有计算跟踪评级报告的数量。为从多维度趋近每单评级业务收入均值，在稳健性检验中，还采用了其他 5 类度量方法。此外，《年度信用评级业务开展及合规运行情况报告》没有披露咨询服务收入等非评级收入，因此本书无法对非评级收入对评级质量的影响进行量化分析。

反映在各类债券总体收费水平上，因此，采用这一指标可在较大程度上刻画不同评级机构的收费差异。[①] 在稳健性检验中，本书再从评级收费偏差维度进行检验，并采用其他 5 种替代方法度量信用评级收费。

在控制变量方面，本书选择了评级市场份额（*Hindex*）、评级机构涉及债券违约事件（*Scandal*）、发债规模（*Amount*）、债券期限（*Duration*）、债券担保（*Guarantee*）、国际四大（*Big*4）、上市企业（*List*）、国有企业（*State*）、企业规模（*Size*）、资产负债率（*Lev*）、资产收益率（*ROA*），以及行业（*Industry*）、债券类型（*Type*）、发行人注册地（*Area*）与年度（*Year*）虚拟变量。考虑到变量滞后性的影响，评级机构及企业特征变量均采用上一年度的数值。变量的具体定义见表 7 - 2。

表 7 - 2   变量定义

类别	变量名称		变量符号	变量描述
被解释变量	信用评级		*Rating*	C 赋值为 1，CC 赋值为 2，依次递增，最高级 AAA + 赋值为 21
解释变量	评级收费		*Fee*	各类型债券的评级收入总额除以同类型债券评级报告数量（单位：万元）。此外，稳健性检验中采用其他 5 种度量方法
控制变量	评级机构特征变量	市场份额	*Hindex*	同类型债券评级报告数量除以全国同类型债券评级报告总量
		评级机构涉及债券违约事件	*Scandal*	若评级机构上一年涉及债券违约事件，则为 1；否则为 0
		评级机构声誉	*Reputation*	当评级机构为中诚信国际或联合资信时，取值为 1；否则为 0[a]

[①] 《自律公约》适用于银行间债券市场，交易所债券市场没有制定收费标准。考虑到我国银行间债券市场和交易所债券市场具有较多相似和相通之处，推测交易所债券市场评级收费基本趋同于《自律公约》收费标准。两家债券市场的相似和相通之处，主要包括：（1）两家债券市场的监管制度、交易规则、评级程序和评级标准基本相同；（2）同一企业，既可在银行间市场发债，也可在交易所市场发债；（3）同一评级机构（2020 年前指具有两市场评级资格者），既可在银行间市场评级，也可在交易所市场评级。林晚发等（2017）研究发现，由于企业债可以跨市场发行，并且债券市场信息可以相互流通，银行间市场发行主体的评级信息会传递到交易所市场。2020 年新《中华人民共和国证券法》在评级业务行政许可制度上打通了银行间债券市场和交易所债券市场，实际上是对两家市场相似性和相通性的法律认可。此外，我们通过访谈评级机构证实其在两家市场对相同评级对象的收费标准大致相同。

续表

类别	变量名称		变量符号	变量描述
控制变量	发行债券特征变量	发债规模	*Amount*	债券发行总额的自然对数
		债券期限	*Duration*	发行天数除以 365
		债券担保	*Guarantee*	债券发行时有担保为 1；否则为 0
		债券类型	*Type*	当分别为短期融资券、企业债、公司债与中期票据时取值为 1；否则为 0
	发行主体特征变量	国际四大	*Big4*	由国际四大会计师事务所审计为 1；否则为 0
		上市企业	*List*	发行主体为上市企业取 1；否则为 0
		国有企业	*State*	发行主体为国有企业取 1；否则为 0
		企业规模	*Size*	公司资产总额的自然对数
		资产负债率	*Lev*	负债总额除以资产总额
		资产收益率	*ROA*	税后净利润除以总资产
		行业虚拟变量	*Industry*	10 个哑变量表征 11 个行业。分类标准为同花顺数据库中的北美行业分类系统（GICS）
		发行人注册地所在省级单位虚拟变量	*Area*	33 个哑变量表征 34 省级行政单位
		年度虚拟变量	*Year*	5 个哑变量表征 6 个年度

注：a 我国评级机构声誉的差异体现在市场份额与是否有国际三大评级机构持股（刘琳与查道林，2018）。据此标准，本书确定中诚信国际和联合资信两家评级公司为高声誉评级机构。对于多重评级样本，若评级机构中有中诚信国际或联合资信，评级机构声誉（*Reputation*）取值为 1，否则为 0。

7.3.3　模型设计

被解释变量信用评级（*Rating*）为多元有序变量，所以本书采用有序 Logit 方法对模型进行估计。为了验证三个假设，本书模型设定如下：

$$Rating = \beta_0 + \beta_1 Fee + \beta_2 Hindex + \beta_3 Hindex \times Fee + \beta_4 Scandal$$
$$+ \beta_5 Scandal \times Fee + \sum \beta_i Controls_i + \varepsilon \qquad (7.1)$$

根据假设 7.1，评级机构收费越高，出具的信用等级也越高，因此预期 $\beta_1 > 0$；根据假设 7.2，评级机构市场份额越大，评级收费导致的信用评级膨胀程度越大，因此预期 $\beta_3 > 0$；根据假设 7.3，如果评级机构涉及违约债券事项，则其信用评级膨胀程度会有所收敛，因此预期 $\beta_5 < 0$。

7.4　实证结果与分析

7.4.1　描述性统计

表7-3报告了变量的描述性统计。样本中大量信用评级（*Rating*）集中在18（AA＋级），最高为20（AAA级），这在一定程度上佐证了我国很有可能存在信用评级膨胀与偏高的现象。信用评级收费（*Fee*）均值为23.724万元，略低于《自律公约》单笔长期债券评级收费最低值25万元，表明本书对于每笔债券评级收费金额的推算基本合理；最高收费达到了平均每个评级项目62.222万元，最低仅为16.346万元，表明在当前评级市场上，各评级机构之间以及各类型的债券评级收费标准存在较大差异，这种差异可能与评级机构对不同类型债券评级的资源投入和项目成本等有关，也有可能和信用评级选购有关。各个评级机构的市场份额（*Hindex*）存在明显差异，最大值为50.7%，最小值仅为6.4%，表明各评级机构占据的市场份额差距非常大。评级机构涉及债券违约事件（*Scandal*）的均值，显示接近67%的评级机构涉及债券违约事项，也说明有必要将评级机构涉及债券违约事件这一因素纳入本书分析之中。

表7-3　　　　　　　　　　描述性统计

变量	平均数	标准差	最小值	25分位数	中位数	75分位数	最大值
Rating	18.197	0.943	15	18	18	18	20
Fee	23.724	8.434	16.346	18.385	22.775	25.101	62.222
Hindex	0.278	0.098	0.064	0.193	0.297	0.325	0.507
Scandal	0.668	0.471	0	0	1	1	1
Amount	20.552	0.738	18.421	20.030	20.682	21.129	22.333
Duration	3.376	2.652	0.164	1	3	5	10

续表

变量	平均数	标准差	最小值	25 分位数	中位数	75 分位数	最大值
Guarantee	0.093	0.290	0	0	0	0	1
Big4	0.075	0.263	0	0	0	0	1
List	0.146	0.353	0	0	0	0	1
State	0.833	0.373	0	1	1	1	1
Size	24.387	1.325	21.828	23.385	24.235	25.276	27.636
Lev	0.596	0.164	0.140	0.495	0.626	0.710	0.880
ROA	3.842	2.880	0.044	1.833	3.127	5.029	15.118
Reputation	0.632	0.482	0	0	1	1	1

7.4.2　回归结果与分析

信用评级收费金额（即绝对水平维度）与信用评级质量的回归结果报告于表 7 - 4 第（1）列，评级收费（*Fee*）回归系数为 0.007，且在 5% 的水平上显著，表明信用评级机构的收费金额越高，出具的信用评级等级也越高，即较高的评级收费会导致信用评级膨胀。原因可能是当前评级机构在收益与声誉成本的权衡中，倾向于收益而迎合发债企业的评级调高需求。这种不道德交易所导致的信用评级膨胀，虚估了发债企业的信用水平，导致了评级质量的相应下降。上述结果支持了假设 7.1，即评级机构的收费金额越高，信用评级的虚估等级越高，相应的评级质量也就越差。

表 7 - 4　　信用评级收费金额对信用评级质量的影响（因变量：Rating）

变量	（1）	（2）	（3）	（4）
Fee	0.007**	0.031***	0.039***	0.051***
	(2.19)	(4.97)	(5.62)	(6.82)
Hindex × Fee		0.175***		0.133***
		(5.39)		(4.35)
Scandal × Fee			-0.039***	-0.032***
			(-6.36)	(-5.73)

续表

变量	(1)	(2)	(3)	(4)
Hindex	−0. 456	−0. 477	−1. 044 **	−0. 965 **
	(−1. 05)	(−1. 09)	(−2. 25)	(−2. 06)
Scandal	0. 144 *	0. 270 ***	1. 316 ***	1. 206 ***
	(1. 74)	(3. 00)	(5. 63)	(5. 58)
Amount	0. 314 ***	0. 309 ***	0. 309 ***	0. 306 ***
	(10. 25)	(10. 08)	(10. 06)	(9. 96)
Duration	−0. 121 ***	−0. 120 ***	−0. 118 ***	−0. 118 ***
	(−11. 21)	(−11. 40)	(−11. 09)	(−11. 30)
Guarantee	0. 227 ***	0. 228 ***	0. 244 ***	0. 241 ***
	(5. 32)	(5. 41)	(5. 74)	(5. 73)
Big4	0. 374 ***	0. 374 ***	0. 373 ***	0. 373 ***
	(4. 87)	(4. 88)	(4. 86)	(4. 87)
List	0. 170 ***	0. 162 ***	0. 164 ***	0. 157 ***
	(2. 83)	(2. 71)	(2. 73)	(2. 62)
State	1. 055 ***	1. 052 ***	1. 042 ***	1. 042 ***
	(17. 54)	(17. 49)	(17. 37)	(17. 36)
Size	0. 498 ***	0. 498 ***	0. 499 ***	0. 499 ***
	(23. 27)	(23. 27)	(23. 32)	(23. 32)
Lev	−1. 019 ***	−0. 995 ***	−0. 999 ***	−0. 983 ***
	(−7. 86)	(−7. 66)	(−7. 72)	(−7. 59)
ROA	0. 070 ***	0. 070 ***	0. 069 ***	0. 069 ***
	(8. 87)	(8. 88)	(8. 78)	(8. 81)
Reputation	0. 164 **	0. 136 *	0. 273 ***	0. 234 ***
	(2. 08)	(1. 70)	(3. 22)	(2. 70)
Type	控制	控制	控制	控制
Area	控制	控制	控制	控制
Industry	控制	控制	控制	控制
Year	控制	控制	控制	控制
N	20163	20163	20163	20163
Pseudo R^2	0. 162	0. 163	0. 163	0. 164

注: * 、 ** 和 *** 分别表示在 10% 、5% 和 1% 的水平上显著。

　　信用评级收费金额、市场份额与信用评级质量的回归结果报告于表7-4第（2）列，市场份额（*Hindex*）与评级收费（*Fee*）交叉项的回归系数为0.175，并在1%的水平上显著，表明市场份额更大的评级机构因评级收费金额提高而出具较高信用评级的可能性更大。导致这一现象的原因可能是这些评级机构原本就存在信用评级迎合问题，通过给出偏高评级方式获得较大的市场份额，并在机构发展过程中与重要客户间形成私人密切关系，客户依赖度使得它们为了保住市场地位进一步加大了因评级收费金额提高导致的评级膨胀程度。上述结果支持了假设7.2，即市场份额越大的评级机构因评级收费金额提高导致的信用评级质量问题越大。市场份额（*Hindex*）的回归系数基本都显著为负，表明市场份额较大的评级机构出具的信用评级相对较低，可能的原因是这些评级机构的客户整体资质水平较差。这也从另一个方面说明，市场份额较大的评级机构可能是以较高评级收费金额换取较高信用评级水平的方式获取了更多的客户，因此这类评级机构因评级收费提高导致的信用评级质量问题会更严重。

　　信用评级收费金额、评级机构涉及违约与信用评级质量的回归结果报告于表7-4第（3）列，评级收费（*Fee*）与评级机构涉及违约（*Scandal*）交叉项的回归系数为-0.039，且在1%的水平上显著，表明如果评级机构在上一年度涉及债券违约事项，则其因评级收费金额升高导致的信用评级膨胀程度会降低，或者说该评级机构在下一年因高收费导致的低评级质量问题会有所减轻。这可能是因为违约债券给了评级机构一定警示，加之"刚性兑付"被打破后的监管处罚越来越严格，使得评级机构对于信用评级迎合交易更加谨慎。这种谨慎不仅体现在避免对违约债券不合理评级导致再次声誉受损，担心受到监管处罚，也体现在对客户未来更高违约可能性的顾虑上。上述结果支持了假设7.3，即在此前年度涉及债券违约的评级机构因评级收费提高导致的信用评级膨胀程度减轻。评级机构涉及违约（*Scandal*）的回归系数基本都显著为正，表明这类评级机构的客户整体信用评级相对较高，可能的原因是评级机构在涉及债券违约之后有意识地筛落资质较差的客户，使得下一年的客户整体资质较高，能够获得相对更高的信用评级。这也从另一个方面说明，当评级机构前期受到债券违约牵连后，评级机构会变得谨慎起来，从而减少因评级收费金额提高导致的信用评级膨胀问题。

表7-4第（4）列报告了全部关键变量的回归结果，结果显示基本结论仍然成立，支持了假设7.1到假设7.3。控制变量方面，发债规模（*Amount*）回归系数显著为正，表明债券发行规模越大信用评级越高；债券期限（*Duration*）回归系数显著为负，即债券发行期限越长信用评级越低，这可能是因为发行时间越长债券风险的不确定性越高，评级难度也越大，因此给出的信用等级越低；国际四大（*Big*4）、债券担保（*Guarantee*）、上市公司（*List*）、国有企业（*State*）、企业规模（*Size*）、资产收益率（*ROA*）和评级机构声誉（*Reputation*）的回归系数均显著为正，资产负债率（*Lev*）回归系数显著为负，表明规模较大、收益较好、负债率较低、上市公司、国有企业、经国际四大会计师事务所审计且具有担保的发债企业会获得更高的信用评级。

7.4.3　稳健性检验

1. 信用等级偏差

式（7.1）采用信用等级（绝对水平维度）衡量评级质量，但是信用等级高不等同于评级质量差（林晚发等，2017），也可能是因为评级机构的评级体系差异（陈关亭等，2021a），或者发债企业的私有信息不同（寇宗来和千茜倩，2021）。为了进一步确定较高的评级收费所对应的较高信用等级究竟是合理值还是虚高值（即是否符合实际的信用水平），本书参考黄小琳等（2017）的研究，构建度量模型式（7.2），据以预测理论评级值并用回归后的残差来表示信用评级偏离合理水平的程度（即实际评级值与模型度量值的差值）。

$$Rating = a_0 + \sum a_i Controls_i + \varepsilon \qquad (7.2)$$

根据式（7.2）估计得到的残差，即信用评级偏差（*ResRating*）。描述性统计结果显示其最大值为6.522，平均值为0.171，表明评级机构确实普遍高估了发债企业的信用等级，即信用评级偏高或者评级膨胀，也就意味着评级质量下降。在此基础上，本书建立 OLS 回归式（7.3），再从信用评级偏差维度进一步检验评级收费与信用评级质量的关系。

$$ResRating = \beta_0 + \beta_1 Fee + \beta_2 Hindex + \beta_3 Hindex \times Fee + \beta_4 Scandal$$

$$+ \beta_5 Scandal \times Fee + \sum \beta_i Controls_i + \varepsilon \qquad (7.3)$$

回归结果见表 7 - 5。评级收费（Fee）回归系数显著为正，表明信用评级机构的收费金额越高，信用评级偏离合理评级的程度越高，即膨胀程度越高，这类膨胀程度意味着评级质量越低，支持假设 7.1。评级收费（Fee）与市场份额（Hindex）交叉项（Hindex × Fee）的回归系数显著为正，表明评级机构市场份额越大，因评级收费而导致的信用评级膨胀程度越严重，支持假设 7.2。评级收费（Fee）与评级机构涉及违约（Scandal）交叉项（Scandal × Fee）的回归系数显著为负，表明在债券违约事项发生后，涉事机构因评级收费而导致的信用评级膨胀程度比非涉事机构有所降低，支持假设 7.3。总之，采用信用评级偏差表征信用评级质量的回归结果，进一步支持了本书的三个假设。

表 7 - 5　　　基于信用评级偏差的回归结果（因变量：*ResRating*）

变量	(1)	(2)	(3)	(4)
Fee	0.003 *** (2.60)	0.014 *** (7.10)	0.015 *** (6.29)	0.020 *** (8.60)
Hindex × Fee		0.085 *** (8.27)		0.070 *** (7.03)
Scandal × Fee			− 0.015 *** (− 7.18)	− 0.011 *** (− 5.77)
Hindex	1.820 *** (11.90)	1.790 *** (11.77)	1.613 *** (10.03)	1.646 *** (10.21)
Scandal	− 0.030 (− 1.04)	0.021 (0.70)	0.408 *** (5.17)	0.327 *** (4.56)
Amount	− 0.283 *** (− 25.56)	− 0.286 *** (− 25.87)	− 0.286 *** (− 25.81)	− 0.288 *** (− 26.00)

续表

变量	(1)	(2)	(3)	(4)
Duration	0.084 *** (21.40)	0.085 *** (22.40)	0.086 *** (22.19)	0.085 *** (22.78)
Guarantee	− 0.223 *** (− 14.79)	− 0.224 *** (− 15.29)	− 0.217 *** (− 14.58)	− 0.220 *** (− 15.04)
Big4	− 0.316 *** (− 11.31)	− 0.316 *** (− 11.35)	− 0.317 *** (− 11.35)	− 0.316 *** (− 11.37)
List	− 0.068 *** (− 3.14)	− 0.076 *** (− 3.51)	− 0.072 *** (− 3.33)	− 0.077 *** (− 3.58)
State	− 0.642 *** (− 30.50)	− 0.643 *** (− 30.67)	− 0.646 *** (− 30.76)	− 0.646 *** (− 30.82)
Size	− 0.264 *** (− 34.57)	− 0.265 *** (− 34.71)	− 0.264 *** (− 34.62)	− 0.264 *** (− 34.73)
Lev	0.711 *** (15.39)	0.726 *** (15.75)	0.722 *** (15.67)	0.731 *** (15.88)
ROA	− 0.043 *** (− 15.48)	− 0.043 *** (− 15.59)	− 0.044 *** (− 15.63)	− 0.044 *** (− 15.67)
Reputation	0.015 (0.54)	0.005 (0.20)	0.052 * (1.79)	0.034 (1.15)
Type	控制	控制	控制	控制
Area	控制	控制	控制	控制
Industry	控制	控制	控制	控制
Year	控制	控制	控制	控制
N	20163	20163	20163	20163
R^2	0.501	0.503	0.502	0.504

注：*、** 和 *** 分别表示在 10% 、5% 和 1% 的水平上显著。

2. 不合理的评级收费

信用评级收费偏差能够体现评级收费中不合理的部分，这些偏差可能产生于信用评级迎合，而非发债企业规模等导致的成本升高。为了衡量评级收费偏差，本书首先建立信用评级收费估计模型式（7.4），并采用回归残差来表示评级收费偏差（*ResFee*），再从评级收费偏差维度进一步检验评级收费对信用评级（绝对水平维度和评级偏差维度）的影响。

$$Fee = a_0 + a_1 Big4 + a_2 List + a_3 State + a_4 Size + a_5 Level + a_6 ROA$$
$$+ a_7 Industry + a_8 Year + \varepsilon \tag{7.4}$$

根据式（7.4）估计得到的残差，即评级收费偏差（ResFee）。描述性统计结果显示其最大值为 44.989，且 42.4% 样本的评级收费偏差（ResFee）大于 0，表明评级收费高于其合理水平，即存在信用评级收费过高情况。在此基础上，本书建立回归模型如下：

$$Rating（ResRating）= \beta_0 + \beta_1 ResFee + \beta_2 Hindex + \beta_3 Hindex \times ResFee$$
$$+ \beta_4 Scandal + \beta_5 Scandal \times ResFee + Controls + \varepsilon \tag{7.5}$$

表 7-6 和表 7-7 的回归结果显示，当因变量分别为信用等级（Rating）与信用评级偏差（ResRating）时，评级收费偏差（ResFee）回归系数均显著为正，表明评级收费向上偏差越大，不合理的评级收费越多，即信用等级越高越偏离合理评级程度。也就是说，从评级收费偏差维度分析，评级收费偏差越大，评级膨胀程度也越高（无论是在绝对水平维度还是评级偏差维度），即评级质量越低，支持假设 7.1。信用评级收费偏差（ResFee）与市场份额（Hindex）交叉项的回归系数显著为正，表明评级机构的市场份额越大，因过高评级收费导致的评级膨胀程度越严重，支持假设 7.2。评级收费偏差（ResFee）与评级机构涉及违约（Scandal）交叉项的回归系数显著为负，表明在债券违约事项发生后，涉事评级机构因过高评级收费而导致的评级膨胀程度比非涉事评级机构有所降低，支持假设 7.3。总之，基于评级收费偏差维度的检验结果进一步支持了本书的三个假设。

表 7-6　　基于评级收费偏差的回归结果（1）（因变量：*Rating*）

变量	（1）	（2）	（3）	（4）
ResFee	0.007 ** (2.19)	0.001 (0.08)	0.027 *** (3.44)	0.025 ** (2.53)
Hindex × ResFee		0.037 (0.63)		0.007 (0.14)

续表

变量	(1)	(2)	(3)	(4)
Scandal × ResFee			−0.025 *** (−3.43)	−0.024 *** (−3.66)
Hindex	−0.456 (−1.05)	−0.462 (−1.07)	−0.601 (−1.36)	−0.600 (−1.36)
Scandal	0.144 * (1.74)	0.171 * (1.68)	0.245 ** (2.57)	0.249 ** (2.34)
Amount	0.314 *** (10.25)	0.313 *** (10.19)	0.315 *** (10.27)	0.315 *** (10.25)
Duration	−0.121 *** (−11.21)	−0.121 *** (−11.05)	−0.122 *** (−11.34)	−0.122 *** (−11.23)
Guarantee	0.227 *** (5.32)	0.225 *** (5.30)	0.228 *** (5.36)	0.227 *** (5.37)
Big4	0.377 *** (4.92)	0.379 *** (4.94)	0.378 *** (4.94)	0.379 *** (4.94)
List	0.165 *** (2.76)	0.161 *** (2.68)	0.162 *** (2.70)	0.161 *** (2.68)
State	1.063 *** (17.65)	1.070 *** (17.43)	1.060 *** (17.64)	1.061 *** (17.42)
Size	0.493 *** (23.05)	0.489 *** (21.71)	0.492 *** (22.96)	0.491 *** (21.96)
Lev	−1.098 *** (−8.05)	−1.141 *** (−7.07)	−1.164 *** (−8.29)	−1.172 *** (−7.39)
ROA	0.068 *** (8.56)	0.067 *** (7.95)	0.066 *** (8.28)	0.066 *** (7.91)
Reputation	0.164 ** (2.08)	0.159 ** (1.98)	0.198 ** (2.42)	0.196 ** (2.36)
Type	控制	控制	控制	控制
Area	控制	控制	控制	控制
Industry	控制	控制	控制	控制
Year	控制	控制	控制	控制
N	20163	20163	20163	20163
Pseudo R^2	0.156	0.158	0.158	0.159

注：*、** 和 *** 分别表示在 10%、5% 和 1% 的水平上显著。

表 7 – 7　　　　基于评级收费偏差的回归结果（2）（因变量：*ResRating*）

变量	（1）	（2）	（3）	（4）
ResFee	0.003 *** (2.60)	− 0.005 ** (− 2.13)	0.010 *** (4.02)	0.003 (0.95)
Hindex × ResFee	1.820 *** (11.90)	1.799 *** (11.83)	1.771 *** (11.45)	1.766 *** (11.44)
Scandal × ResFee		0.044 *** (2.92)		0.033 ** (2.24)
Hindex			− 0.010 *** (− 4.03)	− 0.008 *** (− 3.57)
Scandal	− 0.030 (− 1.04)	− 0.005 (− 0.17)	0.006 (0.19)	0.016 (0.49)
Amount	− 0.283 *** (− 25.56)	− 0.285 *** (− 25.68)	− 0.284 *** (− 25.58)	− 0.285 *** (− 25.65)
Duration	0.084 *** (21.40)	0.085 *** (22.05)	0.084 *** (21.64)	0.084 *** (22.00)
Guarantee	− 0.223 *** (− 14.79)	− 0.227 *** (− 15.33)	− 0.223 *** (− 14.98)	− 0.226 *** (− 15.32)
Big4	− 0.315 *** (− 11.26)	− 0.312 *** (− 11.17)	− 0.315 *** (− 11.28)	− 0.313 *** (− 11.21)
List	− 0.070 *** (− 3.23)	− 0.078 *** (− 3.57)	− 0.073 *** (− 3.35)	− 0.078 *** (− 3.57)
State	− 0.639 *** (− 30.38)	− 0.632 *** (− 29.89)	− 0.641 *** (− 30.54)	− 0.635 *** (− 30.06)
Size	− 0.266 *** (− 34.84)	− 0.270 *** (− 34.49)	− 0.267 *** (− 34.89)	− 0.270 *** (− 34.46)
Lev	0.678 *** (13.96)	0.636 *** (12.18)	0.659 *** (13.35)	0.632 *** (12.13)
ROA	− 0.044 *** (− 15.62)	− 0.046 *** (− 15.77)	− 0.045 *** (− 15.80)	− 0.046 *** (− 15.82)
Reputation	0.015 (0.54)	0.011 (0.41)	0.025 (0.91)	0.020 (0.72)
Type	控制	控制	控制	控制
Area	控制	控制	控制	控制
Industry	控制	控制	控制	控制
Year	控制	控制	控制	控制
N	20163	20163	20163	20163
R^2	0.501	0.501	0.501	0.502

注：* 、** 和 *** 分别表示在 10%、5% 和 1% 的水平上显著。

3. 内生性

前文结果表明，信用评级收费越高，信用评级越高，评级质量也越差。这一结果可能与信用评级迎合有关，也可能是因为评级高的企业规模较大、业务复杂，评级机构相应的资源投入较多、评级成本较高，才使得评级机构要求更高的评级收费；同时，可能这些发债企业资质较高，信用评级也相应较高。对于内生性问题，本书采用倾向得分匹配法（PSM）加以解决。首先，进行倾向匹配，即根据协变量选取原则，基于国际四大（*Big*4）、上市企业（*List*）、国有企业（*State*）、企业规模（*Size*）、资产负债率（*Lev*）和资产收益率（*ROA*），采用 Logit 模型估计个体倾向得分，并按照得分结果和 1∶1 比例选择匹配组；其次，使用匹配后的处理组和对照组共计 17246 个样本观察值进行有序 Logit 回归，结果显示前文的基本结果仍然成立（见表 7 - 8）。

表 7 - 8　　　　　　　　　PSM 回归结果（因变量：*Rating*）

变量	(1)	(2)	(3)	(4)
Fee	0.004 (0.95)	0.028*** (4.62)	0.035*** (4.49)	0.047*** (6.18)
Hindex × Fee		0.202*** (6.32)		0.163*** (5.30)
Scandal × Fee			-0.041*** (-5.76)	-0.032*** (-4.86)
Hindex	-0.732 (-1.58)	-0.641 (-1.37)	-1.212** (-2.48)	-1.034** (-2.08)
Scandal	0.230** (2.42)	0.344*** (3.47)	1.388*** (5.40)	1.206*** (5.14)
Amount	0.308*** (9.66)	0.303*** (9.49)	0.304*** (9.53)	0.301*** (9.42)
Duration	-0.112*** (-9.55)	-0.111*** (-9.74)	-0.110*** (-9.48)	-0.110*** (-9.68)
Guarantee	0.183*** (3.59)	0.184*** (3.65)	0.198*** (3.89)	0.194*** (3.85)

续表

变量	(1)	(2)	(3)	(4)
*Big*4	0.334 *** (4.32)	0.333 *** (4.31)	0.331 *** (4.28)	0.331 *** (4.29)
List	0.199 *** (3.31)	0.190 *** (3.18)	0.194 *** (3.23)	0.186 *** (3.11)
State	0.987 *** (16.29)	0.988 *** (16.32)	0.975 *** (16.12)	0.979 *** (16.17)
Size	0.506 *** (22.27)	0.508 *** (22.34)	0.506 *** (22.31)	0.508 *** (22.35)
Lev	− 1.241 *** (− 8.66)	− 1.234 *** (− 8.61)	− 1.221 *** (− 8.54)	− 1.219 *** (− 8.52)
ROA	0.061 *** (7.52)	0.060 *** (7.38)	0.060 *** (7.43)	0.060 *** (7.35)
Reputation	0.175 ** (2.09)	0.136 (1.60)	0.274 *** (3.07)	0.220 ** (2.40)
Type	控制	控制	控制	控制
Area	控制	控制	控制	控制
Industry	控制	控制	控制	控制
Year	控制	控制	控制	控制
N	20163	20163	20163	20163
Pseudo R^2	0.156	0.158	0.158	0.159

注：*、** 和 *** 分别表示在 10%、5% 和 1% 的水平上显著。

4. 评级收费替代变量

在绝对水平维度，前文采用"各类型债券评级收入除以同类型债券初始评级报告数量"这一绝对数值来衡量每单平均评级收费，可能存在数据波动的干扰。对此，本书首先对信用评级收费进行对数化处理（ln*Fee*）。

其次，上述计算方法也存在没有考虑跟踪评级收费差异的不足。为此，我们采用下列 3 种方法重新衡量初始评级平均每笔收费额度，以尽可能体现跟踪评级收费因素。（1）根据《自律公约》长期债券评级收费标准（不含金融债），推算单笔债券跟踪评级收入最低为 5 万元。因此，本书按照最低标准 5 万元从各类评级收入总额中扣除跟踪评级收费作为初始评级费用，即评级收费（$Fee1$）=（评级总收入 − 跟踪评级报告数 ×5）/初始评级报告数。（2）根据联合资信评估股份有限公司 2021 年运行情况报告（本年跟踪评级收入 7162 万元，共涉及 1608 家发行人跟踪评级），推算每家发行人每年跟踪评级平均费用为 4.454 万元。因此，本书以 4.454 万元作为跟踪评级收费的度量指标测算初始评级费用，即评级收费（$Fee2$）=（评级总收入 − 跟踪评级报告数 ×4.454）/初始评级报告数。（3）根据《自律公约》，长期债券在存续期内，自发行后次年开始，跟踪评级收费标准为每年按初始评级费用的 20% 收取。因此，本书根据长期债券跟踪评级收费标准为初始评级费用 20% 的特点测算初始评级费用，即评级收费（$Fee3$）=评级总收入/（初始评级报告数 + 跟踪评级报告数 ×20%）。

最后，本书综合考虑初始评级与跟踪评级的影响，根据两类评级报告数量之和测算各类债券的平均评级收费，即评级收费（$Fee4$）=评级总收入/（初始评级报告数 + 跟踪评级报告数）。

采用以上 5 种替代方法重新衡量评级收费，回归检验结果见表 7 −9。其中第（1）列至第（5）列，分别为以评级收费对数化处理（$lnFee$）和评级收费（$Fee1$、$Fee2$、$Fee3$、$Fee4$）作为替代变量，检验结果与表 7 −4 的回归结果基本一致，假设 7.1 再次得到支持。

表 7 −9   评级收费替代变量的稳健性检验（因变量：*Rating*）

变量	（1）	（2）	（3）	（4）	（5）
$lnFee$	0.981 *** （4.05）				
$Fee1$		0.085 *** （4.83）			
$Fee2$			0.081 *** （4.78）		
$Fee3$				0.090 *** （4.92）	
$Fee4$					0.175 *** （5.83）

续表

变量	(1)	(2)	(3)	(4)	(5)
$Hindex \times \ln Fee$	2.810 *** (3.41)				
$Hindex \times Fee1$		0.751 *** (13.28)			
$Hindex \times Fee2$			0.760 *** (13.30)		
$Hindex \times Fee3$				0.933 *** (13.57)	
$Hindex \times Fee4$					1.330 *** (13.10)
$Scandal \times \ln Fee$	-0.875 *** (-4.47)				
$Scandal \times Fee1$		-0.051 ** (-2.46)			
$Scandal \times Fee2$			-0.041 ** (-2.00)		
$Scandal \times Fee3$				-0.018 (-0.78)	
$Scandal \times Fee4$					-0.173 *** (-4.88)
$Hindex$	-1.084 ** (-2.26)	0.878 * (1.81)	0.972 ** (1.99)	1.185 ** (2.42)	0.441 (0.97)
$Scandal$	11.116 *** (4.48)	0.773 ** (1.96)	0.601 (1.50)	0.148 (0.33)	1.881 *** (4.51)
$Amount$	0.309 *** (10.07)	0.314 *** (10.20)	0.314 *** (10.21)	0.314 *** (10.24)	0.316 *** (10.28)
$Duration$	-0.116 *** (-10.90)	-0.124 *** (-11.48)	-0.125 *** (-11.49)	-0.125 *** (-11.54)	-0.125 *** (-11.51)
$Guarantee$	0.260 *** (6.06)	0.254 *** (5.88)	0.254 *** (5.87)	0.253 *** (5.86)	0.256 *** (5.87)
$Big4$	0.374 *** (4.89)	0.367 *** (4.78)	0.366 *** (4.77)	0.363 *** (4.74)	0.374 *** (4.85)
$List$	0.165 *** (2.76)	0.195 *** (3.26)	0.196 *** (3.27)	0.198 *** (3.31)	0.200 *** (3.32)

续表

变量	(1)	(2)	(3)	(4)	(5)
State	1.049 *** (17.46)	1.059 *** (17.66)	1.060 *** (17.67)	1.062 *** (17.71)	1.057 *** (17.63)
Size	0.497 *** (23.20)	0.500 *** (23.21)	0.500 *** (23.23)	0.500 *** (23.25)	0.497 *** (23.07)
Lev	−0.977 *** (−7.53)	−0.979 *** (−7.51)	−0.980 *** (−7.52)	−0.984 *** (−7.55)	−0.979 *** (−7.52)
ROA	0.070 *** (8.87)	0.070 *** (8.88)	0.070 *** (8.89)	0.070 *** (8.92)	0.069 *** (8.78)
Reputation	0.230 ** (2.55)	0.061 (0.69)	0.048 (0.54)	0.020 (0.23)	0.103 (1.30)
Type	控制	控制	控制	控制	控制
Area	控制	控制	控制	控制	控制
Industry	控制	控制	控制	控制	控制
Year	控制	控制	控制	控制	控制
N	20163	0.167	0.167	0.167	0.168
Pseudo R^2	0.163	20163	20163	20163	20163

注：*、**和***分别表示在10%、5%和1%的水平上显著。

7.5　进一步分析

7.5.1　行业竞争环境

声誉是评级机构的核心竞争力。激烈的行业竞争，一方面可能促使评级机构重视声誉建设，进而拒绝迎合信用评级膨胀，提高评级质量，从而在行业竞争中形成优势；另一方面也可能导致评级机构迫于生存压力而迎合发债企业的评级高估需求（Bolton et al.，2012；Bar-Isaac and Shapiro，2013）。对此，关于中国债券市场的现有研究尚未形成一致结论，且主要关注市场总体，较少聚焦行业竞争情况。例如，王雄元和张春强（2013）

发现评级机构的声誉越高，信用评级降低融资成本的效应越明显，表明声誉机制能够发挥作用，但寇宗来等（2015）发现信用评级机构没有获得足够的市场公信力，表明声誉机制并未形成。为此，下面考察行业层面的竞争情况对信用评级收费与评级质量的影响。本书采用行业集中度（*HHI*）哑变量衡量行业竞争情况，当样本上一年度行业集中度高于所有样本的平均值时取值为 1，否则为 0。基于行业竞争环境分析的回归结果如表 7 - 10 所示。

表 7 - 10　　　　　基于行业竞争环境的分析（因变量：*Rating*）

变量	（1）	（2）	（3）	（4）
Fee	0. 027 *** （8. 05）	0. 037 *** （3. 54）	0. 076 *** （9. 70）	0. 058 *** （5. 11）
HHI × Fee	− 0. 098 *** （− 6. 01）	− 0. 234 *** （− 12. 37）	− 0. 111 *** （− 7. 77）	− 0. 221 *** （− 11. 65）
HHI × Hindex × Fee		1. 530 *** （9. 93）		1. 652 *** （9. 83）
Hindex × Fee		0. 084 （1. 43）		− 0. 040 （− 0. 65）
HHI × Scandal × Fee			− 0. 031 *** （− 4. 64）	− 0. 006 （− 0. 92）
Scandal × Fee			− 0. 057 *** （− 8. 08）	− 0. 046 *** （− 6. 78）
HHI	0. 638 * （1. 86）	3. 872 *** （10. 23）	1. 066 *** （3. 64）	3. 591 *** （9. 46）
Hindex	− 1. 376 *** （− 2. 98）	0. 023 （0. 04）	− 2. 205 *** （− 4. 54）	− 0. 403 （− 0. 70）
Scandal	0. 082 （0. 95）	0. 249 *** （2. 64）	2. 081 *** （7. 21）	1. 641 *** （6. 06）
Amount	0. 308 *** （9. 99）	0. 305 *** （9. 91）	0. 302 *** （9. 80）	0. 300 *** （9. 75）
Duration	− 0. 112 *** （− 10. 02）	− 0. 129 *** （− 12. 34）	− 0. 108 *** （− 9. 87）	− 0. 127 *** （− 12. 16）

续表

变量	（1）	（2）	（3）	（4）
Guarantee	0.263 *** (6.00)	0.210 *** (4.96)	0.278 *** (6.37)	0.233 *** (5.47)
*Big*4	0.370 *** (4.78)	0.351 *** (4.52)	0.373 *** (4.84)	0.351 *** (4.52)
List	0.181 *** (3.01)	0.200 *** (3.32)	0.175 *** (2.90)	0.195 *** (3.24)
State	1.060 *** (17.46)	1.063 *** (17.49)	1.043 *** (17.22)	1.051 *** (17.33)
Size	0.492 *** (22.89)	0.494 *** (22.90)	0.493 *** (22.98)	0.494 *** (22.94)
Lev	−0.960 *** (−7.41)	−0.934 *** (−7.19)	−0.934 *** (−7.23)	−0.912 *** (−7.03)
ROA	0.068 *** (8.57)	0.066 *** (8.35)	0.066 *** (8.41)	0.065 *** (8.24)
Reputation	0.396 *** (4.64)	0.171 * (1.86)	0.470 *** (5.14)	0.260 *** (2.70)
Type	控制	控制	控制	控制
Area	控制	控制	控制	控制
Industry	控制	控制	控制	控制
Year	控制	控制	控制	控制
N	20163	20163	20163	20163
Pseudo R^2	0.170	0.183	0.172	0.185

注：*、** 和 *** 分别表示在10%、5%和1%的水平上显著。

表7-10中，第（1）列交叉项 $HHI \times Fee$ 考察市场总体竞争情况对评级迎合行为的影响，回归系数显著为负，表明在行业集中度高即垄断程度高的行业环境中，评级收费导致的评级膨胀程度降低，可能的原因是在垄断的行业环境中，评级竞争集中在少数大型评级机构之间，其他评级机构来自竞争对手的压力较小，就总体市场而言评级竞争相对平缓，同时评级收费升高会减轻收入压力，这种情况下多数评级机构更加重视评级质量。相反，在行业集中度较低的情况下，总体市场的评级竞争更加激烈，竞争

趋向恶化使得评级机构更有动机迎合发债企业的高评级需求，因此较高评级收费导致的信用评级膨胀问题更严重。

第（2）列结果显示，行业集中度（*HHI*）、市场份额（*Hindex*）和评级收费（*Fee*）交叉项的系数显著为正，表明随着行业集中度的提高，大型评级机构之间的竞争更加激烈，因此很可能进一步造成其在评级收费和评级质量上的差异，具体体现为随着行业集中度的提高，大型评级机构受到的竞争压力和威胁更大，因此评级迎合倾向更明显，导致其评级质量进一步恶化。第（3）列结果显示，行业集中度（*HHI*）、评级机构涉及违约（*Scandal*）和评级收费（*Fee*）交叉项的回归系数显著为负，意味着行业集中度提高会进一步影响到涉事评级机构在其评级收费和评级策略上的调整，原因可能是行业集中度提高导致评级机构之间的竞争更为激烈，而所评债券违约导致评级机构面临声誉受损并更可能被严格监管，使得其在激烈的市场竞争中处于不利地位，因而在高收费交换高评级的迎合交易中会更加谨慎。

以上结果与表 7 - 4 对于市场份额和评级机构涉及债券违约的检验相一致，进一步支持了假设 7.2 和假设 7.3，也支持了评级市场竞争损害评级质量的已有研究（Becker and Milbourn，2011；Bolton et al.，2012；徐晓萍等，2018；陈关亭和朱松，2021）。

7.5.2　发债企业是否上市

上市公司需要依规公开披露年报等信息，同时会吸引分析师和投资者等多方分析，从而使得信息透明度更高。因此，投资者可以通过信用评级以外的途径获得发债企业信息，导致信用评级降低融资成本的作用相对于非上市企业有所减弱（王雄元和张春强，2013），这会降低评级选购的动机；同时，如果上市公司寻求信用评级选购，更可能被投资者或信息中介发现，也会抑制其评级购买的动机。然而，由于面临数量庞大的潜在投资者、股东以及大量的信息中介机构，一旦上市公司的信用评级较低或者被下调，这一坏消息会迅速波及市场，由此导致的债券与股票价格下降会增加管理层压力。现有研究发现上市公司管理层会主动隐藏坏消息（Kothari et al.，2009），因此，为避免信用评级较低或者被下调，上市公司比非上市公司更有动机谋求调高信用评级。因存分歧，下面考察发债企业是否上市对评级收费与评级质量的影响，回归结果如表 7 – 11 所示。

表 7 – 11　　　　基于发债企业是否上市的分析（因变量：*Rating*）

变量	(1)	(2)	(3)	(4)
Fee	0.005 *	0.006	0.034 ***	0.026 ***
	(1.65)	(0.98)	(5.58)	(3.15)
List × Fee	0.033 **	0.007	0.037 ***	0.017
	(2.21)	(0.57)	(3.16)	(1.25)
List × Hindex × Fee		0.563 ***		0.484 ***
		(9.04)		(6.87)
Hindex × Fee		0.014		−0.012
		(0.43)		(−0.36)
List × Scandal × Fee			−0.033 ***	−0.023 ***
			(−4.99)	(−3.41)
Scandal × Fee			−0.037 ***	−0.029 ***
			(−6.64)	(−5.18)
Hindex	−0.418	−0.455	−0.670	−0.657
	(−0.96)	(−1.05)	(−1.44)	(−1.41)
Scandal	0.148 *	0.149	1.356 ***	1.079 ***
	(1.79)	(1.62)	(6.20)	(4.86)
Amount	0.312 ***	0.304 ***	0.313 ***	0.306 ***
	(10.15)	(9.87)	(10.17)	(9.93)
Duration	−0.123 ***	−0.128 ***	−0.121 ***	−0.126 ***
	(−11.52)	(−12.12)	(−11.57)	(−11.94)
Guarantee	0.230 ***	0.206 ***	0.232 ***	0.213 ***
	(5.41)	(4.91)	(5.48)	(5.06)
Big4	0.373 ***	0.397 ***	0.381 ***	0.402 ***
	(4.86)	(5.17)	(4.98)	(5.23)
List	−0.528 *	0.067	−0.111	0.215
	(−1.69)	(0.27)	(−0.47)	(0.81)

续表

变量	（1）	（2）	（3）	（4）
State	1.057 *** （17.57）	1.056 *** （17.53）	1.045 *** （17.46）	1.048 *** （17.45）
Size	0.498 *** （23.27）	0.504 *** （23.43）	0.500 *** （23.38）	0.504 *** （23.49）
Lev	−1.030 *** （−7.93）	−0.994 *** （−7.65）	−1.003 *** （−7.75）	−0.982 *** （−7.56）
ROA	0.069 *** （8.84）	0.070 *** （8.86）	0.070 *** （8.95）	0.070 *** （8.94）
Reputation	0.142 * （1.77）	0.178 ** （2.23）	0.206 ** （2.40）	0.228 *** （2.64）
Type	控制	控制	控制	控制
Area	控制	控制	控制	控制
Industry	控制	控制	控制	控制
Year	控制	控制	控制	控制
N	20163	20163	20163	20163
Pseudo R^2	0.162	0.165	0.165	0.166

注：*、**和***分别表示在10%、5%和1%的水平上显著。

表 7-11 中，第（1）列结果显示上市企业（*List*）与评级收费（*Fee*）交叉项的回归系数显著为正，表明上市发债企业的信用评级膨胀程度更高。这可能是因为投资者判断上市公司股票时会参考其在债券市场上的表现，上市公司为保证在债券市场和股票市场上的融资，相比非上市企业会更加重视信用评级表现，更有可能参与到信用评级选购中。第（2）列结果显示上市企业（*List*）、市场份额（*Hindex*）与评级收费（*Fee*）交叉项的回归系数显著为正，表明相对于非上市公司，大型评级机构因评级收费而导致的信用评级膨胀程度更高，除了上述的上市公司对高信用评级的需求外，还可能因为上市企业的规模通常比非上市企业更大，因此就客户的重要性程度来说，这些大型上市企业更容易成为评级机构的重点客户。为维系客户关系，大型评级机构更可能迎合其需求，因而高收费导致的信用评级膨胀程度会大于非上市企业。第（3）列结果显示上市企业（*List*）和

评级机构涉及违约（Scandal）以及评级收费（Fee）交叉项的回归系数显著为负，表明涉及违约的评级机构在给上市企业评级时因评级收费而导致的信用评级膨胀程度会高于非上市公司。虽然现有的违约债券以非上市企业为主，但上市企业的表现通常更受投资者关注，因此在涉及违约债项后，面对更多的市场关注、声誉压力和监管压力，评级机构可能对上市企业债券的评级更为慎重。

7.6　结论与启示

在国内外信用评级收费信息不予公开的情况下，研究者们难以直接考察评级收费的合理性以及评级市场是否存在评级收费导致的评级膨胀等问题。2013 年我国信用评级机构被要求在年度报告中披露评级机构业务和收入情况，本书由此探查了评级收费与信用评级膨胀之间的关系。研究发现：（1）无论是在评级收费绝对水平维度还是偏差维度，评级机构收费越高，出具的信用等级越高且高估的偏差程度越大，即信用评级质量越差（无论是评级绝对水平维度还是偏差维度）；（2）占有较大市场份额的评级机构，因评级收费所致的评级膨胀程度更大；（3）评级机构涉及所评债券违约事件后，因评级收费所致的评级膨胀有所收敛；（4）当行业集中度较低时，激烈的行业竞争使得评级机构更有动机迎合发债企业，较高评级收费导致的信用评级膨胀和评级质量降低问题更严重；（5）当发债企业是上市公司时，较高评级收费所致的信用评级膨胀和评级质量降低程度也更高。

以上结果表明，当前我国信用评级质量确实存在因评级收费所致的评级膨胀问题，且这一问题与评级机构和发债企业之间的信用评级迎合行为有着比较密切的关系。本书建议如下：（1）规范评级收费标准。《银行间债券市场信用评级机构评级收费自律公约》是五家评级机构在 2006 年协商约定的结果，严格来说只适用于缔约的评级机构和银行间债券市场，历经多年发展，我国评级市场的评级机构、发行主体和监管政策都发生了重大变化。因此，建议由政府监管部门设立指导性的评级收费标准，并重点检查非正常的评级收费，以从评级收费源头上控制信用评级选购的可能性，缓解评级机构与发债企业间的利益冲突。（2）公开披露评级费用具体信息。目前评级机构年度信用评级业务开展及合规运行情况报告虽然披露了债券评级业务总收入，但没有细分初始评级收入和跟踪评级收入，也没有包括咨询服务收入和其他的非评级业务收入。建议监管部门修改对于信用评级业务开展和合规管理情况报告的内容要求，增加披露咨询服务收入和其他的非评级业务收入，分别披露初始评级收入和跟踪评级收入，并具体披露各类评级业务收费标准、实际收入和异常收费情况，同时要求发债企业公开披露评级费用，这有助于监管机构和市场参与者及时发现评级收费的异常情况。（3）强化外部监督和协调机制。国家发展改革委、证监会、银行间市场交易商协会和银保监会应该进一步建立协调机制，继续推进评级行业监管规则和处罚标准的统一化和细化，在日常监管和现场检查中重点分析评级收费和评级膨胀的关系，重点关注市场份额较大以及涉及债券违约的评级机构，加大对评级违规行为的处罚力度。（4）提高信用机构对声誉的重视程度。培育和建立评级行业内的声誉机制，有利于信用评级机构自发规范自身行为，有利于评级行业的良性发展和长期发展。

第 8 章

融资约束、企业资质与评级意见购买：基于大样本的实证研究

8.1 引言

中国债券市场的高速发展得到了国家的重视和政策支持。"十三五"规划中明确提出积极培育公开透明、健康发展的资本市场，推进股票和债券发行交易制度改革，提高直接融资比重，降低杠杆率。"十三五"时期，规模庞大和日趋成熟的债券市场将承担促进我国资本市场健康发展的重要职能。近年来，通过债券进行社会融资的规模持续呈现上升态势。根据中央结算公司统计监测部提供的报告，2021 年债券市场发行的各类债券达 22.84 万亿元，同比增长 4.41%；年末中央结算公司托管债券 87.20 万亿元，同比增长 13.04%。随着我国资本市场不断对外开放，国内债券市场也吸引着越来越多的外国投资者积极参与。2019 年 4 月 1 日，彭博公司将人民币计价的中国国债和政策性银行债券纳入彭博巴克莱全球综合指数，

为中国债券市场引入千亿美元的指数追踪资金，同时人民币计价的中国债券也成为继美元、欧元和日元之后第四大计价货币债券。2020 年 2 月 28 日起，中国国债正式纳入摩根大通全球新兴市场政府债券指数，金融市场对外开放再进一步。

融资成本一直是企业在发行债券过程中考虑的核心要素。由于信息不对称，投资者较难直接获得企业内部信息并了解企业的信用风险，在这一过程中，作为第三方的信用评级机构起到了较为重要的作用。评级机构通过给出信用评级为市场和投资者提供有关企业风险的信息，在降低投资者投资风险的同时也会影响发债企业的融资成本（Ziebar and Reiter，1992；Hand，1992；何平和金梦，2010）。此外，信用评级还能够体现公司的价值，反映金融市场对企业信用质量的评估（Weisbach et al.，2004），进而影响企业整体的外部融资能力与外部融资成本，如银行的贷款规模（Sufi，2007）。债券信用评级对融资成本、企业价值体现的影响，使得发债企业对信用评级的重视程度也不断提升。为了能够顺利融资，发债企业通常希望获得更高的信用评级。为了达成这一目的，一方面，企业可能通过提升自身实力来切实降低自身的违约风险以求获得更高的评级；另一方面，企业也可能通过和评级机构达成评级意见购买协议，从而获得不真实的、膨胀的信用评级。现有研究表明，当前我国的评级市场上确实存在着较明显的评级膨胀现象（何平和金梦，2010；寇宗来等，2015）；中国银行间市场交易商协会也在通报中明确指出部分发行人的初始评级过高，[①] 这意味着评级市场上是极有可能存在着较多的评级意见购买交易的。根据同花顺数据统计，2010～2018 年国内债券市场发行的债券中，超过 80% 债券的发行主体获得了 AA 及以上的评级，明显高于同期美国等发达债券市场，可能存在较为严重的信用评级膨胀问题。然而，由于信用评级收费数据并未强制要求公开，现有研究尚未提供评级意见购买的直接经验证据，也缺少关于评级意见购买动机的考察。

---

① 中国银行间市场交易商协会 . 关于 2019 年非金融企业债务融资工具市场跟踪评级情况的通报［EB/OL］. 中国银行间市场交易商协会网站，2019 - 09 - 25.

通过分析发债企业在决策时对于自身融资约束、企业资质的考量，并结合评级机构每年公布的信用评级业务开展及合规运行情况报告中公布的评级收入信息，本书探索了企业融资约束和企业资质对评级意见购买的影响，结果发现，发债企业的融资约束越强，越可能进行评级意见购买以获得膨胀等级，且这种购买更有可能通过高评级费用实现；融资约束较大的国有企业选择评级意见购买的可能性比非国有企业低；另外，发债企业较好的资质会进一步促进评级意见购买，且会倾向于通过支付高评级费用获取较好的信用评级，而且资质较好的国有企业相较于非国有企业更可能进行评级意见购买。

本书研究贡献如下。（1）由于信用评级收费数据并未强制要求公开披露，现有关于评级意见购买的研究并未提供相关直接经验证据，使用信用评级业务开展及合规运行情况报告内披露的评级收入信息，本书直接考察了信用评级收费与信用评级膨胀之间的关系，为评级意见购买提供了直接的经验证据，弥补了已有研究的不足。（2）较大的融资约束是发债企业寻求评级意见购买、获取外部融资并降低融资成本的主要原因之一，然而，相关研究却较为少见。本书考察了融资约束等发债企业的特征对评级意见购买的影响，将信用评级膨胀问题的研究拓展至发债企业角度，丰富了相关研究文献。（3）现有关于信用评级的监管主要是事后调查和处罚，而关于什么样的企业更加倾向于评级意见购买并无相关文献探究和证据支持，使得评级监管无法有效针对可能违规的企业，本书研究可为评级监管提供直接的证据和参考。

8.2　理论分析与研究假设

1. 发债企业评级意见购买决策模型

发债企业进行评级意见购买决策时权衡的是达成目的状态下的成本和收益。在激烈竞争的市场中，发债企业总会找到评级机构与其达成评级共识，因此，在进行评级意见购买决策时可以不考虑评级机构的决策，即评级机构会达成发债企业的意愿。图 8-1 为发债企业进行评级意见购买的决策模型。

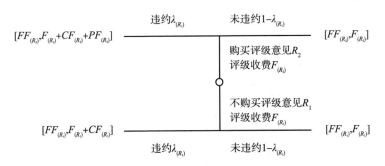

图 8-1　发债企业评级意见购买决策模型

注：$\lambda_{(R)}$ 表示发债企业的债券违约概率函数。企业违约概率与自身合理的信用评级（R_1）相关，与评级机构给出的虚高的信用评级（R_2）无关。因此，在评级意见购买（信用评级水平为 R_2）情景下的债券违约概率函数为 $\lambda_{(R_1)}$，在没有购买评级意见（信用评级水平为 R_1）情景下的债券违约概率函数也为 $\lambda_{(R_1)}$。

$F_{(R)}$ 表示评级机构的评级收费函数。在过度评级（信用评级水平为 R_2）情景下的评级收费为 $F_{(R_2)}$，在不过度评级（信用评级水平为 R_1）情景下的评级收费为 $F_{(R_1)}$。

$FF_{(R)}$ 表示发债企业的评级收益函数。在过度评级（信用评级水平为 R_2）情景下企业的评级收益函数为 $FF_{(R_2)}$，在不过度评级（信用评级水平为 R_1）情景下的评级收益函数为 $FF_{(R_1)}$。

$CF_{(R)}$ 表示发债企业的违约损失函数。当企业债券出现违约时，在过度评级（信用评级水平为 R_2）情景下的违约损失函数为 $CF_{(R_2)}$，在不过度评级（信用评级水平为 R_1）情景下的违约损失函数为 $CF_{(R_1)}$。在企业债券没有违约的情况下，违约损失函数为 0。

$PF_{(R)}$ 表示发债企业的监管处罚损失函数。当企业债券出现违约时，在过度评级（信用评级水平为 R_2）情景下的监管处罚损失函数为 $PF_{(R_2)}$；在企业债券没有违约的情景下，以及在不过度评级（信用评级水平为 R_1）情景下，企业的监管处罚损失函数都为 0。

（1）在评级机构配合发债企业的情况下，发债企业购买评级意见决策下的收益为：

$$\lambda_{(R_1)} \times FF_{(R_2)} + \left[1 - \lambda_{(R_1)} \right] \times \left[FF_{(R_2)} \right] = FF_{(R_2)}$$

在评级机构配合发债企业的情况下，发债企业购买评级意见决策下的成本为：

$$\lambda_{(R_1)} \times \left[F_{(R_2)} + CF_{(R_2)} + PF_{(R_2)} \right] + \left[1 - \lambda_{(R_1)} \right] \times F_{(R_2)}$$

$$= \lambda_{(R_1)} \times CF_{(R_2)} + \lambda_{(R_1)} PF_{(R_2)} + F_{(R_2)}$$

在评级机构配合发债企业的情况下，发债企业购买评级意见决策下的净收益为：

$$\lambda_{(R_1)} \times FF_{(R_2)} + [1 - \lambda_{(R_1)}] \times [FF_{(R_2)}] - \{\lambda_{(R_1)} \times [F_{(R_2)} + CF_{(R_2)}$$
$$+ PF_{(R_2)}] + [1 - \lambda_{(R_1)}] \times F_{(R_2)}\}$$
$$= FF_{(R_2)} - \lambda_{(R_1)} \times CF_{(R_2)} - \lambda_{(R_1)} PF_{(R_2)} - F_{(R_2)}$$

（2）在发债企业不进行评级意见购买、评级机构不过度评级的情况下，发债企业的决策收益为：

$$\lambda_{(R_1)} \times FF_{(R_1)} + [1 - \lambda_{(R_1)}] \times FF_{(R_1)} = FF_{(R_1)}$$

在发债企业不进行评级意见购买、评级机构不过度评级的情况下，发债企业的决策成本为：

$$\lambda_{(R_1)} \times [F_{(R_1)} + CF_{(R_1)}] + [1 - \lambda_{(R_1)}] \times F_{(R_1)} = F_{(R_1)} + \lambda_{(R_1)} \times CF_{(R_1)}$$

在发债企业不进行评级意见购买、评级机构不过度评级的情况下，发债企业的决策净收益为：

$$\lambda_{(R_1)} \times FF_{(R_1)} + [1 - \lambda_{(R_1)}] \times FF_{(R_1)} - \{\lambda_{(R_1)} \times [F_{(R_1)} + CF_{(R_1)}]$$
$$+ [1 - \lambda_{(R_1)}] \times F_{(R_1)}\}$$
$$= FF_{(R_1)} - F_{(R_1)} - \lambda_{(R_1)} \times CF_{(R_1)}$$

（3）发债企业选择哪种决策取决于其对成本和收益的衡量，这就意味着：

① $\lambda_{(R_1)} \times FF_{(R_2)} + [1 - \lambda_{(R_1)}] \times [FF_{(R_2)}] - \{\lambda_{(R_1)} \times [F_{(R_2)} + CF_{(R_2)} + PF_{(R_2)}] + [1 - \lambda_{(R_1)}] \times F_{(R_2)}\} \geqq \lambda_{(R_1)} \times FF_{(R_1)} + [1 - \lambda_{(R_1)}] \times FF_{(R_1)} - \{\lambda_{(R_1)} \times [F_{(R_1)} + CF_{(R_1)}] + [1 - \lambda_{(R_1)}] \times F_{(R_1)}\}$

这种情况下，发债企业会选择购买评级意见。

② $\lambda_{(R_1)} \times FF_{(R_2)} + [1 - \lambda_{(R_1)}] \times [FF_{(R_2)}] - \{\lambda_{(R_1)} \times [F_{(R_2)} + CF_{(R_2)} + PF_{(R_2)}] + [1 - \lambda_{(R_1)}] \times F_{(R_2)}\} \leqq \lambda_{(R_1)} \times FF_{(R_1)} + [1 - \lambda_{(R_1)}] \times FF_{(R_1)} - \{\lambda_{(R_1)} \times [F_{(R_1)} + CF_{(R_1)}] + [1 - \lambda_{(R_1)}] \times F_{(R_1)}\}$

这种情况下，发债企业不会选择购买评级意见。

（4）令 $\delta = \{\lambda_{(R_1)} \times FF_{(R_2)} + [1 - \lambda_{(R_1)}] \times [FF_{(R_2)}] - \{\lambda_{(R_1)} \times [F_{(R_2)} +$

$$CF_{(R_2)} + PF_{(R_2)}] + [1 - \lambda_{(R_1)}] \times F_{(R_2)}\}\} - \{\lambda_{(R_1)} \times FF_{(R_1)} + [1 - \lambda_{(R_1)}] \times$$

$$FF_{(R_1)} - \{\lambda_{(R_1)} \times [F_{(R_1)} + CF_{(R_1)}] + [1 - \lambda_{(R_1)}] \times F_{(R_1)}\}\} = [FF_{(R_2)} -$$

$$FF_{(R_1)}] - [F_{(R_2)} - F_{(R_1)}] - \lambda_{(R_1)} \times [CF_{(R_2)} - CF_{(R_1)}] - \lambda_{(R_1)} \times PF_{(R_2)}$$

当 $\delta > 0$ 时，发债企业会选择购买评级意见；反之，当 $\delta < 0$ 时，发债企业不会选择购买评级意见。评级意见购买行为与发债企业的收益、评级收费、发债企业因债券违约的预期损失、发债企业的监管处罚损失、发债企业的债券违约概率有关。

若参数条件满足 $\delta > 0$，即发债企业会选择购买评级意见，在其他条件不变的情况下：

① 发债企业的收益水平与评级意见购买之间呈正相关关系，即发债企业因过度评级带来的收益越高，发债企业越可能进行评级意见购买行为。

② 评级收费与评级意见购买之间的关系取决于评级收费与评级意见之间的比例关系。而通常在评级意见购买情况下，想要获得更高的信用评级水平，则需要付出较高的评级费用。

③ 发债企业因债券违约的预期损失程度与评级意见购买之间呈负相关关系，即发债企业因债券违约的预期损失越低，评级意见购买行为越有可能发生。

④ 发债企业的监管处罚损失与评级意见购买之间呈负相关关系，即发债企业购买评级意见的监管处罚损失越大，评级意见购买行为越不可能发生。也就是说，评级监管强度越大，越有利于减少评级购买行为。

⑤ 发债企业的债券违约概率与评级意见购买之间呈负相关关系，即发债企业违约可能性越低，评级意见购买行为越可能发生。

考虑到现实中监管机构大都以警告、暂停业务等方式对评级机构进行处罚，而对发债企业而言目前尚无相关的具体处罚措施，因此本书暂不考虑④中发债企业监管处罚损失对评级意见购买的影响。而③中发债企业的预期损失程度与⑤中发债企业的违约概率综合决定了发债企业的预期损失，因此将③和⑤结合考虑。基于以上理论分析，本书从发债企业因评级意见购买而带来的潜在收益和潜在成本两个维度考察发债企业的评级意见购买行为。

2. 企业融资约束对评级意见购买的影响

根据本书提出的发债企业评级意见决策模型可以看到，企业进行评级意见购买的决策时会着重考虑评级意见购买带来的潜在收益，该收益不仅与不同信用等级水平下的融资成本相关，也与企业的融资约束程度相关。由于信息不对称等问题，企业的外部融资成本和内部融资成本必然会存在着一定的差异（Myers and Majluf，1984）。当内部资金不足以支撑企业发展时，企业会转向对外融资，但在这一过程中通常会面临各种限制。

债券融资是企业获取外部融资、缓解融资约束的重要方式之一。除了对发债企业的净资产、可分配利润的要求之外，信用评级也影响着企业能否顺利发行债券及获取融资成本。一方面，信用评级会限制发债企业能否在交易所公开上市以及面向的投资者规模，根据中国证监会的要求，面向公众投资者和合格投资者的大公募的信用评级需达到 AAA 级，而仅面向合格投资者的小公募的信用评级要达到 AA 级以上，其他的债券则只能采取协议交易方式（在上交所还可以采取报价和询价的交易方式），[①] 这意味着不同的信用等级影响了债券能够面向的投资者的规模；另一方面，信用评级所传达的企业违约风险也意味着低评级、高违约风险的债券很难获得投资者的青睐。因此，如果自身面临的融资约束已经较大，如在融资过程中面临体制性歧视（孙铮等，2005）、货币政策较为紧缩（谢军和黄志忠，2014），企业会有较强的动机去缓解融资约束，此时，通过评级意见购买获得膨胀评级带来的潜在收益可能会更大。基于上述分析，本书提出以下假设。

假设 8.1： 发债企业的融资约束程度越大，进行评级意见购买以获得膨胀评级的可能性越高。

3. 融资约束对高收费评级意见购买的影响

评级收费对评级意见购买决策的影响体现在评级收费与评级意见之间

---

① 中国证监会. 大公募、小公募、私募公司债有什么区别？[EB/OL]. 中国证监会网站，2016 - 12 - 14.

的关系上。在发行人付费模式的影响下，基于评级机构吸引到更多的客户、抢占更高的市场份额的意图，发债企业有可能以低收费获得较高的评级意见。然而，除了获得更多的客户，评级机构也关注如何获得更多的评级收入。鹏元资信评估有限公司内部资料显示，国内的信用评级收费的参考标准一般是每个债券评级项目的初评费为 25 万元，跟踪评级费为 5 万元/年,① 对评级机构来说这项收入标准并不算高，因此评级机构在与发债企业进行评级意见购买协商时有动机尽可能提高自己的评级收费。发债企业如果想要购买更高的信用评级水平，就需要付出更高的评级费用。但评级收费的提高意味着发债成本的增加，并在一定程度上影响到评级意见购买的潜在净收益。

但如果发债企业面临的融资约束较大，进行评级意见购买后顺利发债并获得大量融资给企业带来的潜在收益会远大于为进行评级购买付出较高的评级收费等潜在成本，其获得高信用评级的动机就更强。这会使得在与评级机构进行评级意见购买协商时，融资约束较大的发债企业的议价能力相对较弱，更可能向评级机构妥协，并支付偏高的评级收费。据此，本书提出以下假设。

假设 8.2： 较强的融资约束会促使发债企业采用较高的评级费用进行评级意见购买。

4. 企业资质对评级意见购买的影响②

发债企业在评估评级意见购买潜在净收益的过程中，除了考虑缓解融资约束带来的潜在收益增加，也要考虑在过度评级的情况下，发生债券违约事项产生的潜在成本即违约的预期损失，预期损失取决于违约的预期损失程度即损失的金额及发生违约的概率，这两项都与发债企业的资质，如

---

① 信用评级行业收费曝光 业内人士称 25 万并不高［EB/OL］，新华网，2011 - 08 - 22.

② 资质好的企业也可能存在一定的融资约束问题，融资约束现象对于"好"企业和"差"企业都会存在。也就是说，"资质"与"融资约束"并不矛盾，也不完全是一个概念。本书从理论模型角度出发，探讨"资质"和"融资约束"对发债企业信用评级购买行为的影响。而实证检验中衡量企业"资质"和"融资约束"的指标或多或少可能存在一定的误差，因此实证检验中对"资质"和"融资约束"都采用了不同的衡量指标以减少指标误差可能带来的结论的偏误。

经营能力、市场地位和声誉等有着密切的联系。

　　根据发债企业评级意见决策模型，如果评级意见购买下债券违约的损失预期程度和正常评级下债券违约的损失预期程度相差较小，那么企业就会考虑进行评级意见购买。对有着较高的市场地位、享有较好的声誉即资质较好的发债企业而言，债券违约造成的负面影响会更大，一方面是投资者信心的丧失会使得企业的声誉受损；另一方面这些企业的发债规模一般相对较大，违约后的赔付压力也较大，再加上评级意见购买对企业声誉带来的负面影响，企业的市场地位将会遭到严重的打击。因此，资质较好的企业似乎选择评级意见购买的可能性更低。

　　结合国内监管现状来看，当前债券市场实行多部门的分散监管体制，一级市场中有证监会、发展改革委和中国人民银行，二级市场中又有中国人民银行和证监会。这些监管机构之间并没有一致的规范，在处置违约债券时也没有统一的法律制度可以参考。虽然《证券法》等提及了相关的内容，但对于发债企业的违约责任和处罚力度都没有作出明确的规定。现实中法院等部门在处理债券违约时也是采取"一事一议"的方式，有时甚至会在判决过程中顾及发债企业的市场地位，这会加重处置统一规范性的缺乏，较难给予违约企业有力的警告（罗小伟和梁晨，2020）。这些因素都意味着债券实际违约后的损失可能并不是很大，甚至资质较好的企业反而有可能面临较小的损失。

　　此外，考虑债券违约的可能性，现有研究发现规模较大、盈利能力更强的企业违约的可能性更低，意味着有着较好企业资质的发债企业通常能够按时还本付息，违约事项发生的可能性较低（Adams et al.，2003；Bottazz and Secchi，2006）。这表明，即使监管到位使得资质较好的企业发生违约后的预期损失相对较高，但实际上这种违约真正发生并引起损失的可能性较小。综上所述，资质较好的发债企业所面临的债券违约导致的潜在成本增加实际上可能较小。因此，在面临较大的资金需求，而自身违约的可能性及相关损失成本较低的情况下，资质较好的企业更可能进行评级意见购买，以获得高信用评级相关的收益。综合以上分析，本书提出以下假设。

假设 8.3：资质较好的发债企业进行评级意见购买以获得膨胀评级的可能性更高。

5. 企业资质对高收费评级意见购买的影响

资质较好的发债企业虽然与融资约束程度较大的企业同样有着评级意见购买的意愿，但因为即使是通过正常评级也极有可能达到公开发债的基本要求，他们的评级意见购买动机相对似乎并不会那么强烈。这会使得评级机构在与资质较好的发债企业协商的过程中难以形成较大的议价优势，要求发债企业支付更高评级费用的可能性较低，更可能为了争取这些通常在行业中占有较高地位的客户，而主动迎合他们的需求，调高评级结果却并不在评级收费上提出更高的要求。从这一角度来考虑，资质较好的企业并不会选择采用较高的评级收费进行评级意见购买。

但考虑到各发债企业从来没有像公布审计费用一样具体公布过债券发行时支付的评级费用，再加上信用评级的专业性，对于发债企业而言，判断评级机构给出的评级收费是合理还是偏高是有一定的难度的。如果发债企业在签订评级业务协议的过程中传达出想要获得更高评级的意向，评级机构是有可能以企业规模大、评级难度高为由直接提出较高收费的。然而，这一点却未必能被发债企业所识破，或者说从成本收益原则的角度来看，发债企业没有必要去进行判别。特别是在自身实力较强的情况下，发债企业通常也有较强的支付能力，这意味着评级收费对它们来说并不会是一项很大的成本支出。虽然评级机构是重要的中介机构之一，但评级费用仅占债券总融资成本的 0.42% 左右，通常是债券发行所有中介机构中收费最低的。① 即使评级意见购买导致发债企业会支付相对较高的评级费用，但这仍在其承受范围之内，此时，发债企业更可能关注提高信用等级并因此获得更多的融资之后带来的潜在收益。综合以上分析，本书提出以下假设。

假设 8.4：较好的企业资质会促使发债企业采用较高的评级费用进行

---

① 信用评级行业收费曝光 业内人士称 25 万并不高［EB/OL］. 新华网，2011 - 08 - 22.

评级意见购买。

8.3 研究设计

8.3.1 变量设计

1. 被解释变量

本书讨论的发债企业评级意见购买行为会直接导致信用评级结果的膨胀。为体现信用等级中过度评级的偏差，参考黄小琳等（2017）的研究，本书在原始评级数据的基础上构建模型预测理论评级，并使用回归后得到的残差来表示信用评级的膨胀程度，将该残差作为研究的被解释变量评级偏差（ResRating）。由于作为被解释变量的信用等级（Rating）是多元有序变量，本书采用有序 Logit 方法对预测模型进行估计，具体模型如下：

$$Rating = \beta_0 + \beta_1 Z + \beta_2 Size + \beta_3 Level + \beta_4 Grow + \beta_5 Cover + \beta_6 Ind + \beta_7 Year + \varepsilon$$

$$(8.1)$$

该预测理论评级模型中的信用等级（Rating）用发债企业的主体信用等级衡量，并根据中国人民银行《信用评级要素、标识及含义》与国内各大信用评级机构的信用评级划分方法，按阿丰索等（2007）的量化方法对微调式信用等级（AAA+、AAA、AAA−、AA+、AA、AA−、A+、A、A−、BBB+、BBB、BBB−、BB+、BB、BB−、B+、B、B−、CCC、CC、C）依次赋值，其中最低级 C 赋值为 1，CC 赋值为 2，依次递增，最高级 AAA+ 赋值为 21。稳健性检验中，本书也采用了原始评级（Rating）作为评级膨胀的衡量变量。

2. 解释变量

（1）融资约束。既有研究中对于影响融资约束因素的探讨以及相关指标的构建有多变量综合和单变量两个角度。多变量角度的指标构建包含 KZ

指数（Kaplan and Zingales，1997）、WW 指数（Whited and Wu，2006）、SA 指数（Hadlock and Pierce，2010）等。除此之外，一些单变量指标，如股利支付率（Fazzari et al.，1988）、企业规模（Ritter，1987）、企业现金流（Kaplan and Zingales，2000）、资产负债率（Whited，1992）等，也在研究中被证实能够体现企业内部的融资约束程度。考虑到许多发行债券的企业是非上市企业，较难获得股利支付、托宾 Q 值等数据，且 KZ 指数等会存在内生性问题，构建多变量综合性指标具有一定难度；相对而言，企业规模指标的可获得性较高，且具有很强的外生性，因此借鉴巴克和怀特德（Bakka and Whited，2010）的研究，本书选定了企业规模（Size）作为融资约束的代理变量。这一指标能够体现融资约束是因为企业对外融资的过程中规模较小的企业难获得规模经济效应的优势，要承担更高的融资成本（Ritter，1987），其盈余波动较大也导致企业更有可能破产，在融资时也需要支付更高的溢价（Titman and Wessels，1988），所以总的来看小规模企业会受到更大的融资约束。此外，这一指标在其他多变量综合指标（如 WW 指数、SA 指数）的构建过程中均占有很大权重，因此在代表融资约束的指标中也具有一定的代表性。

企业规模（Size）是一个反向衡量企业融资约束的指标，企业规模越大，代表企业的融资约束越小。由于该指标的影响具有滞后性，计算时选用发债企业上一年度期末总资产的自然对数。为了避免单变量指标应用的局限性，本书也使用了单变量指标企业现金流（CFO）和多变量指标 SA 指数（SA）作为替换进行进一步检验（详见稳健性检验部分）。

（2）企业资质。企业资质的好坏不仅与企业的经营能力、市场地位和声誉等息息相关，也往往体现在企业的财务状况上。为了量化企业的资质，本书选择了阿尔特曼（Altman，1968）开发的 Z 值模型，该模型最初被用于预测企业破产的可能性，Z 值越大企业破产的可能性越小，而破产意味着债务人不能偿债或者资不抵债，这也与债券的违约可能性有着紧密的联系。这一模型中使用了 5 个财务状况指标，综合体现了企业财务状况的健康程度，Z 值越大财务状况就越好，相应的企业资质也越好。Z 值具体的计算方式如下：

$$Z = 0.012X_1 + 0.014X_2 + 0.033X_3 + 0.006X_4 + 0.999X_5 \qquad (8.2)$$

其中，X_1 = 净营运资本/总资产，营运净资本为企业的流动资产减去流动负债，具有周转速度快、变现能力强的特点，这一指标反映了企业的短期偿债能力和贴现能力；X_2 = 留存收益/总资产，这一指标体现了企业积累的利润；X_3 = 息税前收益/总资产 = 息税前利润/总资产，息税前利润是扣除利息和所得税之前的利润，这一指标衡量了企业利用债权人和所有者权益总额取得盈利的指标，比率越高，表明企业的获利能力越强；X_4 = 股东权益市值/总负债，这一指标衡量企业的价值在资不抵债前可下降的程度，测定了企业的基本财务结构，比率越高，财务结构越是低风险、低报酬；X_5 = 销售收入/总资产，即总资产周转率，表明企业资产利用的效果，指标越高，说明企业的营运能力越强。

选用 Z 值不仅能够从偿债能力、获利能力、营运能力三个角度全面衡量企业的财务状况，也能够避免在变量选用的过程中与融资约束的解释变量可能产生的共线性问题等冲突。考虑到变量的滞后性，Z 值在计算的过程中各项指标均使用发债企业上一年度的数据。

在后续的检验中，为了加强结果的稳健性，本书也选取了总资产收益率（ROA）这一指标来体现企业资质，该指标体现了企业的盈利能力与企业融资约束没有显著的关联性，也同样能够较好地避免和融资约束指标的冲突。

（3）控制变量。在控制变量的选取中，本书选择了评级机构收费（Fee）、资产负债率（Lev）、企业成长性（Grow）、利息保障倍数（Cover）、债券期限（Duration）。此外还控制了债券的类型（Type）、所处的行业（Ind）以及年份（Year）。其中，评级机构收费（Fee）用以表明发债企业支付的评级费用，使用债券评级机构当年在业务开展及合规运行情况报告中披露的同类型债券中得到的评级收入总数除以出具该类型债券的评级报告的数量进行衡量。评级机构在对不同发债企业进行评级时收费相对固定，考虑到发债企业并不会公布具体的信用评级费用，这一平均数能够从一定程度上反映发债企业支付的评级费用。即使采用平均评级收费水平来代替具体的评级费用确实存在一定差异，但考虑到评级意见购买时评级机构的收费差异所反映出的机构风险控制与风险承担水平还会总体反映在机构总的收费水平上，采用这一指标具有一定的合理性。

其余各控制变量的具体定义如表 8-1 所示。

表 8-1　　　　　　　　　　　　　变量定义

变量名称	变量符号	变量描述
评级偏差	*ResRating*	构建模型预测理论评级，回归后得到的残差
企业规模	*Size*	资产总额（单位：百万元）的自然对数
Z 值	*Z*	根据阿尔特曼（1968）的模型计算
评级收费	*Fee*	同类债券评级收入/该类债券出具报告数（单位：万元）
资产负债率	*Lev*	资产总额/负债总额
企业成长性	*Grow*	营业收入增长额/本年度营业收入
利息保障倍数	*Cover*	（营业利润 + 财务费用）/财务费用
债券期限	*Duration*	发行天数/365
债券类型	*Type*	按同花顺数据库中类别进行分类
年份	*Year*	债券发行年度
行业	*Ind*	按照新证监会行业代码进行分类

8.3.2　样本与数据来源

除了评级收费（*Fee*），本书使用的所有样本数据均来自同花顺数据库。评级收费（*Fee*）基于评级机构在中国银行间市场交易商协会官网披露的业务开展及合规运行情况报告进行计算。选取的样本时间段为 2013～2018 年。

本书样本选择还遵循如下原则：（1）仅涵盖时间段内已到期和在市的短期融资债券、中期票据、企业债和公司债；（2）剔除数据缺失样本；（3）样本仅包含了中诚信、大公国际、联合资信、上海新世纪及东方金诚五家发行人付费模式的评级机构数据。[①] 本书最初获得样本共 20805 个，

---

①　由于中债资信采用投资者付费模式，与其他几家评级机构的收费模式不同，而评级意见购买更多地发生在有直接利益往来的发债企业和评级机构之间，因此本书的样本中剔除了中债资信作为评级机构的评级样本。

经上述原则筛选后最终获得的样本量为 17789 个。此外，本书对全部连续型变量进行了 1% 的缩尾处理，以控制极端值的影响。

8.3.3　模型设计

本书采用 OLS 方法对模型进行估计。为了验证 4 个假设，本书模型设定如下：

$$ResRating = \beta_0 + \beta_1 Size + \beta_2 Size \times Fee + \beta_3 Z + \beta_4 Z \times Fee$$
$$+ \beta_5 Fee + \sum \beta_i Controls_i + \varepsilon \qquad (8.3)$$

根据假设 8.1，反向代表融资约束程度的企业规模（Size）越大，发债企业融资约束越小，因此进行评级意见购买的可能性越小，预期 $\beta_1 < 0$；根据假设 8.2，融资约束越小时付出更高的评级费用进行评级意见购买的可能性也越小，预期 $\beta_2 < 0$；根据假设 8.3，发债企业资质越好，进行评级意见购买的可能性越高，评级膨胀程度也越高，预期 $\beta_3 > 0$；根据假设 8.4，资质越好的企业通过较高的评级收费进行评级意见购买的可能性越高，预期 $\beta_4 > 0$。

8.4　实证结果

8.4.1　描述性统计

表 8-2 的描述性统计显示，根据理论评级预测模型进行有序 Logit 回归得到的评级偏差（ResRating）最小值也大于零，这一结果佐证了当前中国评级市场较为严重的评级膨胀现象，而引起评级膨胀的一大原因可能就是发债企业和评级机构之间的评级意见购买交易。从样本企业的 Z 值来看，最小值为负数，说明这类企业的偿债能力、经营能力整体较弱，企业资质较差，未来有更高的债券违约风险。评级收费（Fee）的平均数为

23.267 万元，与此前提及的 25 万元的标准比较接近，但最高评级收费达到了 62.222 万元，明显高于平均数，这可能与评级意见购买情况下的评级高收费有关。除此之外，资产负债率（*Lev*）、企业成长性（*Grow*）、利息保障倍数（*Cover*）在各样本之间也有一定的差异。债券的期限从最短的 2 个月左右至最长的 10 年也有比较大的区别。

表 8 – 2 描述性统计

变量	样本数	平均数	标准差	最小值	中位数	最大值
ResRating	17789	14.357	1.108	9.775	14.347	19.804
Size	17789	8.351	1.324	5.704	8.210	11.518
Z	17789	0.933	0.763	− 0.064	0.774	4.360
Fee	17789	23.267	7.840	16.346	22.775	62.222
Lev	17789	0.606	0.155	0.141	0.633	0.876
Grow	17789	17.179	35.450	− 51.878	10.429	211.500
Cover	17789	15.579	53.622	0.122	3.216	439.772
Duration	17789	3.231	2.592	0.164	3	10

注：对所有连续型变量进行了 1% 的缩尾来处理极端值。

8.4.2 相关性分析

从表 8 – 3 相关性分析结果可见，所有变量的相关系数都较小，因此回归模型考虑不存在多重共线性，所有检验变量均可纳入回归模型中。

表 8 – 3 相关性分析

变量	*ResRating*	*Size*	Z	*Fee*	*Duration*	*Lev*	*Grow*	*Cover*
ResRating	1							
Size	− 0.505 ***	1						
Z	0.209 ***	− 0.348 ***	1					
Fee	0.047 ***	− 0.165 ***	− 0.003	1				

续表

变量	ResRating	Size	Z	Fee	Duration	Lev	Grow	Cover
Duration	− 0. 070 ***	− 0. 201 ***	− 0. 080 ***	0. 360 ***	1			
Lev	− 0. 132 ***	0. 498 ***	− 0. 252 ***	− 0. 270 ***	− 0. 392 ***	1		
Grow	0. 015 *	− 0. 033 ***	0. 063 ***	0. 014 *	0. 046 ***	− 0. 030 ***	1	
Cover	0. 026 ***	− 0. 146 ***	0. 044 ***	0. 137 ***	0. 188 ***	− 0. 219 ***	0. 037 ***	1

注: * 、** 和 *** 分别表示在 10% 、5% 和 1% 的水平上显著。

8.4.3　回归结果

融资约束与企业资质对评级意见购买影响的回归结果如表 8 − 4 所示。

表 8 − 4　　　　　融资约束和企业资质对评级意见购买的影响

变量	(1)	(2)	(3)	(4)
	ResRating	ResRating	ResRating	ResRating
Size	− 0. 372 *** (− 56. 86)	− 0. 374 *** (− 57. 19)	− 0. 371 *** (− 56. 71)	− 0. 373 *** (− 56. 83)
Z	0. 023 ** (2. 10)	0. 023 ** (2. 12)	0. 037 *** (3. 22)	0. 033 *** (2. 83)
Size × Fee		− 0. 004 *** (− 6. 19)		− 0. 003 *** (− 3. 57)
Z × Fee			0. 009 *** (4. 45)	0. 006 *** (2. 75)
Fee	0. 001 (1. 23)	− 0. 001 (− 1. 03)	0. 001 (0. 70)	− 0. 001 (− 0. 67)
Lev	0. 826 *** (16. 05)	0. 842 *** (16. 32)	0. 849 *** (16. 37)	0. 853 *** (16. 45)
Grow	0. 001 *** (3. 75)	0. 001 *** (3. 79)	0. 001 *** (3. 68)	0. 001 *** (3. 72)
Cover	− 0. 003 *** (− 3. 81)	− 0. 003 *** (− 4. 11)	− 0. 003 *** (− 4. 04)	− 0. 003 *** (− 4. 18)

续表

变量	（1）	（2）	（3）	（4）
	ResRating	*ResRating*	*ResRating*	*ResRating*
Duration	− 0. 042 *** （ − 9. 98）	− 0. 045 *** （ − 10. 29）	− 0. 043 *** （ − 10. 10）	− 0. 044 *** （ − 10. 23）
Type	Control	Control	Control	Control
Year	Control	Control	Control	Control
Ind	Control	Control	Control	Control
Constant	16. 859 *** （183. 17）	13. 786 *** （189. 84）	16. 912 *** （216. 99）	13. 812 *** （193. 53）
Observations	17789	17789	17789	17789
R^2	0. 443	0. 444	0. 444	0. 444

注： * 、 ** 和 *** 分别表示在 10% 、 5% 和 1% 的水平上显著。

　　表 8 – 4 中，第（1）列结果显示，企业规模（*Size*）的回归系数在 1% 的水平上显著为负，表明融资约束越大的企业，评级偏高的程度越严重。这可能是因为融资约束的限制使得这些发债企业希望获得更高的评级以促使对外融资顺利进行，并希望通过高评级吸引到更多的投资者投资，缓解较强的融资约束下企业可能面临的资金压力。为了达成这一目的，它们极有可能与评级机构达成评级意见购买协议以保证获取膨胀偏高的评级，假设 8.1 得到验证。第（2）列结果中，企业规模（*Size*）与评级收费（*Fee*）交叉项的回归系数显著为负，表明融资约束越大的发债企业更愿意付出偏高的评级费用以获得膨胀的评级。这可能是因为评级意见购买协议商定的过程中，发债企业的强烈意愿使得其议价能力相对较弱，对于融资的迫切需求使得它们面对评级机构的高收费要求时选择接受，假设 8.2 得到了验证。

　　第（1）列回归结果中，Z 值（*Z*）的回归系数在 5% 的水平上显著，表明 Z 值越大即资质越好的企业评级偏高的程度越严重，这同样可能是由评级意见购买导致。因为违约发生概率不高与监管不严的现实状况，资质好的企业可能愿意冒着预期违约损失更大的风险去进行评级意见购买以获得更高的等级，希望能够在债券市场上融到更多的资金，帮助企业更好地发展，获得更多的收益，假设 8.3 得到验证。第（3）列回归结果显示 Z 值（Z）与评级收费（Fee）的交叉项系数显著为正，表明 Z 值越高即资质越好的企业会付出更高的评级费用以获得偏高的评级。这可能是因为这些企业的财务状况较好，有比较强的支付能力，这部分费用在发债成本中占比较小，即使是为了评级意见购买要支付更多费用，也不会对整体的收益有明显的影响，而获得更多的融资对于企业的重要性更高，所以资质好也会促使发债企业用更高的评级费用进行评级意见购买，假设 8.4 得到验证。

除此之外，资产负债率越高、企业成长性越好、利息保障倍数越低的发债企业以及期限越短的债券的评级偏差越大。资产负债率越高的企业面临的融资约束可能越大（Whited，1992），利息保障倍数越低同样也能从一定程度上体现企业的融资约束越大（Guariglia，1999），这两个变量的回归系数为负也为假设 8.1 提供了佐证。成长性较好的企业有更好的发展前景，这体现为企业资质更好，因此，成长性越好评级偏差越大也能够为假设 8.3 做出一定的证明。

考虑两种不同类型企业的产权性质差异，国有与非国有发债企业开展评级意见购买的决策过程可能会有所不同。因此，本书将研究样本分为国有组和非国有组，分别研究国有和非国有的发债企业在面临不同的融资约束和企业资质时，评级意见购买的可能性，回归结果如表 8-5 所示。

表 8-5 中，第（1）列与第（5）列的回归结果显示，国有企业组和非国有企业组的企业规模（Size）的回归系数均显著为负，但国有企业组的回归系数绝对值小于非国有企业组，表明融资约束较大的国有企业选择评级意见购买的可能性比非国有企业低。这可能是因为国有企业有公信力较好的国家资本支撑，在银行贷款等方面有一定的优势，在对外融资的过程中面临的融资约束较低，其评级意见购买的意愿通常没有非国有企业强烈。第（2）列与第（6）列的回归结果显示，企业规模（Size）和评级收费（Fee）交叉项的回归系数仅在国有组显著为负，在非国有组并不显著，这可能是因为非国有企业虽然评级购买意见的意愿较强，但评级费用承担能力可能并不如国有企业，并不一定愿意并能够支付更高的评级费用。

表 8 - 5　基于发债企业产权性质的回归结果

变量	国有组				非国有组			
	(1) ResRating	(2) ResRating	(3) ResRating	(4) ResRating	(5) ResRating	(6) ResRating	(7) ResRating	(8) ResRating
Size	-0.382*** (-55.46)	-0.383*** (-55.70)	-0.380*** (-55.20)	-0.382*** (-55.20)	-0.400*** (-19.64)	-0.401*** (-18.72)	-0.400*** (-19.61)	-0.398*** (-18.79)
Z	0.089*** (6.42)	0.087*** (6.30)	0.099*** (7.01)	0.094*** (6.47)	0.049** (2.50)	0.049** (2.50)	0.059*** (2.68)	0.060*** (2.73)
$Size \times Fee$		-0.003*** (-5.92)		-0.002*** (-3.08)		-0.001 (-0.17)		0.001 (0.46)
$Z \times Fee$			0.008*** (4.15)	0.005* (1.94)			0.005 (1.22)	0.006 (1.44)
Fee	-0.003*** (-2.49)	-0.005*** (-3.90)	-0.003*** (-2.69)	-0.005*** (-3.24)	0.012** (2.50)	0.012** (2.50)	0.008* (1.80)	0.009* (1.80)
Lev	0.801*** (14.89)	0.818*** (15.15)	0.825*** (15.18)	0.828*** (15.25)	0.848*** (5.03)	0.848*** (5.03)	0.852*** (5.05)	0.852*** (5.05)

续表

变量	国有组				非国有组			
	(1)	(2)	(3)	(4)	(5)	(6)	(7)	(8)
	ResRating	*ResRating*	*ResRating*	*ResRating*	*ResRating*	*ResRating*	*ResRating*	*ResRating*
Grow	0.001*** (4.74)	0.001*** (4.80)	0.001*** (4.69)	0.001*** (4.75)	0.001 (1.29)	0.001 (1.29)	0.001 (1.22)	0.001 (1.23)
Cover	-0.004*** (-5.17)	-0.004*** (-5.48)	-0.004*** (-5.38)	-0.004*** (-5.52)	0.003 (0.48)	0.003 (0.49)	0.003 (0.47)	0.003 (0.46)
Duration	-0.023*** (-5.26)	-0.025*** (-5.58)	-0.024*** (-5.37)	-0.025*** (-5.53)	-0.047*** (-3.23)	-0.047*** (-3.24)	-0.048*** (-3.29)	-0.047*** (-3.29)
Type	Control	Control	Control	Control	Control	Control	Control	Control
Year	Control	Control	Control	Control	Control	Control	Control	Control
Ind	Control	Control	Control	Control	Control	Control	Control	Control
Constant	17.010*** (172.06)	13.759*** (179.19)	17.014*** (203.67)	13.841*** (184.17)	16.837*** (64.88)	13.779*** (65.09)	17.181*** (78.68)	13.842*** (66.32)
Observations	14677	14677	14677	14677	3112	3112	3112	3112
R^2	0.472	0.473	0.473	0.473	0.456	0.456	0.456	0.456

注：*、**和***分别表示在10%、5%和1%的水平上显著。

　　表 8-5 第（1）列与第（5）列的回归结果还显示，国有组和非国有组企业 Z 值的回归系数均为正，但国有组的回归系数大于非国有组，表明资质好的国有企业相较于非国有企业更可能进行评级意见购买行为。这可能与评级意见购买决策过程中对违约的预期损失考虑有关。一方面，国有企业有国有资产做背书，违约的可能性较低；另一方面，国有企业的特殊性质会使得它们与各级监管机构、政府之间有着更为密切的联系，在"一事一议"的情况下，这种关系可能会影响到最终的处罚力度，使得国有企业在债券违约时受到的损失程度较小。基于这些考虑，资质好的国有企业进行评级意见购买的意愿相较于非国有企业会更强烈。第（3）列与第（7）列的回归结果显示，企业 Z 值（Z）和评级收费（Fee）交叉项的回归系数在国有组中显著为正，但在非国有组中不显著，这可能同样是由于国有、非国有企业之间评级费用承担能力的差距导致国有企业更愿意支付更高的评级费用来完成评级意见购买。同时，评级机构的预期风险和预期损失在国有企业中也会相对更低，因此对于评级机构而言，较高评级收费的吸引力在国有企业和非国有企业存在明显差异。第（4）列和第（8）列的结果与上面基本一致，不再赘述。

8.5　稳健性检验

8.5.1　内生性检验

　　根据前面各回归结果可以看到，融资约束和企业资质都对发债企业评级意见购买有着显著的影响，且更高的融资约束和更好的企业资质会促进高评级收费的评级意见购买。但在回归过程中可能存在着内生性的问题，代表融资约束的企业规模（Size）和代表企业资质的 Z 值（Z）之间可能互相影响，同样发债企业的资产负债率（Lev）、企业成长性（Grow）、利息保障倍数（Cover）与这两项指标之间也会相互影响。本书使用倾向评分匹配法（PSM），在控制样本内生性问题后对各假设再次进行检验。

1. 基于企业规模（*Size*）的 PSM 回归

在进行模型的 OLS 回归之前先进行匹配工作，将企业规模（*Size*）根据样本中位数分为两组，依照协变量选取的原则，基于 Z 值（*Z*）、资产负债率（*Lev*）、企业成长性（*Grow*）、利息保障倍数（*Cover*），利用 Logit 模型估计个体倾向得分，并运用得到的倾向匹配得分找出匹配组；然后，使用匹配后一对一的处理组和对照组共计 10286 个样本进行 OLS 回归。根据表 8 – 6 中的回归结果，假设 8.1 至假设 8.4 都得到验证。

表 8 – 6
PSM 回归结果（1）

变量	(1) ResRating	(2) ResRating	(3) ResRating	(4) ResRating
Size	-0.370 *** (-43.73)	-0.372 *** (-43.85)	-0.368 *** (-43.46)	-0.369 *** (-43.47)
Z	0.080 *** (4.95)	0.079 *** (4.87)	0.094 *** (5.55)	0.092 *** (5.41)
Size × Fee		-0.002 ** (-2.21)		-0.001 (-1.16)
Z × Fee			0.011 *** (3.46)	0.010 *** (3.13)
Fee	0.003 (1.58)	0.002 (0.98)	0.004 ** (2.10)	0.003 (1.63)
Lev	0.802 *** (10.37)	0.804 *** (10.40)	0.823 *** (10.65)	0.822 *** (10.64)
Grow	0.001 *** (4.69)	0.001 *** (4.63)	0.001 *** (4.59)	0.001 *** (4.56)
Cover	-0.005 *** (-4.11)	-0.005 *** (-4.19)	-0.005 *** (-4.13)	-0.005 *** (-4.16)
Duration	-0.047 *** (-8.18)	-0.047 *** (-8.24)	-0.047 *** (-8.28)	-0.048 *** (-8.27)
Type	Control	Control	Control	Control
Year	Control	Control	Control	Control

续表

变量	(1) ResRating	(2) ResRating	(3) ResRating	(4) ResRating
Ind	Control	Control	Control	Control
Constant	18. 155 *** (151. 19)	15. 131 *** (150. 83)	18. 278 *** (170. 96)	15. 204 *** (156. 16)
Observations	10286	10286	10286	10286
R^2	0. 406	0. 407	0. 407	0. 407

注：*、** 和 *** 分别表示在10%、5%和1%的水平上显著。

2. 基于 Z 值的 PSM 回归

在进行模型的 OLS 回归之前先进行匹配工作，将 Z 值（Z）根据样本中位数分为两组，依照协变量选取的原则，基于企业规模（Size）、资产负债率（Lev）、企业成长性（Grow）、利息保障倍数（Cover），利用 Logit 模型估计个体倾向得分，并运用得到的倾向匹配得分找出匹配组；然后，使用匹配后一对一的处理组和对照组共计 10286 个样本进行 OLS 回归。根据表 8 - 7 中的回归结果，假设 8.1 至假设 8.4 都得到验证。

表 8 - 7　　　　　　　　　　PSM 回归结果（2）

变量	(1) ResRating	(2) ResRating	(3) ResRating	(4) ResRating
Size	- 0. 348 *** (- 43. 34)	- 0. 350 *** (- 43. 47)	- 0. 348 *** (- 43. 26)	- 0. 349 *** (- 43. 27)
Z	0. 037 *** (3. 04)	0. 037 *** (3. 00)	0. 051 *** (3. 98)	0. 050 *** (3. 84)
Size × Fee		- 0. 003 *** (- 2. 78)		- 0. 001 (- 1. 49)
Z × Fee			0. 009 *** (3. 87)	0. 009 *** (3. 46)
Fee	0. 002 (1. 40)	0. 001 (0. 54)	0. 002 (1. 55)	0. 001 (0. 96)

续表

变量	(1) *ResRating*	(2) *ResRating*	(3) *ResRating*	(4) *ResRating*
Lev	0.838 *** (13.77)	0.844 *** (13.86)	0.860 *** (14.06)	0.861 *** (14.09)
Grow	0.001 *** (3.08)	0.001 *** (3.16)	0.001 *** (3.12)	0.001 *** (3.15)
Cover	−0.004 *** (−3.68)	−0.004 *** (−3.80)	−0.004 *** (−3.60)	−0.004 *** (−3.67)
Duration	−0.035 *** (−6.85)	−0.035 *** (−6.87)	−0.034 *** (−6.80)	−0.035 *** (−6.79)
Type	Control	Control	Control	Control
Year	Control	Control	Control	Control
Ind	Control	Control	Control	Control
Constant	16.484 *** (166.99)	13.621 *** (170.55)	16.556 *** (186.62)	13.761 *** (170.67)
Observations	12946	12946	12946	12946
R^2	0.377	0.377	0.378	0.378

注：＊、＊＊和＊＊＊分别表示在10%、5%和1%的水平上显著。

8.5.2　被解释变量替代

在主回归部分，本书的被解释变量评级偏差（*ResRating*）是在对原始评级（*Rating*）用微调式信用等级依次赋值的基础上代入预测模型回归后获得的，在赋值的过程中将 AAA－及 AAA＋两个等级也纳入了考虑。但这两个微调级别仅在采用投资者付费模式的中债资信存在，用以描述 AAA 级别下信用品质的进一步细微区别。而本书的假设是基于发行人付费模式展开的，在选择样本的过程中并没有将中债资信纳入范畴，所有样本的评级数据中实际上并不包含 AAA－及 AAA＋两个等级。因此，在稳健性检验的部分，本书参考管超（2018）的研究对评级偏差预测模型中的原始评级（*Rating*）进行重新赋值，在不考虑 AAA－及 AAA＋两个等级的基础上，将 BBB＋及以下设为1，A－为2，向上每个微调等级加1，AAA 为8。将重新赋值后的原始评级（*Rating*）再代入预测模型（8.1）进行回归，得到新的评级偏差（*ResRating*）后再通过模型（8.2）进行检验。

重新回归的结果如表 8-8 所示，可以看到全部回归中，企业规模（*Size*）、Z 值（Z）以及它们与评级收费（*Fee*）交叉项（*Size × Fee* 和 Z × *Fee*）的回归系数仍然都是显著的，且符号和主回归保持一致，即本书的假设 8.1 到假设 8.4 都得到验证。

表 8-8　　　　　　　　　　被解释变量替代回归结果

变量	（1）	（2）	（3）	（4）
	ResRating	*ResRating*	*ResRating*	*ResRating*
Size	-0.464 ***	-0.466 ***	-0.464 ***	-0.465 ***
	(-103.19)	(-103.65)	(-103.03)	(-103.20)
Z	0.027 ***	0.027 ***	0.035 ***	0.032 ***
	(3.51)	(3.53)	(4.32)	(3.83)
Size × Fee		-0.003 ***		-0.002 ***
		(-7.54)		(-5.09)
Z × *Fee*			0.005 ***	0.003 *
			(3.91)	(1.88)
Fee	0.000	-0.002 **	-0.000	-0.002 *
	(0.31)	(-2.18)	(-0.21)	(-1.89)
Lev	1.033 ***	1.044 ***	1.046 ***	1.050 ***
	(28.90)	(29.16)	(29.06)	(29.17)
Grow	0.001 ***	0.001 ***	0.001 ***	0.001 ***
	(7.06)	(7.11)	(7.01)	(7.07)
Cover	-0.004 ***	-0.004 ***	-0.004 ***	-0.004 ***
	(-7.04)	(-7.36)	(-7.21)	(-7.40)
Duration	-0.027 ***	-0.029 ***	-0.028 ***	-0.029 ***
	(-9.54)	(-9.93)	(-9.64)	(-9.88)
Constant	6.393 ***	2.524 ***	6.423 ***	2.551 ***
	(103.88)	(52.39)	(123.23)	(54.09)
Type	Control	Control	Control	Control
Year	Control	Control	Control	Control
Ind	Control	Control	Control	Control
Observations	17789	17789	17789	17789
R^2	0.683	0.684	0.684	0.684

注：*、** 和 *** 分别表示在 10%、5% 和 1% 的水平上显著。

8.5.3 解释变量替代

1. 融资约束变量替代

在主回归部分，本书使用企业规模（*Size*）来做融资约束的代理变量，为了增强结果的稳健性，借鉴李青原等（2013）的研究，将现金流（*CFO*）作为融资约束的代理变量，与企业规模一样，该代理变量也是一个反向指标，即自由现金流较多的企业面临的融资约束较低。现金流的计算是用经营活动现金净流量除以总资产得到的比值，考虑到影响的滞后性，计算时使用的是上一年度的数据。

具体的回归结果见表 8 - 9，可以看到现金流（*CFO*）的回归系数为负，且在 1% 的水平上显著，这表明融资约束越大的企业进行评级意见购买获得膨胀评级的可能性越高，这与假设 8.1 是一致的，其与评级收费（*Fee*）的交叉项的系数为负，但并不显著。Z 值以及 Z 值的交叉项的回归系数符号均与主回归一致，验证了假设 8.3 和假设 8.4。

表 8 - 9　　　　　　　融资约束变量替代回归结果（1）

变量	(1) ResRating	(2) ResRating	(3) ResRating	(4) ResRating
CFO	- 0.519 *** (- 4.20)	- 0.502 *** (- 4.00)	- 0.471 *** (- 3.80)	- 0.461 *** (- 3.66)
Z	0.152 *** (13.95)	0.151 *** (13.86)	0.170 *** (14.77)	0.169 *** (14.63)
CFO × *Fee*		- 0.014 (- 1.19)		- 0.008 (- 0.76)
Z × *Fee*			0.011 *** (5.85)	0.011 *** (5.69)
Fee	0.003 *** (2.65)	0.003 ** (2.00)	0.002 ** (2.10)	0.002 * (1.67)
Lev	- 0.268 *** (- 4.86)	- 0.267 *** (- 4.85)	- 0.233 *** (- 4.20)	- 0.233 *** (- 4.20)

续表

变量	（1） *ResRating*	（2） *ResRating*	（3） *ResRating*	（4） *ResRating*
Grow	0.001 *** （3.82）	0.001 *** （3.82）	0.001 *** （3.76）	0.001 *** （3.76）
Cover	−0.001 （−1.47）	−0.001 （−1.45）	−0.002 * （−1.70）	−0.002 * （−1.69）
Duration	−0.071 *** （−11.22）	−0.071 *** （−11.22）	−0.072 *** （−11.34）	−0.072 *** （−11.33）
Constant	15.687 *** （166.94）	15.754 *** （179.42）	15.899 *** （183.76）	15.890 *** （184.08）
Type	Control	Control	Control	Control
Year	Control	Control	Control	Control
Ind	Control	Control	Control	Control
Observations	17789	17789	17789	17789
R^2	0.324	0.324	0.326	0.326

注：* 、** 和 *** 分别表示在 10% 、5% 和 1% 的水平上显著。

企业规模（*Size*）和现金流（*CFO*）都是比较简单的融资约束代理变量，因此本书还选取了具有一定综合性的融资约束代理变量 SA 指数重新衡量企业的融资约束水平。SA 指数的优势在于，相较 KZ 指数和 WW 指数，SA 指数仅需要完全外生的企业规模和企业年龄数据，不会产生内生性问题造成测量偏差（吴秋生和黄贤环，2017），且简便的计算方法更适合部分数据较难获取的非上市公司样本。SA 指数也在国内的各项研究中有所应用（鞠晓生等，2013；姜付秀等，2016）。SA 指数的测算公式是 $-0.737Size + 0.043Size^2 - 0.04Age$，其中 *Size* 的计算方式和之前一致，*Age* 为公司的成立年限，由此计算出来的该指数为负，且该指数越大表示面临的融资约束越强（Hadlock and Pierce，2010），同样考虑到影响的滞后性，选用上一年度的数据。

将计算得到的 SA 指数替换后的回归结果见表 8 − 10。从第（1）列和第（2）列中可以看到 *SA* 的回归系数以及 *SA* 和评级收费（*Fee*）交叉项（SA × *Fee*）的回归系数均显著为正，表明融资约束越大的发债企业不仅更

可能进行评级意见购买，且这种购买更可能是通过高评级费用达成的。Z
值（Z）及其与评级收费（Fee）交叉项（Z×Fee）的回归结果与原来保持
一致，假设8.1到假设8.4都得到了验证。

表 8 – 10　　　　　　　　融资约束变量替换回归结果（2）

变量	(1)	(2)	(3)	(4)
	ResRating	ResRating	ResRating	ResRating
SA	0.069 ** (2.49)	0.044 (1.57)	0.063 ** (2.26)	0.041 (1.47)
Z	0.302 *** (19.40)	0.298 *** (19.17)	0.305 *** (19.69)	0.301 *** (19.44)
SA×Fee		0.017 *** (6.58)		0.015 *** (5.75)
Z×Fee			0.009 *** (4.73)	0.007 *** (3.92)
Fee	0.002 (1.32)	−0.001 (−0.34)	0.002 (1.17)	−0.000 (−0.29)
Lev	−0.609 *** (−9.81)	−0.595 *** (−9.64)	−0.568 *** (−9.09)	−0.562 *** (−9.06)
Grow	0.001 *** (7.29)	0.001 *** (7.37)	0.001 *** (7.22)	0.001 *** (7.30)
Cover	−0.002 ** (−3.08)	−0.003 *** (−3.18)	−0.003 *** (−3.28)	−0.003 *** (−3.34)
Duration	−0.046 *** (−6.39)	−0.046 *** (−6.33)	−0.047 *** (−6.48)	−0.046 *** (−6.42)
Constant	16.050 *** (108.18)	14.968 *** (144.94)	15.480 *** (114.88)	15.239 *** (156.21)
Type	Control	Control	Control	Control
Year	Control	Control	Control	Control
Ind	Control	Control	Control	Control
Observations	7250	7250	7250	7250
R^2	0.578	0.581	0.580	0.582

注：*、** 和 *** 分别表示在10%、5%和1%的水平上显著。

2. 企业资质变量替换

在主回归部分，本书采用 Z 值来衡量企业的资质好坏，该变量能够相对全面地衡量企业的能力，但在计算过程中也可能存在着内生性导致的测量偏差问题，因此本部分重新选择了比较简单的资产收益率（ROA）来进行替换，衡量企业的资质。选择这一指标的原因是它与本书讨论的融资约束之间没有较强的关联性，可以较好地避免同时选用简单的代理变量时可能产生的解释上的冲突。该指标的计算方式是用税后净利润/总资产，由于影响的滞后性，计算时选择上一年度的数据。

将变量替换后的回归结果见表 8 – 11。第（1）列中 ROA 的回归系数和第（3）列中 ROA 和评级收费（Fee）的回归系数都在 1% 的水平上显著为正，表明资产收益率越高、资质越好的发债企业更可能进行评级意见购买，且会愿意通过高评级费用达成。企业规模（Size）及其与评级收费（Fee）的交叉项（$Size \times Fee$）的回归结果与原来一致，假设 8.1 到假设 8.4 都得到了验证。

表 8 – 11　　　　　　　　　企业资质变量替换回归结果

变量	(1) ResRating	(2) ResRating	(3) ResRating	(4) ResRating
Size	- 0. 372 *** (- 58. 38)	- 0. 374 *** (- 58. 74)	- 0. 372 *** (- 58. 47)	- 0. 374 *** (- 58. 80)
ROA	0. 021 *** (7. 75)	0. 021 *** (7. 74)	0. 023 *** (8. 29)	0. 023 *** (8. 19)
$Size \times Fee$		- 0. 004 *** (- 6. 16)		- 0. 003 *** (- 5. 69)
$ROA \times Fee$			0. 002 *** (3. 72)	0. 001 *** (3. 27)
Fee	0. 002 (1. 31)	- 0. 001 (- 0. 95)	0. 003 ** (2. 37)	0. 001 (0. 32)
Lev	0. 871 *** (17. 10)	0. 887 *** (17. 37)	0. 876 *** (17. 20)	0. 890 *** (17. 43)

续表

变量	(1)	(2)	(3)	(4)
	ResRating	*ResRating*	*ResRating*	*ResRating*
Grow	0.000 ***	0.000 ***	0.000 ***	0.000 ***
	(2.86)	(2.90)	(2.81)	(2.84)
Cover	−0.003 ***	−0.003 ***	−0.003 ***	−0.003 ***
	(−3.49)	(−3.78)	(−3.45)	(−3.72)
Duration	−0.039 ***	−0.041 ***	−0.038 ***	−0.040 ***
	(−9.09)	(−9.41)	(−9.09)	(−9.38)
Type	Control	Control	Control	Control
Year	Control	Control	Control	Control
Ind	Control	Control	Control	Control
Constant	16.770 ***	13.701 ***	16.896 ***	13.790 ***
	(187.98)	(189.40)	(222.80)	(194.45)
Observations	17789	17789	17789	17789
R^2	0.445	0.446	0.446	0.446

注：*、** 和 *** 分别表示在10%、5%和1%的水平上显著。

8.6　结论

作为债券发行时监管机构、交易所和投资者参考的重要指标，信用评级，尤其是更高的信用评级能够为发债企业吸引到更多的融资并降低企业的融资成本。结合当前我国评级市场上较为明显的评级偏高情况思考，比起切实提高自身的信用水平，发债企业有可能通过与评级机构进行评级意见购买的交易来获取更高的评级。那么，在是否进行这一交易的决策过程中，发债企业势必需要对评级意见购买的潜在收益和潜在成本进行一个综合衡量。基于以上思考，本书探索了发债企业的融资约束和自身资质对于评级意见购买导致的评级膨胀的影响，研究发现：（1）融资约束越强的发债企业进行评级意见购买获得膨胀等级的可能性越高；（2）融资约束越强，发债企业越可能选择通过高评级费用达成评级意见购买；（3）资质越好的发债企业进行评级意见购买获得膨胀等级的可能性越高；（4）资质越好的发债企业越可能选择通过高评级费用达成评级意见购买。

以上结果表明，融资约束强的或是资质较好的发债企业确实有可能与评级机构进行评级意见购买的交易，这无疑违背了信用评级客观公正的要求，对于信用评级业的长期发展有着不利的影响。基于对未来的考虑，本书提出如下政策建议：（1）设立公开、透明的评级标准，并可要求发债企业在财务报表中适当披露评级费用，从根本上减少高收费的评级意见购买的可能性；（2）强化外部监督，推动相关专项法律的设立，在评级行业的监管规则和处罚标准上尽可能达到"三会"统一，将日常监管和现场检查真正落实并严惩违规企业；（3）提高评级机构的专业性和对声誉的重视程度，在行业内建立有效的声誉机制可以促使评级机构规范自身行为，拒绝发债企业的不合理要求。

第 9 章

结论与政策建议

基于我国债券市场信用评级数据，本书研究发现，增强信用评级机构之间的竞争推高了发债企业初始的主体信用等级和债项信用等级，导致总体信用评级水平被高估。不论是在低集中度竞争型评级市场还是分散竞争型评级市场，也不论是在原有评级市场格局还是新评级机构进入之后，评级行业的竞争加剧都催化了评级膨胀问题。进一步检验发现，新进入者加入评级市场更加推高了信用评级水平，竞争越激烈，高估信用等级问题越明显。不过，跟踪信用评级没有因竞争激烈而出现明显的上调问题。此外，较高的信用评级水平有利于降低企业的融资利率，但不论是低集中度竞争型还是分散竞争型评级市场，债券投资者能够在一定程度上认知不合理的信用评级水平并对其降低债券融资利率的作用给予相应折扣。

针对上述结论，本书提出以下建议。

（1）实施有限量的信用评级机构准入制度。鉴于过度竞争推高了发债企业信用评级水平并降低了信用评级质量，建议对我国信用评级市场实施有限、有序的开放政策，实现信用评级机构数量与信用评级市场规模的适度匹配，尤其是避免过多评级机构进入市场造成的过度竞争，以培育和维护信用评级市场的有序竞争环境。

（2）对新进入的信用评级机构实施分类监管。鉴于新进入市场的评级机构进一步推高了信用评级水平，建议分类监管新进入的评级机构和原有评级机构，只有在新进入的信用评级机构在信用评级和管理能力上能够胜任某类业务时才允许其开展此类评级业务，以避免新进入者通过恶性竞争策略扰乱信用评级市场的均衡秩序。

（3）强化评级机构的独立性。从制度层面保证评级机构在收费模式、收入来源和业务结构上的独立性，减少评级机构对于发债企业的依赖性，并切断评级机构与被评级企业的利益交换渠道，如增加投资人付费模式的评级机构，以及采用双重评级制度和第三方委托评级制度。

（4）统一信用评级监管主体。鉴于多头监管主体的缺陷，建议建立统一的信用评级监管体系，统一信用评级机构的认证标准，统一信用评级机构的评价制度和评级标准，统一信用评级机构的问责制度和退出机制。

（5）健全信用评级法律体系。对于无论是信用评级多头监管和自律格局造成的问题，还是监管机构市场竞争规范带来的问题，都需要对现有监管制度进行调整和完善，其中重点是制定信用评级上位法，加大对于信用评级违规行为的监管力度、惩罚代价和检查范围，如暂停评级资格甚至吊销执照，依法追究情节严重者的刑事责任，并将跟踪评级与初始评级不一致者全部列入重点检查范围。

（6）培育评级市场声誉机制。从核准信用评级机构准入资格、评价评级质量和服务能力、建立声誉评价体系和增加声誉成本等方面，正本溯源，培育评级机构公信力和评级市场声誉机制。此外，信用评级机构应在竞争中建立长期声誉，而不能为了争取当前市场份额而给予虚高评级。因为声誉是中介机构最为重要的资本（Guembel and Rossetto，2009），如果评级机构的声誉不被市场认可，那么其信用评级也就不能有效影响融资成本（Booth and Smith，1986）。本书研究也发现，虽然高估评级水平迎合了部分客户的需求，但我国市场和投资者能够识别不合理的信用评级，并对其信用背书作用给予折扣。

参考文献

［1］安小雪，黄晓薇．信用评级膨胀与声誉机制失灵——基于演化博弈视角［J］．现代财经（天津财经大学学报），2021（3）：101－113.

［2］常莹莹，曾泉．环境信息透明度与企业信用评级——基于债券评级市场的经验证据［J］．金融研究，2020（5）：132－151.

［3］陈关亭，连立帅，朱松．多重信用评级与债券融资成本——来自中国债券市场的经验证据［J］．金融研究，2021（2）：94－113.

［4］陈关亭，朱松，连立帅．信用评级付费模式重要吗？基于债券信用评级的研究［J］．中国会计评论，2021（4）：637－660.

［5］陈关亭，朱松．评级行业竞争与信用评级水平——基于中国信用债市场的证据［J］．金融学季刊，2021（4）：1－25.

［6］邓博文，曹廷贵．信用评级行业的监管与评级质量［J］．国际金融研究，2016（3）：40－50.

［7］顾小龙，施燕平，辛宇．风险承担与公司债券融资成本：基于信用评级的策略调整视角［J］．财经研究，2017（10）：134－145.

［8］何平，金梦．信用评级在中国债券市场的影响力［J］．金融研究，2010（4）：15－28.

［9］黄国平．评级功能视角下的利益冲突和付费模式［J］．证券市场导报，2012（10）：67－72.

［10］黄小琳，朱松，陈关亭．债券违约对涉事信用评级机构的影响——基于中国信用债市场违约事件的分析［J］．金融研究，2017（3）：130－144.

[11] 寇宗来, 盘宇章, 刘学悦. 中国的信用评级真的影响发债成本吗? [J]. 金融研究, 2015 (10): 81 - 98.

[12] 寇宗来, 千茜倩, 陈关亭. 跟随还是对冲: 发行人付费评级机构如何应对中债资信的低评级? [J]. 管理世界, 2020 (9): 26 - 36.

[13] 寇宗来, 千茜倩. 私有信息、评级偏差和中国评级机构的市场声誉 [J]. 金融研究, 2021 (6): 114 - 132.

[14] 林晚发, 何剑波, 周畅, 张忠诚. "投资者付费"模式对"发行人付费"模式评级的影响: 基于中债资信评级的实验证据 [J]. 会计研究, 2017 (9): 62 - 68, 97.

[15] 吴育辉, 翟玲玲, 张润楠, 魏志华. "投资人付费" vs. "发行人付费": 谁的信用评级质量更高? [J]. 金融研究, 2020 (1): 130 - 149.

[16] 林晚发, 刘颖斐. 信用评级调整与企业杠杆——基于融资约束的视角 [J]. 经济管理, 2019 (6): 176 - 193.

[17] 林晚发, 钟辉勇, 赵仲匡, 宋敏. 金融中介机构竞争的市场反应——来自信用评级机构的证据 [J]. 金融研究, 2022 (4): 77 - 96.

[18] 刘琳, 查道林. 付费模式、声誉与信用评级质量——基于我国债券市场的经验证据 [J]. 中南财经政法大学学报, 2018 (3): 106 - 114.

[19] 刘士达, 王浩, 张明. 信用评级有效性与监管依赖: 来自银行同业存单的证据 [J]. 经济学报, 2018 (1): 17 - 37.

[20] 孟庆斌, 张强, 吴卫星, 王宇西. 中立评级机构对发行人付费评价体系的影响 [J]. 财贸经济, 2018 (5): 53 - 70.

[21] 阮永锋, 徐晓萍, 刘音露. "投资者付费"模式能改善评级市场的信息质量吗? ——基于中债资信评级的实证研究 [J]. 证券市场导报, 2019 (5): 58 - 77.

[22] 沈红波, 廖冠民. 信用评级机构可以提供增量信息吗——基于短期融资券的实证检验 [J]. 财贸经济, 2014 (8): 62 - 70.

[23] 宋敏, 甘煦, 林晚发. 债券信用评级膨胀: 原因、影响及对策 [J]. 经济学动态, 2019 (3): 134 - 147.

[24] 王雄元, 张春强. 声誉机制、信用评级与中期票据融资成本

[J]. 金融研究, 2013 (8): 150 - 164.

[25] 翁舟杰, 刘思好. 我国公司债券信用评级质量的实证分析 [J]. 财经科学, 2018 (9): 1 - 15.

[26] 夏凡, 姚志勇. 评级高估与低估: 论国际信用评级机构 "顺周期" 行为 [J]. 金融研究, 2013 (2): 184 - 193.

[27] 邢天才, 詹明君, 王文钢. 评级机构竞争、声誉与债券信用评级质量 [J]. 财经问题研究, 2016 (6): 66 - 71.

[28] 徐晓萍, 阮永锋, 刘音露. 市场竞争降低评级质量了吗——基于新进入评级机构的实证研究 [J]. 财贸经济, 2018 (11): 96 - 111.

[29] 闫妍, 李博. 付费主体差异对信用评级结果的影响机制研究 [J]. 中国管理科学, 2020 (1): 1 - 11.

[30] 姚红宇. 评级机构声誉机制与评级上调——来自中国信用评级的证据 [J]. 经济学报, 2019 (2): 125 - 154.

[31] 岳振宇. 危机下的反思: 失信的信用评级及其制度完善 [J]. 证券市场导报, 2009 (9): 62 - 67.

[32] 詹明君, 邢贺. 评级机构竞争、声誉对债项评级的非对称影响 [J]. 东北财经大学学报, 2016 (6): 66 - 73.

[33] 张继勋, 蔡闫东, 刘文欢. 标准审计报告改进、管理层和审计人员的关系与管理层沟通意愿——一项实验证据 [J]. 审计研究, 2016 (3): 77 - 83.

[34] 张继勋, 倪古强, 张广冬. 关键审计事项的结论性评价与投资者的投资判断 [J]. 会计研究, 2019 (7): 90 - 96.

[35] 张继勋, 孙鹏, 周冉. 签字注册会计师轮换、会计师事务所轮换与审计谈判 [J]. 当代财经, 2010 (3): 109 - 119.

[36] 张强, 张宝. 金融危机背景下我国信用评级机构声誉机制研究 [J]. 经济经纬, 2010 (1): 150 - 154.

[37] 周宏, 林晚发, 李国平, 王海妹. 信息不对称与企业债券信用风险估价——基于2008—2011 年中国企业债券数据 [J]. 会计研究, 2012 (12): 36 - 42.

［38］周宏，温笑天，夏剑超，方宇．评级机构数量选择对企业债券信用风险监管的影响——基于评级机构与发债企业串谋行为的博弈分析［J］．会计研究，2013（8）：76-80，97．

［39］周香芸，田益祥，李立，陈秀荣．新评级监管对中国企业债券信用评级的声誉效应——基于新评级选购博弈模型［J］．金融学季刊，2019（1）：151-175．

［40］朱松．债券市场参与者关注会计信息质量吗？［J］．南开管理评论，2013（3）：16-25．

［41］Afonso A，Gomes P，Rother P．What"Hides"Behind Sovereign Debt Ratings？［J］．European Central Bank Working Paper Series，2007（711）：4-31．

［42］Ahmed A S，Billings B K，Morton R M．Stanford-Harris，M．The Role of Accounting Conservatism in Mitigating Bondholder-shareholder Conflicts over Dividend Policy and in Reducing Debt Costs［J］．Accounting Review，2002（77）：867-890．

［43］Alp A．Structural Shifts in Credit Rating Standards［J］．Journal of Finance，2013，68（6）：2435-2470．

［44］Atilgan Y，Ghosh A，Yan M，Zhang J Y．Cross-Listed Bonds，Information Asymmetry，and Conservatism in Credit Ratings［J］．Journal of Money，Credit and Banking，2015（5）：897-929．

［45］Bae K H，Kang J K，Wang J．Does Increased Competition Affect Credit Ratings？A Reexamination of the Effect of Fitch's Market Share on Credit Ratings in the Corporate Bond Market［J］．Journal of Financial and Quantitative Analysis，2015，50（5）：1011-1035．

［46］Bar-Isaac H，Shapiro J．Credit Ratings Accuracy and Analyst Incentives［J］．American Economic Review，2011，101（3）：120-124．

［47］Bar-Isaac H，Shapiro J．Ratings Quality over the Business Cycle［J］．Journal of Financial Economics，2013，108（1）：62-78．

［48］Beaver W H，Shakespeare C，Soliman M T．Differential Properties in the Ratings of Certified versus Non-certified Bond-rating Agencies [J]. Journal of Accounting and Economics, 2006, 42 (3): 303 – 334.

[49] Becker B, Milbourn T. How Did Increased Competition Affect Credit Ratings? [J]. Journal of Financial Economics, 2011, 101 (3): 493 – 514.

[50] Behr P, Kisgen D, Taillard J. Did Government Regulations Lead to Inflated Credit Ratings [J]. Management Science, 2018, 64 (3): 1034 – 1054.

[51] Benson B W, Iyer S R, Kemper K, Zhao J. Director Networks and Credit Ratings [J]. Financial Review, 2018, 53 (2): 301 – 336.

[52] Berwart E, Culdolin M, Milidonis A. An Empirical Analysis of Changes in the Relative Timeliness of Issuer-paid vs. Investor-paid Ratings [J]. Journal of Corporate Finance, 2016 (3): 232 – 263.

[53] Bologna J G, Lindquist R J. Fraud Investigation and Forensic Accounting: New Tools and Techniques [M]. New York: John Wiley & Sons, 1995.

[54] Bologna J G, Lindquist R J. The Accounting's Handbook of Fraud and Commercial Crime [M]. New York: John Wiley & Sons, 1993.

[55] Bolton P, Freixas X, Shapiro J. The Credit Rating Game [J]. Journal of Finance, 2012, 67 (1): 85 – 111.

[56] Bongaerts D, Cremers J M. Goetzmann W. N. Tiebreaker: Certification and Multiple Credit Ratings [J]. Journal of Finance, 2012, 67 (1): 113 – 152.

[57] Bonsall Ⅳ S B. The Impact of Issuer-Pay on Corporate Bond Rating Properties: Evidence from Moody's and S&P's Initial Adoptions [J]. Journal of Accounting and Economics, 2014, 57 (2 – 3): 89 – 109.

[58] Boot A, Milbourn T, Schmeits A. Credit Ratings as Coordination Mechanisms [J]. Review of Financial Studies, 2006, 19 (1): 81 – 118.

[59] Cai J, Walking R. Shareholders' Say on Pay: Does It Create Value? [J]. Journal of Finance and Quantitative Analysis, 2011, 46 (2): 299 – 339.

[60] Caskey J, Hughes J, Liu J. Leverage, Excess Leverage, and Fu-

ture Returns [J]. Review of Accounting Studies, 2010, 17 (2): 443 – 471.

[61] Chen F, Peng S, Xue S, Yang Z, Ye F. Do Audit Clients Successfully Engage in Opinion Shopping? Partner-level Evidence [J]. Journal of Accounting Research, 2016, 54 (1): 79 – 112.

[62] Cheng M, Neamtiu M. An Empirical Analysis of Changes in Credit Rating Properties: Timeliness, Accuracy and Volatility [J]. Journal of Accounting and Economics, 2009, 47 (1 – 2): 108 – 130.

[63] Chow C W. The Demand for External Auditing: Size, Debt and Ownership Influences [J]. The Accounting Review, 1982, 57 (2): 272 – 291.

[64] Cornaggia J, Cornaggia K J. Estimating the Costs of Issuer-paid Credit Ratings [J]. Review of Financial Studies, 2013, 26 (9): 2229 – 2269.

[65] Cornaggia J. Revolving Doors on Wall Street [J]. Journal of Financial Economics, 2016, 120 (2): 400 – 419.

[66] Cornaggia J K. Cornaggia Hund J. Credit Ratings across Asset Classes: A Long-Term Perspective [J]. Review of Finance, 2017, 21 (2): 465 – 509.

[67] Covitz D M, Harrison P. Testing Conflicts of Interest at Bond Rating Agencies with Market Anticipation: Evidence that Reputation Incentives Dominate [J]. Board of Governors of the Federal Reserve System, 2003.

[68] Cressey D R. Other People's Money [M]. Montclair, NJ: Patterson Smith Publishing Corporation, 1953.

[69] Dimitrov V, Palia D, Tang L. Impact of the Dodd-Frank Act on Credit Ratings [J]. Journal of Financial Economics, 2015, 115 (3): 505 – 520.

[70] Doherty N A, Kartasheva A V, Phillips R D. Information Effect of Entry Into Credit Ratings Market: The Case of Insurers' Ratings [J]. Journal of Financial Economics, 2012, 106 (2): 308 – 330.

[71] Ellul A, Jotikasthira C, Lunblad C T. Regulatory Pressure and Fire Sales in the Corporate Bond Market [J]. Journal of Financial Economics, 2011, 101 (3): 596 – 620.

[72] Elton E J, Gruber M J, Agrawal D, Mann C. Factors Affecting the Valuation of Corporate Bonds [J]. Journal of Banking and Finance, 2004, 28 (11): 2747 – 2767.

[73] Fabozzi F, Nawas M E, Vink D. Exploring Rating Shopping for European Triple a Senior Structed Finance Securities [J]. Finance Research Letters, 2017 (20): 35 – 39.

[74] Fehr E, Fischbacher U. Why Social Preferences Matter-the Impact of Non-selfish Motives on Competition, Cooperation and Incentives [J]. Economic Journal, 2002, 112 (478): 1 – 33.

[75] Frenkel S. Repeated Interaction and Rating Inflation: A Model of Double Reputation [J]. American Economic Journal: Microeconomics, 2015, 7 (1): 250 – 280.

[76] Geol A M, Thakor A V. Information Reliability and Welfare: A Theory of Coarse Credit Ratings [J]. Journal of Financial Economics, 2015, 115 (3): 541 – 557.

[77] Graham J R, Harvey C R. The Theory and Practice of Corporate Finance: Evidence from the Field [J]. Journal of Financial Economics, 2001 (60): 187 – 243.

[78] Griffin J, Nickerson J, Tang D. Rating Shopping or Catering? An Examination of the Response to Competitive Pressure for CDO Credit Ratings [J]. Review of Financial Studies, 2013, 26 (9): 2270 – 2310.

[79] Guembel A, Rossetto S. Reputational Cheap Talk with Misunderstanding [J]. Games and Economic Behavior, 2009, 67 (2): 736 – 744.

[80] Gu Z, Jiang Y, Yang S. Estimating Unobserved Soft Adjustment in Credit Rating Models: Before and after the Dodd – Frank Act [J]. Journal of Financial Econometrics, 2023, 21 (5): 1791 – 1819.

[81] Hadlock C, J Pierce. New Evidence on Measuring Financial Constraints: Moving Beyond the KZ Index [J]. Review of Financial Studies, 2010, 23 (5): 1909 – 1940.

[82] He Y, Tan H, Yeo F, Zhang J. When Do Qualitative Risk Disclo-sures Backfire? The Effects of a Mismatch in Hedge Disclosure Formats on Investors' Judgments [J]. Contemporary Accounting Research, 2019, 36 (4): 2093 – 2112.

[83] Heski I, Shapiro J. Rating Quality over the Business Cycle [J]. Journal of Financial Economics, 2012, 108 (1): 62 – 78.

[84] Hirth S. Credit Rating Dynamics and Competition [J]. Journal of Banking and Finance, 2014, 49: 100 – 112.

[85] Jiang J, Stanford M H, Xie Y. Does It Matter Who Pays for Bond Ratings? Historical Evidence [J]. Journal of Financial Economics, 2012, 105 (3): 607 – 621.

[86] Johnson R. Rating Agency Actions around the Investment-grade Boundary [J]. Journal of Fixed Income, 2004, 13 (4): 25 – 37.

[87] Kaplan S N, Zingales L. Do Investment – Cash Flow Sensitivities Provide Useful Measures of Financing Constraints? [J]. Quarterly Journal of Economics, 1997, 112: 169 – 215.

[88] Kedia S, Rajgopal S, Zhou X. Large Shareholders and Credit Rat-ings. Journal of Financial Economics [J]. 2017, 124 (3): 632 – 653.

[89] Khatami S H, Marchica M T, Mura R. Rating Friends: The Effect of Personal Connections on Credit Ratings [J]. Journal of Corporate Finance, 2016, 39 (1): 222 – 241.

[90] Kisgen D J, Strahan P E. Do Regulations Based on Credit Ratings Affect a Firm's Cost of Capital? [J]. Review of Financial Studies, 2010 (23): 4324 – 4347.

[91] Kisgen D J. Credit Ratings and Capital Structure [J]. The Journal of Finance, 2006, 61 (3): 1035 – 1072.

[92] Kisgen D J. Do Firms Target Credit Ratings or Leverage Levels? [J]. Journal of Financial and Quantitative Analysis, 2009, 44 (6): 1323 – 1344.

[93] Klein B, Leffler K B. The Role of Market Forces in Assuring Con-

tractual Performance [J]. Journal of Political Economy, 1981, 89 (4): 615 - 641.

[94] Kothari S P, Shu S, Wysocki P. Do Managers Withhold Bad News? [J]. Journal of Accounting Research, 2009, 47 (1): 241 - 276.

[95] Kraft P. Do Rating Agencies Cater? Evidence from Rating-Based Contracts [J]. Journal of Accounting and Economics, 2015 (59): 264 - 283.

[96] Kronlund M. Do Bond Issuers Shop for Favorable Credit Ratings? [J]. Management Science, 2020, 66 (12): 5944 - 5968.

[97] Kuang Y F, Qin B. Credit Ratings and CEO Risk-taking Incentives [J]. Social Science Electronic Publishing, 2013, 30 (4): 1524 - 1559.

[98] Lennox C. Do Companies Successfully Engage in Opinion-shopping? Evidence from the UK [J]. Journal of Accounting and Economics, 2000, 29 (3): 321 - 337.

[99] Libby R, Bloomfield R, Nelson M W. Experimental Research in Financial Accounting [J]. Accounting, Organizations and Society, 2002, 27 (8): 775 - 810.

[100] Livingston M, Poon W P H, Zhou L. Are Chinese Credit Ratings Relevant? A Study of the Chinese Bbond Market and Credit Rating Industry [J]. Journal of Banking and Finance, 2018 (87): 216 - 232.

[101] Mariano B. Market Power and Reputational Concerns in the Rating Industry [J]. Journal of Banking & Finance, 2012, 36 (6): 1616 - 1626.

[102] Mathis J, McAndrews J, Rochet J. Rating the Raters: Are Reputation Concerns Powerful Enough to Discipline Rating Agencies [J]. Journal of Monetary Economics, 2009, 56 (5): 657 - 674.

[103] Milidonis A. Compensation Incentives of Credit Rating Agencies and Predictability of Changes in Bond Ratings and Financial Strength Ratings [J]. Journal of Banking and Finance, 2013, 37 (9): 3716 - 3732.

[104] Morgan D. Rating Banks: Risk and Uncertainty in an Opaque Industry [J]. American Economic Review, 2002, 92 (4): 874 - 888.

［105］ Morkoetter S, Stebler R, Westerfeld S. Competition in the Credit Rating Industry: Benefits for Investors and Issuers ［J］. Journal of Banking & Finance, 2017 (75): 235 - 257.

［106］ Opp C C, Opp M M, Harris M. Rating Agencies in the Face of Regulation ［J］. Journal of Financial Economics, 2013, 108 (1): 46 - 61.

［107］ Ottaviani M, Sørensen P N. Reputational Cheap Talk ［J］. The Rand Journal of Economics, 2006, 37 (1): 155 - 175.

［108］ Patrick B, Xavier F, Joel S. The Credit Ratings Game ［J］. The Journal of Finance, 2012, 67 (1): 85 - 111.

［109］ Peyrache E, Quesada L. Intermediaries, Credibility and Incentives to Collude ［J］. Journal of Economics & Management Strategy, 2011, 20 (4): 1099 - 1133.

［110］ Ponce J. The Quality of Credit Rating: A Two-sided Market Perspective ［J］. Economic Systems, 2012, 36 (2): 294 - 306.

［111］ Richardson S. Over-investment of Free Cash Flow ［J］. Review of Accounting Studies, 2006, 11 (2 - 3): 159 - 189.

［112］ Rozeff N M. Ratings, Commercial Paper and Equity Returns ［J］. The Journal of Finance, 1994, 49 (4): 1431 - 1449.

［113］ Samuel B B, Eric R H, Brian P M. Managerial Ability and Credit Risk Assessment. Management Science, 2017, 63 (5): 1425 - 1449.

［114］ Sangiorgi F, Spatt C. Opacity, Credit Rating Shopping, and Bias ［J］. Management Science, 2017, 63 (12): 4016 - 4036.

［115］ Sean F, Ghent A. Competition and Credit Ratings after the Fall ［J］. Management Science, 2018, 64 (4): 1672 - 1692.

［116］ Skreta V, Veldkamp L. Ratings Shopping and Asset Complexity: A Theory of Rating Inflation ［J］. Journal of Monetary Economics, 2009, 56 (5): 678 - 695.

［117］ Stolper A. Regulation of Credit Rating Agencies ［J］. Journal of Banking & Finance, 2009, 33 (7): 1266 - 1273.

[118] Strobl G, Xia H. The Issuer-Pays Rating Model and Ratings Inflation: Evidence from Corporate Credit Ratings [R]. Working Paper, University of North Carolina, 2012.

[119] Toscano F. Does the Dodd-Frank Act Reduce the Conflict of Interests of Credit Rating Agencies? [J]. Journal of Corporate Finance, 2020 (62): 101595.

[120] White L J. Markets the Credit Rating Agencies [J]. Journal of Economic Perspectives, 2010, 24 (2): 211 –226.

[121] Whited T, G Wu. Financial Constraints Risk [J]. Review of Financial Studies, 2006, 19 (2): 531 –559.

[122] Xia H. Can Investor-Paid Credit Rating Agencies Improve the Information Quality of Issuer-Paid Rating Agencies [J]. Journal of Financial Economics, 2014, 111 (2): 450 –468.

图书在版编目（CIP）数据

企业信用评级与评级意见购买的影响因素研究／连
立帅著. -- 北京：经济科学出版社，2024. 9. -- ISBN
978 - 7 - 5218 - 6142 - 6

Ⅰ. F832. 4

中国国家版本馆 CIP 数据核字第 2024WS7250 号

责任编辑：初少磊
责任校对：齐　杰
责任印制：范　艳

企业信用评级与评级意见购买的影响因素研究

QIYE XINYONG PINGJI YU PINGJI YIJIAN GOUMAI DE

YINGXIANG YINSU YANJIU

连立帅　著

经济科学出版社出版、发行　新华书店经销

社址：北京市海淀区阜成路甲 28 号　邮编：100142

总编部电话：010 - 88191217　发行部电话：010 - 88191522

网址：www. esp. com. cn

电子邮箱：esp@ esp. com. cn

天猫网店：经济科学出版社旗舰店

网址：http：//jjkxcbs. tmall. com

北京季蜂印刷有限公司印装

710 × 1000　16 开　16.5 印张　245000 字

2024 年 9 月第 1 版　2024 年 9 月第 1 次印刷

ISBN 978 - 7 - 5218 - 6142 - 6　定价：68.00 元

（图书出现印装问题，本社负责调换。电话：010 - 88191545）

（版权所有　侵权必究　打击盗版　举报热线：010 - 88191661

QQ：2242791300　营销中心电话：010 - 88191537

电子邮箱：dbts@ esp. com. cn）